雅颂山西

张恒 注译

山西出版传媒集团 山西教育出版社

图书在版编目（CIP）数据

雅颂山西/张恒注译. — 太原：山西教育出版社，2020. 5

ISBN 978 - 7 - 5703 - 0638 - 1

Ⅰ. ①雅… Ⅱ. ①张… Ⅲ. ①古典诗歌 - 诗集 - 中国②山西 - 地方史 Ⅳ. ①I222②K292. 5

中国版本图书馆 CIP 数据核字（2019）第 214815 号

雅颂山西

YASONG SHANXI

责任编辑 郭志强
助理编辑 晋晓敏
复　　审 刘晓露
终　　审 杨　文
装帧设计 王耀斌　薛　菲
印装监制 蔡　洁

出版发行 山西出版传媒集团 · 山西教育出版社
（太原市水西门街馒头巷7号　电话:0351 - 4729801　邮编:030002）
印　　装 山西三联印刷厂
开　　本 720 × 1020　1/16
印　　张 16. 25
字　　数 255 千字
版　　次 2020 年 5 月第 1 版　2020 年 5 月山西第 1 次印刷
书　　号 ISBN 978 - 7 - 5703 - 0638 - 1
定　　价 58. 00 元

前言：山河表里秀　诗心一片丹

雄奇的黄河流水，浩浩荡荡，滚滚滔滔，从古老中华遥远的西北腹地一路走来，又跨过河套平原调头南下，奔腾咆哮，汹涌澎湃，在千转百折的不屈不挠中，冲破了一道道崇山峻岭，而从辽阔壮丽的黄土高原中部，裂开了一条气势磅礴、多彩多姿的金色水路。宛然巨龙般的长河，也为我们伟大的民族耸立起一轴万古不朽、无与伦比的精神图腾。

雄伟的太行丛山，葱葱郁郁，苍苍莽莽，从几十亿年地壳运动的缓慢皱褶中隐隐隆升，由北向南，锦亘绵延，推高了层叠起伏的峰峦，劈出了纵横交织的沟壑，变幻出无数鬼斧神工般的奇绝景观。同时，又仿佛是在黄土高原外侧的尽头，为之镶嵌了一缕凹凸错落的微翘的裙边，也与濒临渤海、黄海的广袤平原，划定了一条仿佛有棱有角的鲜明界线。

于是，就在黄河、太行的怀抱，慷慨无私的大自然便恩赐了这样一方浑厚的天地。因其位于黄河之东，所以古代泛称为河东；因其位于太行之西，所以称作山西；若是驻足北方登高南望，太行之西就是太行之右，所以也雅称山右。因为东周的晋国曾被赵、魏、韩三家重卿瓜分，所以又称作三晋。而倘若将山西的版图凌空扫视，那么黄河就是其西陲的屏障、牢固的护卫，太行就是其东厢的倚靠、坚实的廊柱。所以，再加上境内之群山林立，山西在《左传》中就已经赢得了“表里山河”的美誉。

山西，曾经是人类文明曙光徐徐升起时的一方沃土，也曾经叙写了炎黄先民早期的辉煌。山西，曾经拥有着无比灿烂的历史记忆，也曾经穿越过岁月悠悠、悲喜交叠的风雨沧桑。早在 10 万年前，“丁村人”就已在这里点燃了远古智人的生存篝火。4000 多年前，以“陶寺遗址”为中心的部落联盟，已成功描绘了一卷或许就是唐尧乃至虞舜时期的社会画图。春秋时期，执“诸侯牛耳”的晋文公，正是从这里挥军远征“一战而霸”，创立了盛极数代的恢宏伟业。战国时期，“胡服骑射”的赵武灵王，也是从这里发轫启动了彪炳典籍、影响深远的军事改革。汉武帝出击匈奴，立下盖世丰功的就是山西籍统帅卫青、霍去病。而威名凛然的山西英雄关羽，更已经作为“武圣”升格为一尊“至大至刚”的忠义偶像。

隋朝末年，被称为“太原公子”的李世民助父起兵，缔造了文治炫赫、武功璀璨的唐王朝，他亲撰亲书的碑铭至今仍然肃立在晋祠的殿堂。嗣后，出类拔萃的文水女杰武则天，又成就了我国政治史上石破天惊、空前绝后的女皇奇勋。宋朝时，抗击边患的杨家将，正是在山西北部谱写了喋血沙场的悲情壮举。撰制史学巨著的司马光，也是在山西的家乡夏县留下了砸缸救友的童年佳话。在元朝，是诸多山西才子的率先拓进，联手将我国的戏剧与小说推向了绚丽的巅峰。明朝初年，是山西数十万背井离乡的大槐树移民，为战火纷飞后中原经济的恢复付出了血与汗的牺牲。继而，又是一代一代山西人士的筚路蓝缕，终于托起一支纵横海内外500余年的晋商劲旅。及至清朝，山西的钱庄票号，更以“一纸风行，汇通天下”的创新胆识引领金融，为我国现代银行业提供了具有滥觞意义的路径启迪。

凡此种种，不一而足。山西，在无止无息的时代长河中，曾经闪耀过千朵万朵激越的浪波；为中华文明缤纷五彩的殿宇，增添了光芒四射、数不胜数的星座。多少年来，一代一代贤达俊杰、官绅士民，在这里咏歌，在这里题吟，留下了大量精美的诗词，构成了三晋经籍宝藏中弥足珍贵的遗产。所以，作为一名山西人，我虽不至于眼睛里常常含着泪水，却无疑也是深深地爱着这方土地。而作为一名忝列行当的文学教师，更是对这些锦心绣口的文字，吉光片羽般的生命碎影，备极赞叹，无比倾慕。

有鉴于斯，很早以前我就有了一个夙愿，希望通过较为详细的钩沉、挖掘、搜罗、拾遗，确定一些上乘之作，编著一册力求采撷详尽、覆盖广博、乡土色彩浓郁的优质图书，一册雅俗共赏、士庶咸宜、能获得不同群体喜爱的高品位读物。可是，尽管我也林林总总做过几番准备，却因为工作繁忙甚难分身，直到退休之后冗杂渐少，才多少沉静下来，有了某些笔耕的小成。

2017年，承蒙山西教育出版社垂爱，40万字的拙著《弦歌三晋》出版发行。该书从我国文献最早记录的《击壤歌》起，到辛亥革命被枪杀于太原的清代末任山西巡抚陆钟琦止，遴选150位前人书写在山西本土的150首感赋之作，并皆予以白话今译，再辅以150段千字左右的导读短章，逐一简述与之相关的精华史事、逸闻趣话以及作品的艺术光华等。之所以限定为“一人一诗”，其目的就是尽量大幅度展示众多先哲的斑驳行迹，大范围讲述山西远去历史的广阔层面，大面积介绍山西山川风物的主要亮点。因此，诗未必均系作者的代表作，却无一不是凝缩着山西世事沧桑、积淀着山西岁月芳踪且与山西的地理人文、名胜景观相映成辉的隽永篇章。

聊可欣慰的是，拙著出版后很快产生了一定的社会影响。2017年6月，《山西日报》在其“文化周刊”一栏以几近整版篇幅专题报道，未久又发表社评充分肯定。接着，《山西晚报》《太原日报》以每周一篇的频率开始连载，总计刊发80余篇。正是基于如此前提，山西教育出版社复与我商定，可以继续推进，再完成一册与《弦歌三晋》有衔接、有发展但内容更精练、页码更精简、价位更低廉的新书，为更多的山西以及外乡读者提供一份更具普及功效、阅读情趣的精神美餐。于是，两年之后遂有了这本《雅颂山西》的荣幸面世。

《雅颂山西》依然遵循“一人一诗”体例，并兼顾整体，力避重叠，而选出了包括《诗经》中的“唐风”“魏风”各一以及70位作者的共计72首诗作。又仍以“一人一词”为限，选出了36位作者的36篇词作。其中，除诗作有部分延用前书外，词作则皆为新推。不过，历代前人的山西留诗成千累万、数不胜数，囿于篇幅我只能百里挑一、千里挑一，反复掂量比较，不断忍痛割爱；可词的情况却大有不同，其降生时间要远迟于诗，从初唐萌芽到晚唐五代成型，从宋代迈向巅峰到元代大量转化为曲牌，又从入明后的迅速低落到清朝时的一度振兴，总体而言词作者、作品比诗少得多，若以咏晋标准审视更是非常有限。这样，除了寥寥几位所作较丰的词家易于只取其一外，更精细的工作还得广泛涉猎相关古籍，认真寻觅检索，仔细“捕捉打捞”。即便如此，在我所找到的符合可用要求的作品里，仍有将近一半都是作者礼赞山西的仅见之作，其中四五篇更是作者幸存于世的孤作，故锁定36篇已经殊为不易。好在，诗作72篇词作36篇，恰恰108的吉祥数码，但愿能够昭示着拙著的前景圆满。

需要说明的是，词作中每一行的长短、行与行之间的排序及标点断句等，较之诗作远为错杂多样，译读时就须予以适当的变通处理；还有一些词作语言艰涩难懂，用典密集或者冷僻，译读时就尤须融会谐和，增多加长的注释也须谨防枯燥、确保耐看；另有少许词作却近乎白话，译读就仅为助读而已。无论如何，我对诗作与词作的译读，均非简单拘泥逐字逐句的语义契合，更冀求者乃是对原作美感的鲜活再现，同时融入个人品悟，着力渲染一种珠联璧合的艺术氛围，以使不同文化背景的读者，都能在轻松愉快的欣赏中，通过古典与现代的对接、文言与白话的互动以及对这些作者缤纷五彩的人生履历的览阅，更顺畅地贴近其独特情志，更便捷地涉入其精心营造的斑斓境界，品嚼妙趣，感悟精卓，在获得舒心快意的审美愉悦的同时，领略山西历史文化的厚重典雅乃至个中绽放的崇高神圣的中华魂。当然，我也冒昧期待，尚属用功、尚堪入目的拙著，能够渐次赢得更多识家的认可、更广泛群体的喜爱，且随着时间的推移与岁月的洗礼，定格为暮年老朽的丹心一片、薄光几缕，得以长奉桑梓、久惠后昆，则无憾也。

我与山西教育出版社合作，从2013年签约直到如今，不知不觉六载光阴匆匆掠过，我也由乍逾古稀而步入耄耋之年。其间，出版社领导与有关人士，始终给予了我足够的尊重、充分的理解以及一以贯之的信任，这段经历无疑已成为我数十年职业生涯中最为美好的学术记忆，我的感激是一言难尽的。所以，谨再次向山西教育出版社全体，向刘立平总编辑，向责任编辑郭志强、晋晓敏，美术编辑王耀斌、薛菲等各位老师，致以真切的谢意！也恳请各位读者各方人士，对拙著的疏漏、瑕疵以至失当失误之处，直言指正，不吝赐教！

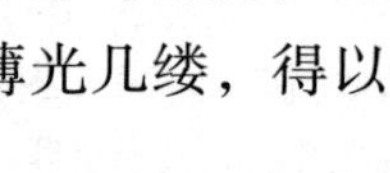

二〇一九年九月九日

目 录

第一篇章 诗之颂

第二篇章　词之颂

第一篇章

诗之颂

1. 诗经：《扬之水》

《诗经》是我国西周初年到春秋中叶五百多年的诗歌总集，包括“风”“雅”“颂”共计305篇。西周初年分封诸侯，周成王之弟叔虞受封唐国，故世后其子燮父改唐为晋，晋国历史即由此肇始，故土在今山西翼城、曲沃一带，《诗经》“风”中的唐风12篇就是流行于这一地区的歌谣。其中，历史信息最为丰富的就是《扬之水》。

从燮父起，晋国君位的承继一直遵循着西周礼制，由嫡长子再传长子不断延续，谓之“大宗”，其余子系均属“小宗”。到了公元前746年，晋昭侯却将“小宗”的叔父桓叔分封到曲沃。当时的曲沃并不等同于今日的曲沃，只是一个面积有限的城池，但还是大过了晋国的都城“翼”。昭侯此举不合礼制，但很可能是出于对“小宗”势力上升的被迫无奈。且这位桓叔特别擅长笼络民心，以“好德”名重一时，致“晋国之众皆附”。几年后，桓叔果然串通内应害死昭侯，准备登基，却遭到“大宗”的激烈反抗，拥立昭侯之子孝侯继位。桓叔失利退返曲沃，双方则公开决裂。继而，经过60多年的血腥缠斗，孝侯等五位国君被弑，一位国君被逐，“小宗”最终灭掉“大宗”夺得政权，史称“曲沃代翼”，也成为晋国走向强盛的划时代事变。

有古籍载，《扬之水》正是产生于这样背景的诗作，主旨是“刺晋昭公也”，因其“分国以封沃”之误，使曲沃“盛强”自己“微弱”，国人“乐从桓叔”而去投奔，闻知将要谋杀昭侯“不敢以告人”，是“欲其事之成也”。但也有说法是，昭侯时“晋人之心尚未涣散”，跟从桓叔者均“沃之党也”，因此才有“不敢以告人”的忧虑。另外，《扬之水》还有男女约会的情诗之说，从“风”多为民歌而言，或许此说更有道理。

扬之水，	扬着清波的水流啊，
白石凿凿[①]。	白白的石子明光闪烁。
素衣朱襮[②]，	身穿那衬有红色衣领的素衣，
从子于沃[③]。	为投奔您而赶到了“沃”。

既见君子，	拜见了仰慕已久的君子，
云何不乐？	还会有什么不觉得快乐？
扬之水，	扬着清波的水流啊，
白石皓皓④。	白白的石子净洁圆舒。
素衣朱绣⑤，	身穿那镶有红色饰纹的素衣，
从子于鹄⑥。	为投奔您而赶到了“鹄”。
既见君子，	拜见了仰慕已久的君子，
云何其忧？	还会有什么能感到愁忧？
扬之水，	扬着清波的水流啊，
白石粼粼⑦。	白白的石子澄澈晶莹。
我闻有命，	听到了密谋举事的使令，
不敢以告人。	我可是一点也不敢泄露于人。

【注释】

① 凿凿：形容鲜明。

② 襮：读作 bó，饰有花纹的衣领，也有衣袖一说。

③ 沃：即晋昭侯叔父桓叔所封之曲沃。

④ 皓皓：形容洁净。

⑤ 绣：用彩线织出的衣服装饰。

⑥ 鹄：临近曲沃某地，据称在今曲沃县安鹄村，一说即指曲沃城邑。

⑦ 粼粼：形容清澈。

2. 诗经：《汾沮洳》

西周初年分封诸侯，有一位名字已经失传的王族，受封于今山西芮城和陕西大荔县一带，建立了古魏国。但在公元前 661 年，古魏国被晋献公攻占后灭亡。《诗经》“风”中的魏风 7 篇，就是流行于这一地区的歌谣。其中的《汾沮洳》，则是非常明确地标有山西专属名称的唯一的篇章。

《汾沮洳》中的“汾”，即发源于山西管涔山麓、纵贯山西中南部而汇入黄河的汾河，“沮洳”指的是汾河边的低湿之处。诗的主旨，古代学者的解释是“刺俭也”，表现的是魏国堂堂的国君到河边去采这个采那个，虽然“俭以能勤”美德高尚，但这一类公卿都不应该做的事却自己亲为，所以讽刺其有失体统“不得礼也”。另有学者认为，诗是称颂君子的“盛德而卑”，这样的君子有“主善之心”，却无居高傲下的“胜人之色”，又能够“应物而不穷”采食以自给，其品格超过了诸多达官显宦，所以“虽在下位，民愿戴之”，想不获得尊敬也必定会赢得尊敬。但近代闻一多先生提出，诗其实是一位女子思慕男子之作。如果跳出古代学者对于《诗经》的道学化强解的误区，此说应该最符合情理，《汾沮洳》就是一篇表现普通女子暗自赞美所欣赏的男士的诗章。

彼汾沮洳[1]，	就在那汾河边的低湿之处，
言[2]采其莫[3]。	有一个人儿正专心采“莫”。
彼其之子，美无度。	看那位少年，帅气得真是难以量度。
美无度，	帅气得难以量度啊，
殊异乎公路[4]。	远胜过掌管君王车驾的那帮臣仆。
彼汾一方，	就在那汾河边的平阔之处，
言采其桑[5]。	有一个人儿正专心采“桑”。
彼其之子，美如英[6]。	看那位少年，帅气得真是如花初放。
美如英，	帅气得如花初放啊，
殊异乎公行[7]。	远胜过统领君王护军的那帮官长。

彼汾一曲，	就在那汾河边的弯曲之处，
言采其藚[8]。	有一个人儿正专心采“藚”。
彼其之子，美如玉。	看那位少年，帅气得真是恍若宝玉。
美如玉，	帅气得恍若宝玉啊，
殊异乎公族[9]。	远胜过君王公侯的那帮贵族子弟。

【注释】

① 沮洳：读作 jù rù，低湿地，也指润泽之处。

② 言：文言文中的语气助词。

③ 莫：即酸模，一种多年生草本植物，可供药用，嫩茎叶也可食用。

④ 公路：掌管国君、王公出行路车的官吏，或兼指随驾武士，有仪仗性质，故多为美男。

⑤ 桑：指桑树叶，可用以养蚕。

⑥ 英：本义为有花而不实的蓓蕾，也指花。

⑦ 公行：统领国君、王公护驾兵车行列的官吏，或兼指武士，故也多为美男。

⑧ 藚：读作 xù，一种药用植物即泽泻草，块茎呈类球形，也可食用。

⑨ 公族：掌管国君、王公宗族事务的官吏，也指国君的非嫡系家族成员。

3. 伯夷、叔齐：《采薇歌》

伯夷、叔齐，生卒年不详，商周之交著名的两位高士，被孔子赞为“不降其志，不辱其身”的“古之贤人”，被孟子赞为圣人中之“清者”，也是我国传统节义教育的典范性人物。司马迁《史记》中，曾以“列传第一”为之立传。

伯夷、叔齐本是商末小国孤竹国“孤竹君之二子”，孤竹国大约在今河北卢龙一带。按照古代“伯仲叔季”的兄弟排行，二人应是长子与三子，夷、齐可能是他们死后的谥号。孤竹君生前曾“欲立叔齐”为嗣，父死后叔齐却决心让位于兄长伯夷，伯夷则因“父命”坚决不从，竟至出逃，“叔齐亦不肯立而逃之”，国人只好另立“中子”为君。出逃后的伯夷、叔齐闻知周文王圣明，就一道投奔。到达后恰逢文王故世，其子周武王供着文王灵牌，准备兴师讨伐商纣王。两人立即“叩马而谏”不让出兵，声称“父死不葬”却妄动“干戈”，“可谓孝”吗？举旗造反“以臣弑君”，“可谓仁”吗？武王部下想杀之，姜太公制止道“此义人也”，令“扶而去”。武王灭商后天下归顺，伯夷、叔齐却视作奇耻大辱，发誓“不食周粟”，而跑到首阳山隐居，勉强“采薇而食”，最后“及饿且死”，死之前作此《采薇歌》明志。

首阳山在哪里？东汉经学家马融认为“在河东蒲坂”，即今山西永济中条山麓紧临黄河的一段支脉。此外，还有河北、河南等多种说法。不过，“首阳”一名最早见于《诗经·唐风·采苓》“采苓采苓，首阳之巅”，“采葑采葑，首阳之东”，而唐风恰是远古的山西民歌，所以永济之说似乎更具佐证。

伯夷、叔齐的执拗乃至过激行为，今天如何评价可以见仁见智。但这篇纵然有着很多传说成分的《采薇歌》，毕竟为山西的文化宝库增添了独特的一页。

登彼西山兮，	登上那静寂的西山悄然隐居，
采其薇[①]矣。	采来点野豆叶儿权且充饥。
以暴易暴兮，	用一种暴力推翻另一种暴力，
不知其非矣。	已无人知晓这是失道的行为。

神农虞夏②忽焉没兮，	神农、虞、夏的美好时代遥遥远逝，
我安适归矣？	现如今哪还有我辈舒心的归趋？
于嗟③徂④兮，	不尽的吁叹呼唤着死的决心，
命之衰矣。	命运啊原来是如此衰凉悲戚。

【注释】

① 薇：一种嫩茎、叶与果粒可食的草本植物，即野豌豆。

② 神农虞夏：神农即炎帝神农氏，虞即舜帝有虞氏，夏即夏朝开国君王大禹。

③ 于嗟：文言文感叹词。

④ 徂：读作 cú，本义为往、到，此处可作走向死亡解。

4. 女娟：《河激歌》

女娟，生卒年与姓氏不详，春秋晚期晋国赵氏家族首领赵简子的夫人。赵简子名鞅，其祖父就是那位传奇故事中的“赵氏孤儿”赵武，赵武长大后东山再起，最终成为执掌国政的正卿。赵简子也位至正卿，是当时颇具韬略的政治家。2500 多年前太原古城的最初兴建，简子就是首要的决策与启动者。1987 年在太原南郊发现其墓葬，出土了大量青铜器等珍贵的国宝级文物。而简子唯一古籍有记的夫人，据云竟是一位看守黄河渡口的小小“津吏”的女儿“女娟”。

按照史料推算，赵简子执掌国政时年纪还轻，曾多次率军外出征战。某次简子举兵“击楚”，与“津吏”指定了过河日期，到达后“津吏”却喝得大醉不醒，简子盛怒“欲杀之”。女娟随即回答，我父闻知“主君”渡河，急忙“祷祀九江三淮”的水神祈求保佑，不慎醉倒，我“愿以鄙躯易父之死”。简子说，非你罪，仍执意要杀其父。女娟又答，我父在醉中，杀了他也“身之不知痛”，“心不知罪”，等其醒来后再加罪可否？如此机敏的应对，令简子大为惊叹，遂释“津吏”。及至渡河时扳船者恰少一人，女娟卷袖请代。简子拒绝，称出兵打仗不可与“妇人同舟而渡”。女娟反驳道，当年商汤“伐夏”周武王“伐殷”，车驾均用过雌马，怎么都胜了呢？简子无言以对，乃“许之”。行至中流，女娟随口唱了一曲船歌，就是后世所称之《河激歌》。

女娟的聪颖睿智显然打动了简子，故欲“纳之”。但女娟表示，“妇人之礼，非媒不嫁”，我有父母“不敢闻命”，断然告别而去。简子越发敬重，归来后就派人隆重求婚，娶为夫人。简子晚年，废掉正妻所生的嫡长子，改立庶子赵毋恤继任家族首领，即才德不逊乃父的赵襄子。有一种说法，襄子的母亲正是这位女娟。其“贤行”，曹植、李白等人的诗作中均有赞颂。

升[1]彼河兮而观清，	登船渡河看一路清水清清，
水扬波兮冒[2]冥冥。	飞迸起落的浪波浩渺迷蒙。
祷求福兮醉不醒，	为祈祷求福却喝得一醉难起，
诛将加兮妾心惊。	杀身的大祸真叫人战战兢兢。

罚既释兮渎[3]乃清，	赦免了罪责宽恕了不敬，
妾持楫兮操其维[4]。	就让我给您摇起长桨掌稳缆绳。
蛟龙助兮主将归，	想蛟龙也会助主公凯旋，
呼来棹[5]兮行勿疑。	唤我来扳船尽可以放心放心。

【注释】

① 升：此处指登，也即登船。

② 冒：向外透出，向上升起。

③ 渎：疏漏、失职、不敬。

④ 维：此处指船绳。

⑤ 棹：读作 zhào，划船的长桨，也泛指船桨；此处作动词用，意即划船。

5. 刘彻：《秋风辞》

汉武帝刘彻（前156—前87），汉高祖刘邦曾孙，汉景帝刘启的太子，景帝后元三年（前141）登基。武帝在位54年，抗击匈奴，开拓西域，平定南粤与朝鲜等地，还独尊儒术，完备吏制，兴修水利，屯垦戍边，建立了彪炳青史的功勋，但也劳民伤财无数。晚年陷入宫廷动荡，两位公主被诛，太子遭诬陷被迫反抗亡身，晋籍皇后卫子夫自杀。嗣后，武帝有所悔悟，曾下《轮台罪己诏》自责，成为我国第一份完整的帝王检讨书。

武帝在位期间，曾多次“巡狩”全国。元鼎四年（前113）“东幸汾阴”，夏历“十一月甲子立‘后土祠’于汾阴脽上”，就是在今山西万荣县汾水汇入黄河前的东南畔高地建起土地庙，祭祀与“皇天”对举的“后土”之神，民间一说即大地之母“后土娘娘”。此后，元封四年（前107）、元封六年（前105）、太初二年（前103）、天汉元年（前100），武帝又数次前来祭祀。《秋风辞》即作于某次祭祀途中，究竟是何次史籍并无明确记载。

《秋风辞》南北朝时选入我国现存最早的诗文总集《昭明文选》，北宋郭茂倩编纂《乐府诗集》时，援引野史作品《汉武帝故事》称，某次“帝行幸河东”前来祭祀“后土”，“顾视帝京，忻然中流”，遂“与群臣饮宴”，武帝“欢甚”，“乃自作《秋风辞》”。但清人沈德潜《古诗源》中则认为，《秋风辞》富有“《离骚》遗响”，是“乐极哀来”之作。从辞的整体意境审视，虽然有些欢乐的内容，但更多的应该还是深秋苍凉的景观，水一般流逝的光阴，使九五之尊的天子悲从中来，从而赋就了这首帝王伤怀的千古名篇。如今，万荣仍有元成宗大德十一年（1307）的刻石《秋风辞》以及清代建筑后土祠存世。

秋风起兮白云飞，	乍起的秋风啊远飞的白云，
草木黄落兮雁南归。	枯黄的草木飘落南去的大雁长鸣。
兰有秀兮菊有芳，	兰是那样俏丽菊是那样幽香，
怀佳人[①]兮不能忘。	最难忘的却还是心中的佳人。

泛楼船兮济汾河[②]，	雄伟的楼船越过了汾水黄河，
横中流兮扬素波，	横舟中流荡漾着银色的浪波，
箫鼓鸣兮发棹歌[③]。	箫鼓声里行船的号子也在轻轻唱和。
欢乐极兮哀情多，	欢乐享尽哀情多啊，
少壮几时兮奈老何？	少壮有几时老之将至可该如何？

【注释】

① 佳人：有人认为指贤士或群臣，也有人解释为武帝宠爱的李夫人与钩弋夫人，但更大的可能应该是一种虚拟性的泛指。

② 汾河：此处指汾水、黄河；河是古代黄河的专称，汾水发源于山西宁武管涔山麓，纵贯山西中南部而汇入黄河，现在也称汾河。

③ 棹歌：棹，读作 zhào；棹歌，划船时船夫所唱的歌，类如号子。

6. 曹操：《苦寒行》

曹操（155—220），东汉豪杰、诗人，字孟德，小字阿瞒，沛国谯县即今安徽亳州人。其父曹嵩，为天子亲随中常侍曹腾的养子，官至太尉，据载先祖为西汉初年的相国曹参。曹操自幼“才武绝人”，“机警有权数”，后以平定黄巾军崭露头角，从此南征北战、戎马倥偬数十年，击败北方的割据势力，成为东汉末年“挟天子以令诸侯”权倾朝野的重臣，书写了一位乱世英雄出类拔萃的史话。生前曾晋封魏王，死后谥号“武王”，其子曹丕篡汉后追尊为太祖武皇帝，故也以“魏武”称之。

东汉末年的另一位英雄袁绍，其外甥高幹“才志弘邈，文武秀出”，是位非常优秀的将领。袁绍占据北方时，委高幹为并州牧，主管今山西太原一带先后七年，治绩堪称卓越。汉献帝建安九年（204），曹操攻克河南邺城击败袁绍，高幹迫于情势请求投降，曹操仍命其为并州刺史。次年，曹操远征乌桓后方空虚，高幹趁机叛变，进占上党即今山西长治一带，擒获太守。又举兵扼制壶关口，并企图袭取邺城。曹操派兵“击之”，高幹失利后退入壶关城中顽强抵抗，久攻不下。建安十一年（206）夏历“春正月”，曹操亲率大军“仗钺征伐”，“围壶关三月”，高幹不敌，只身前往匈奴“求救于单于”，但被拒绝。不久壶关城破，高幹辗转多处搬兵期望再起，均遭挫败，走投无路之际意欲南下荆州去投靠刘表，行经上洛即今陕西商洛一带时被当地都尉捕杀。

就是在此次战事中，曹操在带兵翻越太行山的征途，挥笔赋就了这首《苦寒行》。诗详尽描写了一路经历的艰苦卓绝，抒发了作为主帅却厌倦战争的沉重心情，写得雄奇浩壮，慷慨悲凉，是我国文学长廊中光华永驻的军旅诗章。

北上太行山，	举兵北上太行山，
艰哉何巍巍。	巍巍太行是如此艰险。
羊肠坂[①]诘屈[②]，	羊肠小道崎岖颠簸，
车轮为之摧。	损坏的车轮丢散着一路凌乱。

树木何萧瑟，	树木遍野却又是这样萧瑟，
北风声正悲。	惨烈的北风搅动了刺骨的严寒。
熊罴③对我蹲，	更无奈熊罴常当道，
虎豹夹路啼。	虎豹的咆哮就回荡在路边。
溪谷少人民，	山谷荒凉人烟稀少，
雪落何霏霏。	纷飞的大雪滚如绵。
延颈长叹息，	仰天引颈长叹息啊，
远行多所怀。	远行的征战平添了多少思念。
我心何怫郁，	心头的郁闷难止难休，
思欲一东归。	真渴望抛却这万马千军返回家园。
水深桥梁绝，	急流断桥阻绝了去路，
中路正徘徊。	中途的进退曲折更令人举步维艰。
迷惑失故路，	迷迷蒙蒙东奔西突，
薄暮无宿栖。	暮色苍茫还无有去处可安眠。
行行日已远，	身后的落日越走越远，
人马同时饥。	人困马乏饥肠辘辘好熬煎。
担囊行取薪，	但只能挑着行囊捡些柴火，
斧冰④持作糜。	凿碎了冰块煮点儿晚餐。
悲彼东山诗⑤，	《诗经·东山》的词句突然跳入脑海，
悠悠使我哀。	刹那间勾起我不绝如缕的悲酸。

【注释】

① 羊肠坂：羊肠，比喻狭窄而蜿蜒的小路；坂，倾斜的山坡；羊肠坂，是古代由河南穿越太行出入山西的一段险道，也是兵家征战的必经要地。

② 诘屈：盘旋迂回曲折不平状。

③ 熊罴：古诗文中熊罴常常联用；罴读作 pí，指棕熊、马熊，也是古人对较大熊类的泛称。

④ 斧冰：此处斧作动词，用斧凿冰。

⑤ 东山诗：《诗经》“豳风”中有《东山》篇，写远征士卒返乡途中的急切思家之情。

7. 庾信：《就蒲州使君乞酒诗》

庾信（513—581），南北朝文学家，字子山，祖籍南阳新野即今河南新野，先辈迁居江陵即今湖北荆州。庾信自幼“聪敏绝伦”，颇具“盛才”。梁朝武帝萧衍开国后，太子萧统主持编纂了我国著名的典籍《昭明文选》，但因其早逝，由萧纲继为太子。庾信之父、诗文名家庾肩吾曾任萧纲的亲随侍从“中庶子”，另一位诗文高手、太学博士徐摛也颇获赏识，萧纲遂将徐摛之子徐陵与庾信同选为宫廷“抄撰学士”。于是，两对父子同时奉和太子，创作了不少辞藻华丽、格调绮丽、讲究声律与用典的“宫体诗”，贵胄之士竞相仿效，“每有一文京都莫不传诵”，号称“徐庾体”，后世影响极大。

梁元帝萧绎承圣三年（554），庾信奉诏出使北方西魏。未久西魏大军南攻，萧绎被害，庾信无法回返。但西魏慕其才名，授予车骑大将军、开府仪同三司等极高头衔。后西魏遭篡位，北周建国，庾信更获礼遇，出任洛州刺史等职，但就是不准南归。因此，对故土的思念，服侍异国的无奈，亲眼所见的山河破碎、生灵涂炭，使其心中充满惆怅苦涩，诗文风格也转入凄婉悲慨，如《伤心赋》《枯树赋》与最出色的《哀江南赋》等，杜甫所谓“庾信平生最萧瑟，暮年诗赋动江关”就是非常中肯的评价。

《就蒲州使君乞酒诗》中的“蒲州使君”即北周皇亲兼权臣宇文护之子宇文训，北周武帝宇文邕天和二年（567）出任蒲州刺史，在今山西永济一带。天和七年（572）宇文护被武帝所杀，宇文训也被赐死，成为宫廷斗争的牺牲品。此间某年庾信可能路过蒲州，在其临行前或稍后，为交情不错的宇文训作此诗索取当地名酒。诗写得凝重、冷隽、苍凉，意在言外，也是体现庾信后期风格的妙品。

萧瑟风声惨，	萧瑟的寒风撩动了心中的惨戚，
苍茫雪貌愁。	苍茫的雪原弥漫着满目的愁忧。
鸟寒栖不定，	严冬里的飞鸟不知何枝可依，
池凝聚未流。	冰冷的池塘凝固了摇漾的清流。

蒲城桑叶落[1]，	人皆赞蒲城的美酒桑落时节最美，
灞[2]岸菊花秋[3]。	灞水之滨却要等到菊花盛开的金秋。
愿持河朔[4]饮，	多渴望捧几坛黄河北岸的佳酿，
分劝东陵侯[5]。	好分送长安城中去国怀乡的江南挚友。

【注释】

① 桑叶落：指蒲州驰名的美酒，据称“十月桑落”是酿酒的最佳季节；当时蒲州有“姓刘名堕者”极善为之，其酒必须封存一个“枯枝之年”到次年“桑落之辰”开启，则“清白”如净洁之浆，“氛氲”独具“别调”，有似“兰熏”之芳“麝越”之香，是奉献朝廷的最佳“贡选”，故“酒得其名”谓之“桑落”。

② 灞：即灞水，陕西中部的渭水支流，因流经几代皇都长安，古诗文中多有出现，名气甚高。

③ 菊花秋：也是古代美酒之称，据称此酒于菊花开时“并采茎叶”，“杂黍”酿之，“来年九月九日”菊花再开时“始熟”，故谓之。

④ 河朔：古代泛指黄河以北地区，此处借称蒲州。

⑤ 东陵侯：东陵，秦始皇之父秦庄襄王与其母赵姬等的墓葬群；东陵侯，指召平，是秦代封爵于东陵地区并负责监护的一位贵族，秦亡后沦为贫穷“布衣”，乃“种瓜于长安城东”为生，因其味美故被称作“东陵瓜”；庾信用此典故，显然有着类比个人命运并求酒以安慰与自己一样无奈滞留长安的南方“羁士”的言外之意。

8. 颜之推：《从周入齐夜渡砥柱》

颜之推（531—约595），南北朝末至隋朝文学家，我国古代家庭伦理教育思想的先驱，字介，原籍琅邪临沂即今山东临沂。先祖东晋初年南渡，其父曾任梁武帝萧衍之子、湘东郡王萧绎的咨议参军。“博览群书，无不该洽”的之推，也被萧绎派往郢州即今湖北武汉一带，为其次子、郢州刺史萧方诸执掌“管记”成为秘书。后萧绎登基为梁元帝，授之推散骑侍郎“奏舍人事”并奉命校书。梁元帝承圣三年（554）北方西魏南侵，萧绎遇害，之推被掳往北方。数年后西魏被篡位，北周建国。大将军李穆看重之推学识，荐其前去弘农即今河南三门峡市，为自己的长兄李远管理“书翰”撰写文牍。

当时，弘农已是北周的最西陲，跨过黄河就是对立政权北齐的土地。之推在这里可能过得并不顺心，也有一说是他为了伺机回归江南，遂于北齐文宣帝高洋天保七年（556）借水势暴涨之机，带着妻儿连夜乘船偷渡，冒险通过黄河上最为湍急的“砥柱”危岩周边，穿越了一段恶浪汹涌的航程，到达今山西平陆县而进入北齐。对之推的“勇决”行动，文宣帝“见而悦之”非常赞赏，命以“奉朝请”的官衔“侍从左右”。《从周入齐夜渡砥柱》就是其偷渡成功后描写惊险经历及其动机之作。

后来，之推并未回归江南，直到隋文帝时故世。之推早年“好饮酒，多任纵”，有点纨绔习气。但大半生“饱尝离乱之苦，深怀忐忑之虑”，暮年终于彻悟，人格认知渐趋完善，故精心撰写谆谆告诫子孙如何修身、养性、治家、处世、勉学、省事的《颜氏家训》20篇，成为中华文化宝库中最早的“家教规范”、千余年来影响深远的经典。

侠客重艰辛，	侠客般的征程就不免多有艰辛，
夜出小平津[①]。	趁着夜幕悄然潜过古渡“平津”。
马色迷关吏，	融入幽暗的马色迷惑着边关小吏，
鸡鸣起戍人[②]。	破晓的鸡鸣已在催醒镇守的兵丁。

露鲜华剑彩，	鲜灵的露滴映亮利剑的华彩，
月照宝刀新。	月光照耀的宝刀越显得锋利如新。
问我将何去？	欲问我准备前往何方？
北海就孙宾③。	将投奔北海孙公那样的高士仁人。

【注释】

① 小平津：古代黄河上的重要渡口，通常认为在今河南孟津东北，但也有记载为“平陆县小平津”，其“南岸有勾陈垒”是“武王伐纣”时会合“八百诸侯”之处；由此可知，小平津应系孟津到平陆横跨黄河两岸渡口的合称。

② 戍人：指守关的军士。

③ 孙宾：即孙嵩，东汉桓帝时青州北海即今山东安丘人，是当时著名的高士；当时宦官唐衡当权，其兄唐玹凭借裙带关系升为“京兆虎牙都尉”率军驻防长安，引起时论不满，素来“廉直疾恶”的官员赵岐更是屡屡“贬议”，唐玹深为“毒恨”，将赵岐罗织罪名“陷以重法”，“家属宗亲”被杀，本人逃脱，继而“自匿姓名”于北海街头卖饼；某次孙嵩路遇发现他非同“常人”，遂停车“密问”，赵岐素闻孙嵩人品，即“以实告之”，孙嵩就将其带回府中“迎入上堂”，又藏匿“壁中数年”，直至“诸唐死灭”后始获自由，孙嵩也因此义举名重一时；后赵岐复官成为重臣，并成为造诣不凡的经学大家，二人直至晚年友情甚笃，传为佳话；颜之推借此典故，表达了期待到达北齐投奔知己的愿望，但有无实指之人则不详。

9. 杨广：《云中受突厥主朝宴席赋诗》

隋炀帝杨广（569—618），隋文帝杨坚次子，在位时营建东都洛阳，开凿运河，推动南北交流；同时明定律令，革新官制，首创“试策”取士，开启了我国影响深远、延续1300年的科举模式。还亲临西域“陈兵讲武”，设“河西四郡”巩固丝绸之路的控制，甚至派兵跨海示威台湾。但不免好大喜功，劳民伤财过度，调发徭役动辄上百万人，每致死者累积；又几次远征高句丽受挫，君威大跌，民变四起。炀帝大业十三年（617），其亲姨表兄李渊趁机“举义”太原，攻入长安夺得政权。次年，炀帝被亲随宇文化及等人缢杀于江都即今江苏扬州。

隋朝初年，北方突厥分裂，东突厥请求归附，文帝遂于北周所置的云中县为其启民可汗筑城居住，故址在今山西大同。大业三年（607）启民可汗朝拜长安，炀帝“大陈文物”示强。同年夏历四月，炀帝起驾“北巡”，先到达古榆林郡即今内蒙古准格尔旗。八月开始东行，率“甲士五十余万，马十万匹”，“旌旗辎重千里不绝”。还特造能容“数百人”的“观风行殿”，下置无数“轮轴”，“离合为之”，“推移”前行，“胡人惊以为神”膜拜不已。未久入长城驾临云中，启民可汗搭建“千人大帐”隆重迎候，炀帝款待可汗“及其部落酋长三千五百人”，众人“奉觞上寿，跪伏恭甚”，龙颜“大悦”，赐可汗“金瓮”“锦彩”等物，他人也均厚赏。《云中受突厥主朝宴席赋诗》即其觥筹交错之际的踌躇满志之作。

炀帝是位被推翻的天子，负面评价不少。实际上其人很有才华，生前的“巡狩”各地虽常被视作游山玩水，而真正用意大半还是为了张扬国威、震慑天下、稳固边陲。其间所赋诗作特别是“北巡”之作，往往劲健峭拔，气势凛然，霸气十足，这一首就是充分体现其王者之风的名篇。

鹿塞①鸿旗驻，	旌旗凛然的仪仗霎时间排满边塞，
龙庭②翠辇回③。	突厥的大地迎来了御驾的巡回。
毡帷望风举，	毛毡围拢的帷幔闻风飘举，
穹庐④向日开。	宽敞的庐帐仰望着太阳张开。

呼韩[5]顿颡[6]至，	匍匐的可汗一步一步叩首而至，
屠耆[7]接踵来。	部族的头领一轮一轮趋前朝拜。
索辫擎膻肉，	绾起长辫捧出腥香的鲜肉，
韦鞲[8]献酒杯。	衣袖紧束的双臂托起敬献的酒杯。
何如汉天子，	堂堂的汉家天子自应有所恩赏，
空上单于台[9]？	又岂能空着手儿登临这单于之台？

【注释】

① 鹿塞：代指边塞。

② 龙庭：本指朝廷，但汉代时匈奴单于祭天地鬼神之处也以此称，故我国古诗文中常借指匈奴和其他北方边疆少数民族地区。

③ 翠辇回：翠辇，翠羽装饰的帝王车驾，有喻其尊贵华美之意；回，本义为转，此处可作巡回解。

④ 穹庐：蒙古族等游牧民族所居的毡帐，即俗称之蒙古包。

⑤ 呼韩：西汉宣帝、元帝时期匈奴呼韩邪单于的简称，呼韩邪是第一位到中原朝见的匈奴单于，后又前来招亲，娶走名扬后世的美女王昭君，此处借指启民可汗。

⑥ 顿颡：叩首触地，屈膝跪拜。

⑦ 屠耆：本系匈奴语音译，义为贤者，此处借指启民可汗诸部属。

⑧ 韦鞲：韦即皮革，鞲，读作 gōu，即束紧衣袖便于骑射的臂套。

⑨ 单于台：单于，读作 chán yú，汉代匈奴君主的称谓；单于台，即单于点兵台，此诗所指者在云中县“西北四十余里”，一说在“县西北百余里”，故址在今山西大同，有人认为应在今内蒙古呼和浩特西，恐未准确。

10. 王绩：《野望》

王绩（约589—644），隋末初唐诗人、学者，字无功，原籍太原郡祁即今山西祁县，后迁绛州龙门即今山西河津，但故里通化镇几十年前已划归万荣县。王绩出身诗书簪缨世家，“英敏”过人却生性简傲旷达，不拘礼法。隋炀帝大业末年举试列名“高第”，授官秘书省正字却“不乐在朝”，复因其嗜酒多次误事“妨政”，后干脆弃官而去。

归家之后，王绩日以纵情山水“弹琴、为诗、著文”自娱。在家乡黄河之滨“有田十六顷”，遂与雇工数人“种黍”“酿酒”栽“药草”并养鸭于此，自号“东皋子”，除《周易》与“老庄”之外“罕读”他书，“高情胜气，独步当时”。有官员来访，纵“刺史谒见”一概“不答”，如有“酒邀”则无论“贵贱”必欣然前往，一次能饮“五斗”，故自著《五斗先生传》，又撰《酒经》《酒谱》《醉乡记》等。王绩逝世前亲拟墓志铭，自称“有父母无朋友”，“天子不知，公卿不识”，“往往卖卜，时时著书”，“若顽若愚，似矫似激”，“行若无所之，坐若无所据”，“以生为附赘悬疣”当作累赘，“以死为决疣溃痈”视同破疮，因此“无思无虑，何去何从”，“哀哀孝子，空对长松”。其洒脱不羁、藐视世俗之情态，可谓活灵活现、跃然纸上。

王绩诗文冠绝当时，而且精通音律，医卜星象、猜谜射覆等技艺皆无所不能，有《王无功文集》与后人辑本《东皋子集》传世，《野望》就是其最负盛名的代表作。诗以恬淡、闲静的乡景描绘为反衬，隐约表达了个人孤寂、凄冷的彷徨心境，排偶隽美，格调谐和，是文学史上具有标准五言律诗开启意义的奠基性篇章。

东皋①薄暮望，	站在傍晚的河东高坡纵目远窥，
徙倚②欲何依？	彷徨无定的心灵该到哪里寻找依归？
树树皆秋色，	棵棵绿树都已是秋色萧森，
山山唯落晖。	座座山峦只剩了落日的余晖。

牧人驱犊返，	思家心切的牧人紧催着缓行的牛犊，
猎马带禽归。	狩猎回还的汉子将禽鸟挂满了马背。
相顾无相识，	眼前的过来人无一位熟识的知己，
长歌怀采薇③。	只有仰天长啸怀想那远古高士采薇的伤悲。

【注释】

① 东皋：皋，读作 gāo，水边的高地；东皋，当指王绩隐居的黄河东岸高地。

② 徙倚：徘徊、彷徨，往复行走。

③ 采薇：周武王灭商后，两位高士兄弟伯夷、叔齐，对于这样的“以暴易暴”深为“耻之”，发誓“义不食周粟”，拒吃周朝米粮，而隐居首阳山勉强“采薇而食”，就是摘点野豆叶子之类充饥度日，最后“及饿且死”，死前作《采薇歌》明志，故后世也以“采薇”指代隐居生活。

11. 李世民：《谒并州大兴国寺诗》

唐太宗李世民（599—649），祖父为南北朝北周柱国大将军，祖母是隋文帝杨坚的皇后独孤氏的姐姐。其父李渊隋炀帝大业十二年（616）任太原留守，世民随同前来，在这里“推财养士，结纳豪杰”，被誉称“太原公子”。次年，炀帝巡视江都即今江苏扬州时受困，世民力促其父趁机“起义”。太原相传为远古唐国，是西周初年周成王“桐叶封弟”授予其弟叔虞的领地，且李渊少时曾袭爵父辈而为唐国公，太原又是其“龙兴”之处，所以世民助父夺得天下后定国号为“唐”，李渊登基为唐高祖。高祖武德九年（626）世民发动“玄武门之变”，杀其兄太子建成与弟元吉，迫父退为“太上皇”自己继位，庙号太宗。在位23年文治武功灿然，史称“贞观之治”，算得上是位杰出的君王。

太宗贞观十九年（645）率军亲征高句丽，夏历十月回师，入山海关至定州西折，十二月十四日“驾幸”太原。阔别20多年，自然感慨系之，遂于除夕夜“召侍臣赐宴守岁”并即席赋诗。上元节后又去拜谒奉祀叔虞的晋祠，“正月廿六日”亲撰《晋祠之铭并序》，盛赞此地风水“标奇”，颂扬其父“发迹神邦”成就“洪业”，称今日“临汾水”尤可“濯心”，“仰灵坛”更能“肃志”，祈望祖宗“令誉光于千载”。碑刻最早立于汾水之西太原故城乾阳门街，宋代故城毁弃后移入晋祠，被尊作“贞观宝翰”至今犹存，已成为我国文化圣殿的绝世奇珍。

《谒并州大兴国寺诗》也是此行所作。大兴国寺可能就是因当年“义师起于太原”敕令所建的“太原寺”，内有高祖的起义处“号令堂”，又名大唐兴国太崇福寺，大兴国寺应系其简称，或距晋祠不远，具体方位已难查考。只有唐人吴少微《唐北京崇福寺铜钟铭并序》一文尚存，北京即唐代太原的别称。

回銮①游福地，	回銮时节来此福地一游，
极目玩芳晨。	纵目观赏在芬芳氤氲的清晨。
梵钟②交二响，	悠扬不息的庙钟交响起落，
法日③转双轮。	诵经作法的双轮徐徐转动。

宝刹④遥⑤承露，	尊贵的名寺承接着历久的甘露，
天花近足春。	仙界的花朵拉近了将到的阳春。
未佩兰犹小，	未曾绽放的幼兰娇小柔弱，
无丝柳尚新。	尚待垂丝的柳芽稚嫩清新。
圆光⑥低月殿⑦，	诸神的光环掩映在月宫般的殿堂，
碎影乱风筠⑧。	礼佛的人影摇乱了风中的竹筠。
对此留余想，	圣洁的氛围留给人多少念想，
超然离俗尘。	真希望跳出这俗气弥漫的凡尘。

【注释】

① 回銮：因皇帝车驾谓之銮驾，特称其外出归来，此处指亲征高句丽归来。

② 梵钟：寺庙里的佛钟。

③ 法日：依例诵经作法的日子。

④ 刹：读作 chà，寺庙、佛塔，为梵语“刹多罗”的简称。

⑤ 遥：此处可作时间久长解。

⑥ 圆光：佛门中佛祖与诸菩萨头顶的圆轮金光。

⑦ 月殿：本义为月宫，此处喻指漂亮的佛殿。

⑧ 筠：读作 yún，竹的别称。

12. 武则天：《过栖岩寺》

武则天（624—705），唐高宗皇后，本名珝，并州文水即今山西文水人。其父武士彟因经营木材生意“致大富”，李渊起兵反隋时曾积极支持，并随同攻入长安。唐朝建立后任工部尚书封应国公，越数年原配逝世，续娶贵族名门杨姓之女，即则天生母。后士彟外任扬州、利州、荆州等地长官，则天一直跟随。14 岁时入选唐太宗五品才人，赐号“武媚”，此后 12 年恩幸不多，却与比其年轻 4 岁的太子李治结下私情。故太宗驾崩、李治继位仅两年，就将削发为尼的则天召回，册封为二品昭仪，后又“进号宸妃”。

则天才胆过人，“素多智计，兼涉文史”，很快就在后宫争斗中占尽了优势，高宗永徽六年（655）正式受封皇后，同年派人将被废的王皇后与对手萧淑妃“缢杀”。次年高宗废太子而改立则天所生长子，则天前后又连生三子二女，高宗八子中后四位、四女中后两位均其所出。后高宗患“风疾”头晕目眩，政事更交由则天全权“详决”，直至并列“二圣”。则天晚年称帝，国号“大周”，取日月当空之意改名为“曌”，为男权至上的古代中华涂写了一抹仅有的亮色。临终前遗诏退位，以“则天大圣皇后”与高宗合葬乾陵，立无字巨碑供后世评说。

则天善诗，《全唐诗》收其 48 首，却无一故乡之作。所幸，清光绪二十七年（1901）山西巡抚胡聘之曾搜集三晋古碑 700 多通汇为《山右石刻丛编》，内有“御制”《过栖岩寺》诗碑一通。栖岩寺是位于蒲州即今山西永济的著名古寺，南北朝北周始建。此诗被宋代诗人李清照与其夫赵明诚合编的《金石录》收入，注明为“高宗则天撰”，实为则天手笔，是高宗咸亨三年（672）从东都洛阳返长安时，夏历“十一月八日”途经此地的题咏。则天诗碑 20 世纪 50 年代修筑三门峡水库时失踪，但仰赖前贤苦心总算保留了这位传奇女杰仅存故乡的珍贵诗章。

旋驌[①]登雪岭，	御林军的奔马登上了皑皑的雪岭，
飞旆[②]驻香城[③]。	飞驰开道的车驾已停在大美蒲城。
路盘高下骑，	盘山前行的骑士高下相接，
峰回出没旌。	绵延弯转的远峰中仍有出没的旗旌。

云衣缝涧户，	浓云的素衣缝闭了溪涧的水口，
霞绮织山楹[4]。	锦缎般的云霞织就群山的彩门。
扬刹[5]移虹影，	高昂的宝刹抖动着虹影的光华，
携风引梵声。	阵阵微风又牵来礼佛诵经的柔声。
岫[6]馥炉烟合，	古洞飘出的芬芳融入香火的馥郁，
岩悬叠溜[7]萦。	岩壁的悬流垂挂着层层叠叠的晶莹。
空结笼檐网，	围拢殿檐的尘网连成了白空片片，
虚谷响台铃。	虚幻朦胧的沟谷回响着庙院的铃音。
簇野千丛暗，	原野上拥聚着千丛幽暗，
长河一带明。	莽莽的黄河却铺开一线的澄明。
散望禅林外，	再纵目扫视禅寺之外，
方弘拯溺[8]情。	更增添我振兴天下的满腔豪情。

【注释】

① 骉：读作 lù，原意为野马，也代指绘有騄駬即奔马图形的军旗。

② 旆：读作 pèi，古时旌旗末端形状像燕尾的飘带，或代指军旅的前军车辆与前军。

③ 香城：指佛国仙境，也比喻美丽的地方。

④ 楹：堂屋前的柱子。

⑤ 刹：读作 chà，寺庙、佛塔，为梵语“刹多罗”的简称。

⑥ 岫：读作 xiù，本义为山穴、山洞，也指山峦。

⑦ 溜：此处指顺岩滴落的水流。

⑧ 拯溺：救助溺水者，引申为解救危难，此处有振兴皇朝、匡复天下的意味。

13. 陈子昂：《登泽州城北楼宴》

陈子昂（659—700），唐代诗人，字伯玉，梓州射洪即今四川射洪人。子昂家境豪富，自幼“奇杰过人”，但有点“驰侠使气”狂放任性。早年赴京赶考落第，某日遇“卖胡琴者”索价“百万”，不少人士“传视”可无一敢应，子昂即令仆从“辇千缗市之”，就是用车拉百万铜钱来买，且声言“余善此乐”，明日特请各路君子光顾聆听。届时果然到达“凡百余人”，子昂“酒肴毕具”款待后即举琴开言，我陈子昂“有文百轴”却“驰走”京师“不为人知”，这种“贱工”操弄之器，真值得列位“留心”吗？说罢突然将琴摔个粉碎，趁众人惊愕之际“以其文百轴遍赠”，故“一日之内”“名满都下”。唐代科举甚重名声，所以不久即中进士。又恰逢唐高宗逝世，子昂乘势“诣阙上书”，竟获则天武后召见，授麟台正字，继授右拾遗，但均系无权小官，也一直未获升迁。

武后万岁通天元年（696）北方契丹军叛乱，武后堂侄武攸宜领兵讨伐，子昂以文书“管记”随征。据称子昂原为“参谋”，曾请分拨“万人”自己指挥“以为前驱”，攸宜“不纳”书生之见，子昂“言甚切至”又请，攸宜干脆将其降为“军曹”。正是这次出征中，子昂留下了《登幽州台歌》的千古名作。次年，回师再次途经今山西晋城市泽州县时，登楼饮宴，遥望着附近不远处战国时期长平之战的战场遗迹，而写下这首满怀沧桑情思的《登泽州城北楼宴》。

一年多后，子昂得知“父为县令段简所辱”，便还乡“归侍”。段简却不断罗织罪名“诈诬”子昂，“收系狱中”关押拷打，厚索贿赂“二十万缗”，致其“忧愤而卒”。也有一说是，武后侄儿、权臣武三思因“嫉怒”子昂曾“夺其妓妾”，又疑子昂“摈排”讥讽过自己，遂密令段简将其害死。

平生倦游[①]者，	此生厌倦了官场的宠辱浮沉，
观化久无穷。	世事的变幻也已经览阅无穷。
复来登此国，	归来时再次登临此地的城楼，
临望与君同。	望中的感慨与诸君全然相同。

坐见秦兵垒②，	坐席处看得见秦军的壁垒，
遥闻赵将雄③。	很久前即闻知赵将的雄名。
武安君④何在?	当年的武安君白起于今何在?
长平事已空。	长平的厮杀早化作一派虚空。
且歌玄云⑤曲，	让我等且高歌“玄云”之曲，
衔酒舞熏风⑥。	再把酒起舞于这和煦的祥风。
勿使青衿子⑦，	切莫使那些后辈书生青衫士子，
嗟尔白头翁。	为列位白发华年的老者嗟叹悲悯。

【注释】

① 倦游：游兴已乏，引申为对于官场仕途的厌倦思退。

② 秦兵垒：长平之战时秦军壁垒的遗迹，泛指双方工事，战场位于泽州以北50多公里的山西高平县境；其过程是，秦昭襄王四十五年（前262）秦国攻占韩国的野王即今河南沁阳，越二年又攻占上党，稍南60多公里的赵国长平完全孤立，驻防老将廉颇“坚壁”固守“不出”，意在以逸待劳拖垮远来秦军再行反攻，却被误为怯战，秦国又派人“反间”，称最怕者是赵国名将赵奢之子赵括，赵国孝成王果然中计，由赵括取代了廉颇；赵括善纸上谈兵却毫无实战经验，上任未久即发动进攻，秦军主将白起，故意示弱“佯败而走”，赵括贸然传令追击，被白起迂回穿插，分割包抄，切断退路与粮道，赵军“不得食四十六日”，以致互相偷杀充饥，后赵括亲自“搏战”突围，中箭身亡，赵军40万人投降，除240名幼小者外均被斩首“坑杀”，赵国元气大伤，几乎灭国。

③ 赵将雄：称赞长平之战最初的赵军统帅名将廉颇。

④ 武安君：长平之战秦军统帅白起的封号，代指其人。

⑤ 玄云：为汉代“鼓吹铙歌”之一的曲辞名，已失传；铙歌是古代鼓舞士气的军中乐曲，有时也指凯歌与泛指军歌。

⑥ 熏风：和风、暖风，南来之风；相传舜帝曾“作五弦之琴”歌“南风”之曲，有“南风之熏兮，可以解吾民之愠兮”语。

⑦ 青衿子：青衿，原系周朝的学子服装，衿指下连到前襟的交叉衣领；青衿子，昵称年轻的书生或秀才。

14. 王昌龄：《驾幸河东》

王昌龄（？—约756），唐代诗人，字少伯，出身寒微，生平事迹史载有限，籍贯也有长安、太原等说。早年一直乡居长安附近，但科考不顺，曾出游西域，可能还去过唐代军事重镇安西即今吉尔吉斯斯坦碎叶城，写下了“秦时明月汉时关”“不破楼兰终不还”等名句传世的边塞诗，被称为“妙绝古今，别有天地”的“神品”，还赢得“七绝圣手”的美誉。

唐玄宗开元十年（722），昌龄由潞州即今山西长治转居太原。次年春，玄宗从洛阳起行“巡省”太原。先特意“驾幸”自己曾任“潞州别驾”即副职时的治所上党，免地方税役五年，赦死刑以下罪犯，赐名当年所居府邸为“飞龙宫”，并宴请“父老”同欢。抵太原后，令并州升格为府，官员比照京师“补授”，朝拜唐高祖与太宗兴兵反隋时的“起义堂”，为群臣颂诗亲撰《起义堂颂序》，盛赞先祖“举晋阳之甲，除君侧之盗”，“肇基发迹，实在於兹”，镌碑立石城中。也免地方税役一年，贫户两年，当年的随从“起义”户五年，子孙中“才堪文武”者恩准荐选授官。此时，昌龄显然观瞻了天子出行的威仪，万难目睹的宏伟阵势一定使之惊异不已，或许还有借机脱颖、以求闻达的功利动机，从而写就了这首充满歌功颂德意味的《驾幸河东》，河东是唐代山西地区的泛称。

开元十五年（727）昌龄终于举进士，但仕途一直坎坷，还因其“不护细行”“谤议沸腾”两次遭贬流放。第二次从流放地龙标归来时经过亳州，不知何故被刺史闾丘晓斩杀。据云后来宰相张镐兼任节度使节制淮南军事，闾丘晓违令当死，以有“老亲奉养”求免；张镐反驳，昌龄之亲“谁养”？遂“杖杀”之。如此因果报应的说法，大概多属杜撰了。

晋水[①]千庐[②]合，	晋水边无数的庐舍一派连营，
汾桥万国[③]从。	汾河的桥头万方人众欣然跟从。
开唐天业盛，	开创了泱泱大唐盛世伟业，
入沛[④]圣恩浓。	御旗的光临更洒遍浩荡的皇恩。

下辇[⑤]回三象[⑥]，	步出圣驾看得见日月星辰环绕，
题碑任六龙[⑦]。	题赐的碑刻胜过那六龙飞腾。
睿明悬日月，	英明睿智真仿佛太阳高悬，
千岁此时逢。	千载的明君恰有幸此时恭逢。

【注释】

① 晋水：发源于太原古城之西的悬瓮山，流经晋祠前的平川汇入汾河。

② 千庐：此处应指为玄宗的从驾人马所搭建的无数临时性住舍。

③ 万国：或指来自他国的随同使臣以及各族人士，似也有形容各路官绅士民跟从观瞻者众多的意味。

④ 沛：古同旆，读作 pèi，古时旌旗末端形如燕尾的垂旒，也泛指旌旗。

⑤ 辇：原意为用人推或拉的座车，后则多用为对国君、王后乘车的敬称。

⑥ 三象：日、月、星，又相传西周初年周公曾作《三象》之乐以记出征得胜，故此处也有鼓乐齐奏、恭迎圣驾之意。

⑦ 六龙：我国神话中称日神乘车出行以六龙为驾，后也代指天子车驾，此处或系赞美玄宗《起义堂颂序》等御书文字的纵横豪放。

15. 李白：《太原早秋》

李白（701—762），唐代诗人，字太白，号青莲居士，自称籍贯为陇西成纪，在今甘肃静宁，实际成长于绵州昌隆即今四川江油。毕生“笔落惊风雨，诗成泣鬼神”，留下了大量斑驳陆离的佳作。其唯一存世书法《上阳台帖》，附有宋徽宗题解与乾隆皇帝款识“青莲逸翰”，已成为价值连城的国宝文物。

唐玄宗开元二十三年（735）李白应好友元演之邀，同赴太原探望在此担任军政长官的元演之父，受到元家的热情款待，“琼杯绮食”天天“醉饱”，也常到附近名胜晋祠游玩，《太原早秋》即此时所作。相传当时还是小军官的郭子仪犯法被执，李白对其甚“奇之”，遂为“求免”，“救其死罪”，并铺垫了一段报恩的后话。其间，李白还曾北上雁门一带观瞻，次年春离去。

玄宗天宝十二年（753）李白再赴太原，前往汾州游览。此前不久，或者正是此行触发了思绪，李白作长诗《忆旧游寄谯郡元参军》，回顾了与元演多年的友谊，特别是留下了颂扬晋祠的千古名句“时时出向城西曲，晋祠流水如碧玉；浮舟弄水箫鼓鸣，微波龙鳞莎草绿”，同时还以“其若杨花似雪何”“百尺清潭写翠娥”“翠娥婵娟初月辉，美人更唱舞罗衣”这样的描绘，赞美了太原歌女的绰约风姿、楚楚柔情。

四年后，郭子仪已经成为镇压“安史之乱”的大功臣，李白却因为依附叛乱的永王李璘而获罪。据称子仪为报当年之恩，请求用自己的官爵“以赎”李白，才得以从轻发落流放到夜郎即今贵州。两年后遇赦返回，又两年故世。60多年后，唐文宗下诏将李白的“歌诗”与“裴旻剑舞、张旭草书”一道封为“三绝”。

岁落众芳①歇，	转眼间岁月转凉花草凋落，
时当大火流②。	“大火星”正在渐渐的西流。
霜威出塞早，	寒霜威烈出塞就越须趁早，
云色渡河秋。	萧瑟的风云已飘来黄河上的初秋。

梦绕边城月，	梦魂围绕着边城的明月，
心飞故国楼。	心儿却飞向故园的高楼。
思归若汾水，	思乡之情恰如这绵长的汾水，
无日不悠悠。	无时无刻无不是愁绪悠悠。

【注释】

① 众芳：百花，也比喻草木之芳香。

② 大火流：大火，指大火星；流，指星宿的游走变化，《诗经·豳风·七月》中的“七月流火，九月授衣”，描述的是大火星渐渐西流下行，秋日将至，气候转凉，不是形容炎热；但大火星并非现代意义的火星，而是一颗恒星，我国古人认为属于东方苍龙七宿之“心宿二”，实际就是天蝎座 α 星，系天蝎座中最红的巨星、光变明显的半规则变星。

16. 王维：《登平陆城楼作》

王维（701—761），唐代诗人，字摩诘，祖籍太原府祁即今山西祁县，父辈迁居蒲州即今山西永济一带。唐玄宗开元九年（721）20 岁举进士，后官至中书舍人、尚书右丞。毕生笃信佛教，常年“蔬食素衣”，“不茹荤血”，“退朝之后，焚香独坐”，每每潜心“禅诵”，妻亡不娶，“三十年孤居一室，屏绝尘累”。临终前，为“平生亲故”书写“别书”多幅，随后“舍笔而绝”。

王维“诗名冠代”，且“娴音律”善绘画。据云某君有《奏乐图》，王维看后“熟视而笑”，人问缘由，回答曰所绘是唐玄宗“《霓裳羽衣曲》第三叠第一拍”，“集乐工”演奏“验之”，居然毫无“差谬”，人乃“服其精思”。王维之画“特妙山水”，唐代已有人称其“幽深之致，近古未有”。北宋官修《宣和画谱》认为，其“画不下吴道玄”即大画家吴道子，诗中也“自有画意”。苏东坡更以“味摩诘之诗，诗中有画；观摩诘之画，画中有诗”予以盛赞。

王维举进士的当年赴任济州即今山东济宁，顺黄河而下经过此地，赋就了这首《登平陆城楼作》。此诗在《全唐诗》中名为《登河北城楼作》，河北是山西平陆县旧称，原为周朝分封诸侯的虞国，被晋国灭掉后因在黄河之阳定名大阳邑，汉代为大阳县，南北朝北周时改名河北县。玄宗天宝元年（742）出土一件镌有篆文“平陆”的古戟，改称平陆至今，故《山西通志》入选时变更了诗名。此后，王维几乎再无返乡记载，此诗也就成为其真正写于故土的仅见之作。诗以精妙的语言，勾勒出一幅恬静、悠闲、开阔而又略显缥缈的水墨丹青，称得上是可与其“大漠孤烟直，长河落日圆”“明月松间照，清泉石上流”等名句诗作媲美的篇章。

井邑①傅岩②上，	曾经是古贤傅说为奴的岩畔，
客亭③云雾间。	故乡迎客的亭台笼罩在云雾之间。
高城眺落日，	站在高耸的城楼眺望沉沉落日，
极浦映苍山。	极目处依稀的河滨衬映着苍莽群山。

岸火孤舟宿，	岸边的微火相伴独宿的孤舟，
渔家夕鸟[4]还。	捕鱼人的鱼鹰也已停歇船沿。
寂寥天地暮，	暮色中的天地虽然越显寂寥，
心与广川[5]闲。	我的心却与广阔的川流一样悠闲。

【注释】

① 井邑：故里、故乡；唐代河北县原归蒲州管辖，所以王维以此谓之。

② 傅岩：傅说做苦工之处；傅说是殷商时期英主武丁“复兴”的主要辅佐，相传其人原是一名陷身“版筑”也即围拢木板夯筑土墙的刑奴；武丁即位后焦虑“未得其佐”，以致“三年不言”，忽“夜梦得圣人”名“说”，“说”读作 yuè，实同悦，有郁结获解的欣喜之义；武丁乃派人四处寻找，得“说”于傅岩苦工者中，召回时发现果有“圣人”之见，当即“举以为相”，国遂“大治”；后以岩赐姓，故曰傅说，如今平陆县仍有相传之傅岩存在。

③ 客亭：古代多指驿亭，代指驿站所设的休息处所，也指供游客观瞻的亭台。

④ 夕鸟：晚归的鸟，结合上下句理解此处可视为渔家捕鱼的鱼鹰。

⑤ 广川：指眼底的黄河波流。

17. 宋昱：《题石窟 寺魏孝文所置》

宋昱（？—756），唐代官员，籍贯不详。据典籍零星记载，唐玄宗天宝元年（742）为监察御史，后成为杨贵妃族兄、权臣杨国忠的亲信，升任负责草拟圣旨的中书舍人。天宝十三年（754）玄宗罢免左相陈希烈，欲起用大臣吉温，但国忠与宋昱密谋力阻，而使“柔而易制”便于掌握的韦见素获任。宋昱作为国忠党羽，则凭借势力“招徕赂遗”以致“财货山积”。天宝十五年（756）安禄山反军逼近长安，玄宗出奔巴蜀，行经马嵬坡发生兵变，国忠被杀，杨贵妃被缢死，宋昱在劫难逃也被“诛灭”。其人大节有亏，但这首《题石窟 寺魏孝文所置》却是描写山西大同云冈石窟最早的、论艺术水准也可谓迄今最佳的诗作。

云冈石窟与洛阳龙门石窟、敦煌莫高窟、天水麦积山石窟并称为我国四大石窟。南北朝北魏最初建都平城即今大同，文成帝兴安元年（452）嗣位后，听从名僧昙曜建议，于大同西部武州山“开窟五所”，比照北魏太祖到文成帝“五帝”身形“镌建佛像各一”，“高者七十尺，次六十尺，雕饰奇伟冠于一世”，即云冈最早的“昙曜五窟”，就是今天的第16至20窟。北魏中兴明君孝文帝登基后，开凿势头达到高潮，现存第5窟中的17米巨型坐像以及最大的石窟第6窟均成于此时。直到孝文帝太和十八年（494）迁都洛阳止，大规模开凿了40多年，还建起了规制宏敞的灵岩寺等佛寺。后来仍有一些民间人士继续开凿，终于形成一道绵延一公里、窟龛200多个、各色雕像50000余躯的大美群落，被联合国教科文组织列入了世界文化遗产名录。

梵宇开金地[①]，	佛门的寺宇创建在黄金般的佛地，
香龛[②]凿铁围[③]。	飘香的石窟就如开凿在铁围山陲。
影中群象动，	光影里尊尊雕像隐约晃动，
空里众灵飞。	空蒙中好一似无数的天神在飞。
檐牖[④]笼朱旭，	殿檐下的高窗轻笼着朝阳的暖红，
房廊挹[⑤]翠微。	禅房前的屋廊牵连着岩头的青翠。

瑞莲[6]生佛步[7]，	朵朵瑞莲变幻出佛祖的脚步，
瑶树[8]挂天衣[9]。	玉洁冰清的仙树挂满云霞般的彩衣。
邀福功虽在，	祈福求福的功效或许至今依旧，
兴王[10]代久非。	“孝文中兴”的时代却早已物换人非。
谁知云朔[11]外，	谁曾想来到遥远的边疆塞外，
更睹化胡[12]归。	竟能够目睹这“化胡成佛”的胜景而归。

【注释】

① 金地：佛教称菩萨居处以金铺地，故谓之，也称金田。

② 香龛：供奉佛像或神灵牌位的阁子，此处代指石窟。

③ 铁围：佛教语，即铁围山，此处借指武州山，也隐喻开凿石窟之难；佛教认为，世界以须弥山或曰妙光山为中心，有八山八海围绕，第八海为碱海，围绕碱海的就是铁围山。

④ 檐牖：牖，读作 yǒu，窗户；檐牖，挨近屋檐的高窗。

⑤ 挹：读作 yì，牵引、拉住、收纳。

⑥ 瑞莲：吉祥的莲花；莲花是佛教圣物，佛祖释迦牟尼即以莲花“所成之台座”而坐，故寺庙中佛像多以莲花为座，许多尊贵饰物也以用莲花者居多。

⑦ 佛步：据云佛祖释迦牟尼出生后，“无人扶持，即行四方”，四面“各七步”，“步步举足”处都出现了大莲花，行过七步后“观视四方”，“口自出言”，成为天下至尊。

⑧ 瑶树：传说中玉一般白色的树，生长在昆仑山北的仙树，也作树之美称。

⑨ 天衣：佛教所谓诸天人所穿的衣裳，也喻指天空中飘浮的云霞。

⑩ 兴王：励精图治的有为君王，指北魏孝文帝拓跋宏；孝文帝在位时积极吸纳汉族文明，推行体制变革，大大促进了社会发展，史称“孝文中兴”。

⑪ 云朔：云州、朔州的并称，两地所辖即今山西大同、朔州及其北部一带。

⑫ 化胡：教化胡人，借称教化佛教；我国本土道教以老子李耳为祖师，据云其留下《道德经》后骑青牛出函谷关西去“莫知其所终”，因此在佛教传入我国未久就有了老子“之天竺教胡”即到印度教化佛教之说，这样道教就成了佛教的宗祖，故此说一直受到道教的追捧和佛教的抨击。

18. 岑参：《骊姬墓下作 夷吾重耳墓隔河相去十三里》

岑参（约 715—770），唐代诗人，祖籍南阳，先世移居江陵即今湖北荆州。曾祖父为唐太宗时宰相，其父也官至晋州刺史，在今山西临汾市一带，幼年岑参即随父到此读书。大约 10 岁时父逝，家境转入艰难，后离开晋州，共“居此郡八九年”。唐玄宗开元二十二年（734），岑参“献书阙下”向朝廷自荐，满指望“云霄坐致”平步登云坐着就来，“青紫俯拾”紫袍玉带一捡就是，谁知“金尽裘敝”钱花光皮袍穿烂，还是“蹇而无成”瘸腿徘徊。此后又过 10 年仍“未及一命”从无好运垂顾，自奉“相门子”的他也只有喟然叹息“昔一何荣矣，今一何悴矣”，道尽了求官的坎坷与落魄的困窘。

唐玄宗天宝三年（744）岑参终于举进士，却只获授九品小官兵曹参军。盘桓几年仍不如意，故决心奔赴西域投身军旅，选择另外的仕进之路。遂于天宝八年（749）、十三年（754）两度远行，在今新疆地区为安西节度使、伊西节度使服务四五年。凭借如此阅历，写下了大量如“胡天八月即飞雪”“一川碎石大如斗”等“语奇体峻”、名句迭出的边塞诗作，成为这一领域当之无愧的翘楚。后来，官至记录皇家大事的起居舍人、嘉州即今四川乐山刺史。在赴西域前的天宝五年（746）左右，岑参曾重游晋州，留诗数首，《骊姬墓下作 夷吾重耳墓隔河相去十三里》即其中之一。

骊姬是春秋时晋国献公的宠姬，夷吾、重耳是献公的两位公子。献公生前曾因骊姬引发宫廷动荡，夷吾、重耳被迫出逃。献公逝世后夷吾先继位为晋惠公，14 年后惠公死去，其子怀公继位，再度引发混乱。重耳返国夺得王位，就是声名显赫的晋文公。

骊姬[①]北原上，	举头北望原野上就是骊姬的坟头，
闭骨已千秋。	从葬埋到今朝已过去千百个春秋。
浍水[②]日东注，	比邻的浍河日日夜夜向东流去，
恶名终不流。	可怎么都冲不走她声名的丑陋。

献公恣耽惑，	最叹惋晋献公一意孤行沉迷媚惑，
视子如仇雠[③]。	将亲生之子视同为冤家寇仇。
此事成蔓草，	遥远的往事早化作丛丛衰草，
我来逢古丘。	我来时只见那残存的古丘。
蛾眉山月苦，	山月仿佛美人的弯眉仍含着苦情，
蝉鬓[④]野云愁。	鬓发般的乱云似也盘卷着缕缕悲愁。
欲吊二公子，	欲赶往夷吾、重耳的墓前凭吊，
横汾无轻舟。	却未有一叶渡得过汾水的小舟。

【注释】

① 骊姬：晋国献公五年（前672）“伐骊戎”时所获宠姬，献公十二年（前665）生子奚齐后，献公即“有意废太子”申生，将其发往曲沃看守宗庙，又令公子重耳“居蒲”、夷吾“居屈”，分别到黄河边上的两城戍守，只将奚齐留居绛都，使晋国人士均感到“太子不立也”，骊姬则表面“佯誉”而暗中令人“谮恶太子”说其坏话；献公二十一年（前656），骊姬假充献公梦见了太子故世的母亲齐姜，教太子赶快祭祀，后太子奉来祭肉，骊姬使人暗置毒药，结果给犬食“犬死”，给小臣食“小臣死”，骊姬即趁机哭泣挑唆，导致献公大怒，出兵讨伐太子，太子惊恐不知所措，自尽身亡；献公又听信骊姬，认定重耳、夷吾同谋，次年也出兵讨伐，迫其出逃；但三年后献公故世仅一月，大夫里克就杀掉新君奚齐，不久再杀献公另一幼子悼子；里克迎立重耳不果，复迎立夷吾回国继位，是为晋惠公，这场史称“骊姬之乱”才告停歇；骊姬下落正史并无记载，西汉末年的《列女传》中出现了里克“戮骊姬”之说；后世传言的“骊姬墓”，有一说在绛州正平即今山西新绛县，岑参所见大约即此，其实乃是伪冢，并不可信。

② 浍水：即浍河，山西境内黄河支流汾河的小支流，发源于浮山、沁水山中，在翼城一带汇合后流入汾河。

③ 仇雠：雠，读作chóu，是仇的异体字，古文中“仇”“雠”二字连用，常作仇敌、仇家、冤家对头解。

④ 蝉鬓：古代妇女一种仿佛蝉翼的发式，也形容女性之美或代称美女。

19. 卢纶：《难绾刀子歌》

卢纶（约742—约799），唐代诗人，字允言，蒲州即今山西永济人，唐玄宗天宝时避“安史之乱”移居鄱阳郡即今江西鄱阳。举进士曾屡试不第，却与韩翃、钱起、李端、司空曙等10人“联藻文林”，成为称雄一时的“大历十才子”诗家群体，其中“辞情捷丽”“所作特胜”者首推卢纶。

唐德宗建中二年（781），藩镇割据势力多处叛乱，一度攻陷长安，德宗两次出逃。经铁勒族名将浑瑊全力抵抗，苦撑四五年才转危为安。后浑瑊出任河中节度使驻节蒲州，礼聘卢纶作为亲随幕僚。或许，就是在重归故乡期间，卢纶得到并州也就是太原出产的一把刀子，造型精美，锋利无比，所以爱不释手，从而写下竭尽夸饰的赞颂之作《难绾刀子歌》。

“难绾”即难以盘卷、弯曲，应该是刀子的品名，也是制刀人的题刻。大约魏晋六朝，太原制铁技术已领先华夏，刀具生产开始发达，到唐宋成为举世皆知的超级品牌。杜甫、陆游、周邦彦、黄孝迈等，均分别以“焉得并州快剪刀，剪取吴淞半江水”“诗情也似并刀快，剪得秋光入卷来”“并刀如水，吴盐胜雪”“算人间没个并刀，剪断心上愁痕”等夸张的笔触，一再颂扬其锋利无比。明末抗清失败投水殉节的义士陈子龙，也曾以“并刀昨夜匣中鸣，燕赵悲歌最不平”抒怀明志。直至晚清，同盟会员朱锡梁仍留下“销铸并州刀，剪尽尾形辫”这样的革命诗句。可见，其质量多么精良，独占市场鳌头的时光多么悠久。但历代直接描写此物的文字却几近空白，故卢纶这首将其形容得神乎其神的诗篇，实在算得上是中华古诗中关涉工艺技术的稀有杰作。太原制铁遗址处曾建有镔铁祠祭祀，故地应在至今尚存的关帝庙北的半坡街东侧。

黄金鞘里青芦叶，	仿佛黄金刀鞘里插着纯青的芦叶，
丽若剪成铦[①]且翣[②]。	如同精美的羽扇剪裁得锐利轻灵。
轻冰薄玉状不分，	微薄的脆冰片玉也与其难分高下，
一尺寒光堪决云[③]。	一尺寒光似能够射入天际的流云。

吹毛可试不可触，	飞快的锋刃吹毛可断不可碰触，
似有虫搜阙裂文[4]。	奇巧的裂纹真好像虫迹书写的字痕。
淬[5]之几堕前池水，	淬火的铁胚须几度投落池水衍炼，
焉知不是蛟龙子?	怎知道不是那蛟龙之子华丽转身?
割鸡刺虎皆若空，	愿宰鸡欲刺虎皆若无物无碍，
愿应君心逐君指。	全然是得心应手随君指处任意纵横。
并州难绾竟何人?	并州的“难绾”究竟何许人氏?
每成此物如有神。	所造的刀子居然是件件妙绝如神。

【注释】

① 铦：读作 xiān，古代一种类如现在铁锨的农具，也作锋利解。

② 翣：读作 shà，大扇，也特指古代仪仗中的大掌扇或者钟鼓架等方面的某些羽制饰物。

③ 决云：有与云比齐之义，古代也是一种超级猎鹰即猎鹘的别称。

④ 虫搜阙裂文：阙裂的纹路仿佛虫蚀过后文字般的痕迹；春秋中后期至战国时代南方吴、越、楚诸国盛行一种特殊文字，笔画蜿蜒盘折，腹鼓脚垂，首尾尖出，变化多端，如同虫体弯曲却显得华贵深奥，常见于青铜钟鼎与兵器、玺印等，称为“虫书”，此处或也隐含此义。

⑤ 淬：读作 cuì，指淬火，是一种将烧红的金属工件投入水、油等液体中快速冷却后立即取出，以提高其硬度的制作工艺。

20. 李益：《同崔邠登鹳雀楼》

李益（748—约829），唐代诗人，字君虞，原籍陇西姑臧即今甘肃武威，后迁东都洛阳。唐代宗大历四年（769）进士，但早年仕途不顺，遂“郁郁”游历“燕赵”等处，到北疆一带为几位节度使担当幕僚，相继“从军十年”，“往往鞍马间为文”，多有“抑扬激厉悲离之作”，渐成为当红的边塞歌者，那首余韵悠长的“回乐烽前沙似雪，受降城外月如霜；不知何处吹芦管，一夜征人尽望乡”就是其人手笔。故李益每有诗成，乐官即“赂”而“求之”，度曲“供奉天子”，后被“雅闻其名”的唐宪宗召为秘书少监、集贤殿学士。又因“自负其才”欺谩“士众”等，遭谏官举报一度贬职，晚年升至礼部尚书后归休。

《同崔邠登鹳雀楼》中的崔邠，小李益三四岁，均系少年登第进士，后官至礼部侍郎。据清版《全唐文》中载，唐宪宗元和九年（814）崔邠曾作有《登鹳雀楼》诗，所以李益此诗也可能作于同时。鹳雀楼位于今山西永济古蒲州城旧址西南的黄河岸边，是南北朝北周权臣宇文护为“镇河外之地”而“筑为层楼”，时间应在北周孝闵帝元年（557）到武帝天和六年（571），据称初名云栖楼，因常有鹳雀栖息乃得此名。北宋沈括《梦溪笔谈》中称，其楼“前瞻中条，下瞰大河，唐人留诗者甚多，惟李益、王之涣、畅诸三篇能状其景”。畅诸那首稍逊，而古今无数咏颂鹳雀楼的诗作中，能超越王之涣那首“白日依山尽”以及李益这首者，不能说绝无仅有也是寥寥无几。

鹳雀楼元代初年毁于兵火，20世纪末启动复修工程，仿效唐制的四檐三层新鹳雀楼已经建起，成为重新屹立于大地的壮丽景观。

鹳雀楼西百尺樯[①]，	看鹳雀楼西无数风帆此来彼往，
汀洲[②]云树共茫茫。	望河洲沙岸云遮树罩一派苍茫。
汉家箫鼓[③]空流水，	汉武巡幸的楼船箫鼓早已流逝，
魏国山河[④]半夕阳。	古魏国的山河也融入渐渐落尽的夕阳。

事去千年犹恨速，	事去千年仍哀叹岁月的匆促，
愁来一日即为长。	愁来一日都苦痛光阴的悠长。
风烟并起思归望，	迷蒙的景色牵动着思乡的归情，
远目非春亦自伤。	虽非是春意撩人却依然触目神伤。

【注释】

① 樯：帆船上挂风帆的桅杆，也引申为风帆或帆船本身。

② 汀洲：汀，水边的平地；洲，水中的陆地。

③ 汉家箫鼓：指汉武帝“行幸河东”，数次到今山西万荣县临近黄河的高处祭祀地神“后土”事；某次途中武帝与群臣宴饮楼船，即席赋《秋风辞》，中有“泛楼船兮济汾河，横中流兮扬素波，箫鼓鸣兮发棹歌”语。

④ 魏国山河：战国时期魏武侯泛舟黄河而下，至“中流”顾视大将吴起曰“美哉山河之固，此魏国之宝也”，意即如此坚固的山河拱卫，魏国有宝啊！吴起却对曰，成败“在德不在险”，并列举诸多古例告诫“若君不修德”，同舟之人都可能“尽为敌国”，山河之固毫无价值，武侯连连称“善”，其后建树也算得上是位有为的君王；鹳雀楼所在地从春秋末到战国时期均属魏国，故有此说。

21. 杨巨源：《同赵校书题普救寺》

杨巨源（755—?），唐代诗人，字景山，蒲州即今山西永济人。唐德宗贞元五年（789）高中第二名进士，一生仕途平稳，穆宗长庆四年（824）以国家最高学府副职国子监司业告老辞归。宰相中有“爱而惜之”者作诗送行，京师官宦纷纷相和，韩愈也作《送杨少尹序》奉赠，充分说明了其人的厚重声望。巨源“才雄学富”，为诗“用功颇深”，从早到晚“摇首微咏不辍”，历久“成疾”以致到老摆头不停，回乡数年故世。《同赵校书题普救寺》应是其早年与一位赵姓小官校书郎游览普救寺时的诗作。

普救寺位于蒲州古城之东，距黄河蒲津渡口与名胜鹳雀楼仅只数里，但最初名气不大，史载极少，以致始建时间、嗣后衍变等均难考证，文人留吟者更几近于零。所以，巨源此诗就成为传世独一无二的普救寺唐人诗，也是凤毛麟角的古人诗。

后来，诗人元稹以普救寺为背景写出悲情小说《莺莺传》，金代文士董解元改编为《西厢记诸宫调》，元代戏剧家王实甫进一步创作了《西厢记》杂剧，将《莺莺传》中张生抛弃崔莺莺的情节彻底翻转，变为二人几经波折后的“大团圆”，升华出“愿普天下有情人都成了眷属”的美好主题，成为中华戏曲传唱不衰的经典。普救寺的名气，也随着《西厢记》的传播不断远扬。被俗称“莺莺塔”的佛塔，于10多米外以石击石，即可从塔身传来蛙鸣般的清脆回声，成为一大奇观。但巨源笔下描绘的，则与当今按照《西厢记》故事搭配起来的普救寺全然不同，而是一座安卧在大自然怀抱中的清静古寺，一座俯视着雄奇山水、人世尘烟的典雅秀丽的普救寺。

东门高处天，	伫立东门放眼在辽阔的高天，
一望几悠然[①]。	远望处有多少秀色韵味盎然。
白浪过城下，	银白的浪花川流不息涌过城下，
青山满寺前。	古刹前满都是葱葱郁郁的峰峦。

尘光分驿道[2]，	驿道的岔口人影飞尘各奔一方，
岚[3]色到人烟。	深山里的薄雾正融入左近的炊烟。
气象[4]须文字，	万千景象自须要隽美的文字描摹，
逢君大雅[5]篇。	真荣幸看到你宛似“大雅”的诗篇。

【注释】

① 悠然：常用以形容闲适、恬淡，此处有情趣、韵致无尽之义。

② 驿道：我国古代官修的大道，一路皆设驿站，供来往官员等人食宿与补给。

③ 岚：山中的雾气，古诗文中多以其表述缥缈、朦胧的虚幻之美。

④ 气象：景色、景象、景观。

⑤ 大雅：本为《诗经》内容风、雅、颂三者之一雅中的“大雅”，后世也代指诗歌佳作。

22. 韩愈：《奉使常山早次太原呈副使吴郎中》

韩愈（768—824），唐代文学家、思想家，字退之，河南府河阳即今河南孟州人，祖籍幽州昌黎，故也有韩昌黎、昌黎先生之称。韩愈最大的贡献在于，以其为旗手发起的“古文运动”，实际就是抵制魏晋六朝以来华而不实的“骈丽”倾向，倡导复兴先秦、西汉“文以载道”的质朴文风，在我国文化史上产生过划时代的影响，被苏东坡誉为“文起八代之衰”，后世所尊的“唐宋八大家”中韩愈也占据着首席宝座。

唐德宗贞元八年（792）韩愈登进士第，初任国家最高学府国子监教职“四门博士”，又任监察御史。其为人“操行坚正”却“拙于世务”，“发言真率，无所畏避”，故几次被贬官外放，后复任国子监教职，遂作《进学解》调侃自己的不识时务，留下了“业精于勤荒于嬉，行成于思毁于随”的经典名言。唐宪宗元和十年（815）任中书舍人，负责草拟天子诏书，继因随宰相裴度平定淮西“藩镇之乱”升为刑部侍郎。但四年后就又因“谏迎佛骨”请停办劳民伤财的迷信活动，再次被远贬为岭南潮州刺史，其诗中名句“一封朝奏九重天，夕贬潮阳路八千”所指即此。次年召回，出任最高学府主官国子监祭酒。

唐穆宗长庆元年（821）常山郡即今河北正定一带发生兵变，回纥将领王廷凑杀死节度使自立，朝廷讨伐失利。次年夏历二月，已任兵部侍郎的韩愈奉旨前往“宣谕”，途经太原时河东节度副使吴丹热情接待，《奉使常山早次太原呈副使吴郎中》就是其留赠吴丹的诗作。而后韩愈匆匆告别，早晨出发当晚就赶到了百多里外的寿阳县，又很快抵达常山，召集军民“辞情切至”晓以“逆顺”之理，获得官兵“畏重”。再经多方斡旋，廷凑接受招抚，兵变遂告平复。

朗朗闻街鼓[①]，	猛听得声声街鼓响亮而又清晰，
晨起似朝时。	真好似到了催人早起的上朝之时。
翻翻[②]走驿马[③]，	但此刻一路匆匆轮换着驿站的快马，
春尽是归期。	或许要春光消尽才能有个归期。

地失嘉禾④处，	叔虞收获“嘉禾”的宝地虽难寻索，
风⑤存蟋蟀辞⑥。	《诗经》“唐风”却留下《蟋蟀》的词句。
暮齿良多感，	越来越老的我总不免多愁善感，
无事涕垂颐⑦。	两腮边无缘无故已是泪水淋漓。

【注释】

① 街鼓：唐代开始最初设置于京师承天门以及“六街”街头的“警众”鼓，傍晚击鼓开始夜禁，关闭城门与坊市等门，凌晨击鼓夜禁解除，后其他城市逐步沿用。

② 翻翻：多被解为飞翔貌，以喻车马之疾驰；但此处第一个翻似有翻倍、成倍增加之义，第二个翻则有反转、变动之义，意即为紧急赶往目的地，沿途一次一次轮番调换马匹，这样解释上下句的对仗才更贴切，也更加符合律诗规则。

③ 驿马：驿站的马匹；我国古代通常以官道30里左右设一驿站，供传递公文的官差或过往官员等人食宿补给，形成了遍及各地的完整的服务体系。

④ 嘉禾：一种“异母同颖”即两条根茎共生一穗的异形谷类，古人以为祥瑞；据载，周武王死去后年幼的成王继位，唐地“有乱”，辅政的周公派兵“诛灭”，某日成王与其弟叔虞玩耍，“削桐叶为珪”剪成礼器玉圭模样赏予叔虞，曰“以此封若”将唐地封你了，史官请择日实行，成王曰“吾与之戏耳”我是与弟弟说笑而已，史官曰“天子无戏言”说到就得做到，“遂封叔虞于唐”，这就是著名的“桐叶封弟”传说；叔虞到唐地后治理有方，故“天降祉福”长出嘉禾；唐地古代有太原一说，所以韩愈如此叙写，但近代出土文物显示实际应在今山西翼城、曲沃县一带。

⑤ 风：《诗经》内容风、雅、颂中之一。

⑥ 蟋蟀辞：指《诗经·唐风·蟋蟀》，是劝人勤勉、玩乐须有节制、不能荒废正业的诗作，也有感叹时光流逝、应该珍惜的含义。

⑦ 颐：面颊、两腮。

23. 白居易：《初入太行路》

白居易（772—846），唐代诗人，祖籍太原，字乐天，号香山居士，先世移居距长安不远的下邽。自幼“聪慧绝人”，据云“生七月”便默识“之无”二字，10几岁“以诗”拜见恃才傲物的前辈顾况，顾况劈头一句就是“长安物贵，居不大易”的讥诮，待其看到“野火烧不尽，春风吹又生”时，急忙改口“有句如此，居亦何难”，成为久传不衰的趣话。唐德宗贞元十六年（800）举进士，跻身宦海数十年政绩尚佳，典型一例就是任杭州刺史时“筑堤捍钱塘潮”并“溉田千顷”，相传即至今犹存的“白堤”。晚年以刑部尚书告退，为了便利舟楫往来又施出私财，开辟了洛阳龙门的八节石滩。

白居易生前诗已经“流闻”宫廷“士人争传”，在唐代是声望高于李白、杜甫的诗家，且大名远播契丹、朝鲜半岛新罗国乃至日本，东京博物馆至今藏有古抄本《白氏文集》残卷。故世后唐宣宗曾作七律“缀玉联珠六十年，谁教冥路作诗仙；浮云不系名居易，造化无为字乐天；童子解吟‘长恨’曲，胡儿能唱‘琵琶’篇；文章已满行人耳，一度思卿一怆然”吊之，成为评价极为精辟的帝王悼臣诗。“长恨”“琵琶”，指其名篇《长恨歌》与《琵琶行》。

《初入太行路》是其真正写成于三晋大地的罕有之作。此外还有《太行路——借夫妇以讽君臣之不终也》一诗，称“太行之路能摧车，若比人心是坦途；巫峡之水能覆舟，若比人心是安流”，“行路难，难于山，险于水”，“不独人间夫与妻，近代君臣亦如此”，“朝承恩，暮赐死”，“只在人情反覆间”，真切地表现了作为臣下伴君如伴虎的战战兢兢。《初入太行路》与之可谓异曲同工，所抒发的依然是人心叵测、世路难行而实际就是对官场险恶的痛切感慨。

天冷日不光，	冷飕飕的天空中日色无光，
太行峰苍莽。	太行群峰愈显得莽莽苍苍。
尝闻此中险，	早听得此地万分凶险，
今我方独往。	今日里我正要独自前往。

马蹄冻且滑，	马蹄冻僵又是异常的路滑，
羊肠[①]不可上。	“羊肠坂”简直就是不可翻越的山冈。
若比世路难，	但较之艰难污浊的宦海与尘世，
犹自平于掌。	真如同伸开的手掌平展坦荡。

【注释】

① 羊肠：比喻狭窄而曲折的小路，此处也指羊肠坂，是古代由河南穿越太行山进出山西的必经险道，现山西泽州与壶关县均有地名谓之。

24. 贾岛：《北岳庙》

贾岛（779—843），唐代诗人，字阆仙，幽州范阳即今河北涿州人。出身寒素，又“连败文场”屡考不第，而致“囊箧空甚”并一度出家为僧。但其以诗为命，每每搜索枯肠字斟句酌，所谓“二句三年得，一吟双泪流”即此君自我体验的表白。而贾岛最著名的故事，就是某日骑驴访友时得句“鸟宿池边树，僧推月下门”，又觉该用“敲”字，遂反复“吟哦”还时作“推敲之势”，“神游象外，不知回避”，撞了长安行政长官“京兆”大员韩愈的“车骑”被抓，韩愈问明情由后曰“‘敲’字佳”，且邀“并辔”前行“共论诗道”，引为“布衣交”，故《新唐书》中将其列为“韩门弟子”。

后来，贾岛诗名益盛，仕途则仍旧落魄不堪，直至年近花甲才被派到遥远的遂州长江县即今四川蓬溪，当了个掌管文书的九品主簿，后转任负责官库的“司仓”，未久故世。“临死之日家无一钱，惟病驴、古琴而已”。据载，贾岛“每至除夕”必将“一岁所作”置于案桌“焚香”叩拜，曰“此吾终年苦心也”，随后边“痛饮”边咏诵，喟叹“知余素心者，惟终南紫阁、白阁诸峰隐者耳”，除了深山隐者无人理解，足见其对自己的怀才不遇该是何等愤懑与酸楚。不过，这位被称为“诗奴”的苦吟者，毕竟留下了大量佳作，那句已成为励志名言的“十年磨一剑”就是出自其人手笔。

贾岛曾客居太原，到过山西南部的盐池，渡过北部的桑干河，《北岳庙》应即此时之作。北岳即恒山，主峰位于山西浑源县绵延直至河北，是儒家经典《周礼》中所称的并州镇山。最早的北岳庙建于南北朝北魏，隋炀帝大业四年（608）“八月辛酉”曾来“亲祠恒岳”。历朝多有祭祀，是古代享受皇家祭祀的神山。

天地有五岳[①]，	天地间矗立着雄奇的五岳，
恒岳[②]居其北。	恒山即位居神州的北陲。
岩峦叠万重，	层峦叠嶂峰岩万重，
诡怪浩难测。	簇拥着多少诡秘莫测怪异惊危。

人来不敢入，	朝拜的人来也未敢深入，
祠宇白日黑。	白日的庙堂仍显得一派昏黑。
有时起霖雨，	有时候又突然喜雨连绵，
一洒天地德③。	刹那间就好似洒遍了上苍的慈悲。
神兮安在哉？	尊一声此方的神灵可在哪里？
永康我王国。	请护佑我当今的圣朝永驻康辉。

【注释】

① 五岳：即东岳泰山、西岳华山、中岳嵩山、北岳恒山、南岳衡山，是我国古代享受皇家祭祀的神山，也是道教名山。

② 恒岳：即北岳恒山，其所在地还有位于河北中西部的大茂山之说，故河北曲阳县城也建有北岳庙；五代时石敬瑭割让“燕云十六州”给予契丹后，祭祀北岳曾由浑源移至曲阳，清代顺治时重新移至浑源；从该诗“岩峦”层叠“万重”、其势“诡怪”又“难测”等描写推断，诗作于崇山峻岭中的浑源北岳庙的可能性似乎更高。

③ 德：此处作为动词使用，表示霖雨一洒如天地施恩、万物感德。

25. 李贺：《雁门太守行》

李贺（790—816），唐代诗人，字长吉，河南府福昌即今河南宜阳人。因“七岁能辞章”得名颇早，甚至有留着羊角辫的“总角”娃娃时已“以长短之歌名动京师”的神童之说。相传文学大师韩愈亲往“面试”后“大惊”，竟“亲为束发”携其上马“联镳”同行。实际是，唐宪宗元和二年（807）18 岁的李贺在洛阳以诗拜谒韩愈受到赏识，乃作《高轩过》致敬，并表达了渴望提携的急切期冀。惜仕途最终不顺，且年纪轻轻就撒手人寰了。

不过，李贺确实“天才俊拔”，也极勤奋。据云总是天天早起，“骑弱马”携“锦囊”，带一西域仆役“小奚奴”，出去边走边想，有“所得”诗句就急书投入，“暮归”回家补足。其母每见囊中太多，就会说“是儿要呕出心”才止，所以留下了不少文思“惊迈”、词语“奇诡”的佳作。当时就“无能效者”，后人更以“诗鬼”赞之。据称，李贺死前曾见红衣人乘“赤虬”驾临，称玉帝建起“白玉楼”，“召君为记”，并称“天上”快乐，公事“不苦”，李贺“独泣”良久“气绝”，闻窗外“勃勃有烟气”与行车吹管之声，成仙去也。

《雁门太守行》系模仿汉魏乐府“相和歌辞”的诗作。雁门在今山西代县，境内群峰绵延，有两厢耸峙“其形如门”、据传也是大雁迁徙必经之路的险地雁门山，其西北部直至内蒙古一带曾名雁门郡。李贺此诗，有说法称其 18 岁拜谒韩愈时已完成；另一说是元和九年（814）雁门郡发生兵乱，未久平息，正是这一年李贺来到潞州即今山西长治，投奔韩愈侄婿、泽潞节度使的幕僚张彻，故可能完成于此时。诗或许即以这次兵乱为视点，通过惊心动魄的想象，以奇特笔触描写了一场为捍卫朝廷尊严而视死如归的悲壮战斗，已成为李贺作品中的顶级名篇。

黑云[1]压城城欲摧，	阴云扑向了城头城郭也仿佛摇摇欲摧，
甲光[2]向月金鳞开。	月光映照的铠甲已如闪金的鱼鳞排开。
角[3]声满天秋色里，	满天的号角呜咽在秋日的暮色，
塞上燕脂[4]凝夜紫。	边塞的血痕凝结成暗夜的深紫。

半卷红旗临易水⑤，	半卷红旗的勇士悲壮冲杀，
霜重鼓寒声不起。	浓重的寒霜却冻结着鼓声难起。
报君黄金台⑥上意，	为报答主君黄金台般的知遇，
提携玉龙⑦为君死。	提一柄长剑心甘情愿慨然赴死。

【注释】

① 黑云：形容战地的烟尘。

② 甲光：铠甲的光芒。

③ 角：此处指军中的号角。

④ 燕脂：本义为红色颜料，此处指红色、红血。

⑤ 易水：在今河北易县，战国时期勇士荆轲谋刺秦王出发之前，燕国太子丹等曾送至易水边为之壮行，荆轲慷慨而歌“风萧萧兮易水寒，壮士一去兮不复还”，登车不回首而去；此处应系借荆轲旧事喻指浴血奋战的悲壮勇士。

⑥ 黄金台：战国时燕昭王为招揽贤士所筑，实为高规格的豪华宫室，因有此举故魏国大将乐毅、齐国学术大家邹衍等陆续前来效力，燕国由弱转强，后世遂以此借指君王的礼遇人才。

⑦ 玉龙：此处指宝剑。

26. 许浑：《晚登龙门驿楼》

许浑（约791—854），唐代诗人，字用晦，祖籍安州即今湖北安陆，后居润州丹阳即今江苏丹阳。唐文宗太和六年（832）举进士，晚年官至刺史。但其并不热衷官场，而更乐“林泉”，当时诗名极高，那句被用以比喻事态发生先兆的“山雨欲来风满楼”即是此君手笔。

据说，许浑某次游历江南名山天台，“旁眺”群峰，“仰看瀑布”，“穷览幽胜”，后白昼小睡“梦登”此山，忽见“宫阙凌虚”，似有人言“此昆仑也”，又见“数人方饮”，并招其“就座”共酌美酒。这时“一佳人出笺求诗”，许浑醒后始吟成“晓入瑶台露气清，座中唯有许飞琼；尘心未尽俗缘在，十里下山空月明”。异日“复梦至山”再遇佳人，曰“子何题余姓名于人间”，原来正是王母娘娘的侍女许飞琼，许浑立即改为“天风吹下步虚声”，佳人曰“善矣”。虽系故事，也反映了其诗已到了“仙子所爱，梦寐求之”的程度。许浑的“登高怀古”诗作，“格调豪丽”，每具“壮心”，犹若“强弩初张”，生前身后均“慕者极多”，《晚登龙门驿楼》就是其中的代表性篇章。

龙门，指唐代绛州所辖一县即今山西河津。据传大禹治水时凿开县西北龙门山，“断门阔一里余”，使“黄河自中流下”，裂山狂啸而过，怒涛汹涌，浊浪澎湃，形成了秦晋大峡谷中极为险要的一段。又传每年春天都有无数鲤鱼逆流前来，一旦跃过即化为龙，但成者寥寥，故古代将科考举进士喻为“登龙门”。龙门也是古代黄河上的重要渡口，附近设有驿站。许浑某次公出途经此地，登临驿楼，眺望气势磅礴的黄河激流，又联想到那个神奇的鲤鱼传说，不免有所感悟，而留下这首似还含有几许励志情趣的诗作。

鱼龙多处凿门开，	将这样可使鱼龙变化的山门凿开，
万古人知夏禹[①]材。	万古千秋无人不知夏禹的雄才。
青嶂[②]远分从地断，	远列两岸的青峰如从地底劈断，
洪流高泻自天来。	居高直泻的洪流仿佛凌空飞来。

风云有路皆烧尾[3]，
波浪无程尽曝腮[4]。
心感膺门[5]身过此，
晚山秋树独徘徊。

风云有路但务须争得天火烧尾，
跳不过联翩的大浪就只好干晒两腮。
心想着鹏程锦绣恰又身临此境，
独步在晚山秋树里真是思悟满怀。

【注释】

① 夏禹：即大禹，因其为夏后氏首领、夏朝开国君王，故有此称。

② 青嶂：如同屏障般高峻的青山。

③ 烧尾：鲤鱼跃龙门成功之后的化龙过程；有记载称每年涌来的鲤鱼不计其数，能跃过“登龙门者不过七十二”，一旦跃过就有“云雨随之”，“天火自后烧其尾”化而为龙。

④ 曝腮：鲤鱼跃龙门不得成功的晒腮窘相，谓之“曝鳃龙门”，后人又以此比喻科举落第或文士处境的困顿。

⑤ 膺门：李膺门下，借指获得名高望重者的赏识接纳；李膺是东汉桓帝时期士大夫集团中文武全才的俊杰，曾亲冒“矢石”几次率部击破鲜卑侵犯，使之“望风惧服”，还断然诛杀过当权宦官张让“贪残无道”的弟弟，也曾去官讲学“教授常千人”，身处“朝廷日乱”之际却能“独持风裁”，很为当时士大夫钦仰，凡能被其“容接”门下者皆以“登龙门”称之，引为殊荣。

27. 杜牧：《并州道中》

杜牧（803—853），唐代诗人，字牧之，号樊川居士，京兆府万年即今陕西西安人。祖父杜佑官至宰相，是集 30 余年心血编就政史巨著《通典》的全才学者。其父曾任宫廷秘书丞，堂兄杜悰被唐宪宗招为驸马，后也官至宰相。出身诗书簪缨世家的杜牧“自负经纬才略”，23 岁写出气势如虹的警世雄文《阿房宫赋》，声名渐起。唐文宗太和二年（828）杜牧举进士，后官至刺史与草拟宫廷诏书的中书舍人。其唯一的传世书法，被宋徽宗亲题“唐杜牧张好好诗”并钤印玺，1956 年由收藏名家张伯驹无偿捐出，已成为弥足珍贵的文物瑰宝。

杜牧为官“刚直”，敢于“指陈病利”，言语“切至”，诗作名句“商女不知亡国恨，隔江犹唱后庭花”“一骑红尘妃子笑，无人知是荔枝来”等无不隐含讽喻。但作为贵胄子弟也沾染着浓厚的膏粱习气，“十年一觉扬州梦，赢得青楼薄幸名”就是其人之自嘲也是自况。

《并州道中》写作时间不详，但应系杜牧确实完成于山西的诗作，表现的是某次官差途中奔波在太原或其周边的劳累不爽之情。此外，杜牧还有一首途经“安邑”即今山西夏县的《过田家宅》。至于那首被山西汾阳、安徽池州争来争去的“清明时节雨纷纷”，杜牧故世后其外甥裴延翰为之所编《樊川文集》以及北宋补编的《樊川外集》《樊川别集》中均无此诗，其后在类书《锦绣万花谷》中始以所谓“出唐诗”露面，但并无作者。再以后杜牧逝世 300 多年时，书商冒用著名诗人刘克庄为主编，攒凑大众读物《分门纂类唐宋时贤千家诗选》，才将署名拉到杜牧身上。因此《全唐诗》不予收录，不少学者也认为其出处“殊为可疑”。故无论作者是谁，作于汾阳或池州的说法均不免有牵强之嫌。

行役①我方倦，	东奔西走的官差真令人厌倦烦闷，
苦吟谁复闻？	苦不堪言的咏叹可有谁来倾听？
戍楼②春带雪，	春日里守军的望楼依然披着残雪，
边角暮吹云。	边镇的号角刺破了暮色中的流云。

极目无人迹，	放眼远眺也不见些许人迹，
回头送雁群。	回首望去却只能目送那远去的雁群。
如何遣公子③，	该如何重归我高门子弟的本位，
高卧醉醺醺。	好清清静静安心睡卧且喝个醉意沉沉。

【注释】

① 行役：百姓兵役、劳役之类的跋涉，官员公务外出的奔波。

② 戍楼：守军的望楼。

③ 遣公子：遣，本义为释放也可作派往等解；公子，富贵人家子弟的雅称，也指读书人。

28. 李商隐：《寒食行次冷泉驿》

李商隐（约 813—约 858），唐代诗人，字义山，祖籍怀州即今河南沁阳，先世迁居荥阳。商隐聪颖早慧“幼能为文”，但少年失父生活艰难，十二三岁就“佣书贩舂”给人抄书、捣米挣钱贴补家用。后获重臣令狐楚的赏识扶持得中进士，又在为泾原节度使王茂元“掌书记”管理文书期间被招为女婿。

当时，以宰相牛僧孺、李德裕为首的两派长期内斗，史称“牛李党争”。茂元系“李党”要员，而故世令狐楚之子令狐绹则是“牛党”主将，故商隐之娶被其指为“背恩”，商隐屡次登门“陈情”均遭冷遇，附和者也责其“无行”，致商隐一生深陷尴尬之境。然而，却留下了诸如“春蚕到死丝方尽，蜡炬成灰泪始干”“身无彩凤双飞翼，心有灵犀一点通”“沧海月明珠有泪，蓝田日暖玉生烟”“春心莫共花争发，一寸相思一寸灰”等大量隐含爱情与生命密码的旨趣幽眇的佳句。长商隐 40 岁的白居易就极喜其诗，曾戏言“我死后得为”你的儿子则“足矣”。居易死后商隐为之撰写了墓志铭，生子后起名“白老”，但却是个傻子；继而又生了一个“聪俊”“英秀”的“娇儿”，人谓才是居易真“后身也”。

《寒食行次冷泉驿》中的寒食，是我国古代清明节前的一个重要节日。冷泉驿是冷泉关口的重要驿站，冷泉关位于太原盆地通向晋南临汾盆地的必经之路灵石县雀鼠谷北段，为“数十里间道险隘”的雄关要冲。唐武宗会昌三年（843），商隐卜居永乐县即今山西芮城永乐镇，自号玉溪生，言永乐所居一草一木皆由“自栽”。是年岳父王茂元故世，前不久母亲也故世，商隐在家守孝。就是这一年商隐曾到太原，还到邻近的交城县拜访了岳父为官时的“故府”。次年春太原发生兵变，局势纷乱，商隐乃匆匆离开，这首诗应该就是返家期间的过路之作。

归途仍近节，	归途中还是临近了寒食时节，
旅宿倍思家。	寄宿客舍越感到想家念家。
独夜三更月，	孤独的夜晚高挂着三更的凉月，
空庭一树花。	空旷的庭院里映一树惨淡的花。

介山①当驿秀，	直对驿站的介山秀色葱茏，
汾水绕关斜②。	穿越雄关的汾水弯弯绕绕顺势而下。
自怯春寒苦，	本已经畏惧春寒的难耐，
那堪禁火赊③？	哪还能再消受冷食禁火的敲打？

【注释】

① 介山：即从山西介休延伸到灵石县的绵山，相传就是春秋时期随晋文公出奔19年归国后“不言禄”不争功的介之推携母隐居而死之处；但按照《左传》的原初记载，之推失踪后文公曾四处寻找“求之不获”，遂将“绵上”封为之推祭田，表示要“以志吾过，且旌善人”，即记住自己的过失并彰扬好人；《史记》中也仅增添了之推隐于“绵上山中”赌气不出，文公环山“封之”且“号曰介山”的内容；这样处置的文公，全然是一位明君形象；后来所谓的文公下令放火“焚山”迫使之推露面致其烧死，或者之推曾经“割股”削下大腿肉奉君充饥、文公最终背恩等情节，则多系传言与杜撰而已。

② 斜：此处协韵应读作 xiá。

③ 禁火赊：禁火，指不燃火、食冷餐；赊，此处协韵应读作 shā，意即长久、长远；禁火是古代寒食节的主要习俗，相传就是源于民众对被烧死的介之推的祭念，从清代起定为清明节前一天，曾经非常隆重，活动内容也多，现已废置不过。

29. 温庭筠：《陪河中节度使游河亭》

温庭筠（？—866），唐代诗人，字飞卿，初唐宰相温彦博后裔，太原府祁即今山西祁县人，久居长安附近的鄠县即今陕西户县。庭筠“敏悟”超常，情思“绮丽”，“工律赋”更善“鼓琴吹笛”，自称“有弦即弹，有孔即吹”，无所不能。晚唐科考，须押官定标准韵脚，八韵一篇。庭筠每逢临场，筒手“笼袖”两掌五指一叉，瞬间一韵乃成，“八叉手成八韵”，故得雅号“温八叉”。

不过，据云庭筠相貌奇丑，人又以“温钟馗”谓之。而且交游“尘杂”，常与一些浮浪子弟“蒲饮狎昵”，沉醉酒色。考试时还“多为邻铺假手”，常给人传送夹带舞弊，因种种“薄行”屡遭摈斥，难得中举。唐宣宗甚至责其“夙著雄名”却“徒负不羁之才，罕有适时之用”，敕令远贬外地当了个小小县尉。唐懿宗咸通四年（863），庭筠来到广陵即今江苏扬州，仍一味“狂游狭邪”，还跑到盐铁转运使衙门“乞索”要钱，又“醉而犯夜”，让巡街军官一通狠揍，打得“败面折齿”破相掉牙，传为笑谈。庭筠名誉大损，只好返回长安四处奔走诉冤。未久，得到一个国子助教的授徒头衔，但两三年后就故世了。然而，庭筠毕竟凭借出类拔萃的艺术才华，成为了唐诗转型宋词的开先河人物。五代时人赵崇祚编辑我国首部词集《花间集》500 篇，此君位列首卷，所选 66 篇也系 18 位作者之冠。

庭筠在长安时，宰相令狐绹对其“待遇甚优”。唐懿宗咸通元年（860）左右令狐绹出任河中节度使，驻节蒲州即今山西永济，庭筠曾去拜访。此前不久，蒲州在黄河渡口筑起一座亭台，建构宏伟，设计精美，直至宋代都是遐迩知名的景观。《陪河中节度使游河亭》即此时之作，也是描写这一名胜风光的拔尖之作。

倚阑愁立独徘徊，	独自儿倚着栏杆愁绪徘徊脑海，
欲赋惭非宋玉[①]才。	欲写首好诗却愧无宋玉的高才。
满座山光摇剑戟，	满座扑面的山光摇动在仪仗的剑戟，
绕城波色动楼台。	绕城流过的浪波拍打着美丽的楼台。

鸟飞天外斜阳尽，	晚归的飞鸟消失在夕阳融尽的天边，
人过桥心倒影来。	桥心的过客好一似轻踩着倒影走来。
添得五湖②多少恨，	多少年江湖游荡的怅惘骤然平添，
柳花飘荡似寒梅。	抬望眼飘飘的柳絮竟如同冷飕飕的落梅。

【注释】

① 宋玉：战国时期楚国著名文士、辞赋巨子，生年较屈原为晚，一说系屈原弟子，传世之作除《九辩》外，其他如《风赋》《高唐赋》《神女赋》《登徒子好色赋》《对楚王问》等，是否其人所写多有争议，但这些作品在我国文学乃至文化史上均占有相当重要的地位。

② 五湖：泛指江河湖海，大地山川。

30. 司空图：《丁未岁归王官谷》

司空图（837—908），唐代诗人、诗论家，字表圣，河中府虞乡即今山西永济人，居于中条山麓风光旖旎的王官谷。唐懿宗咸通十年（869）举进士，唐僖宗广明元年（880）任礼部员外郎，继升礼部郎中。

是年冬，黄巢反军攻破长安，僖宗出奔四川，司空图“从之不及”退返王官谷。僖宗光启元年（885）扑灭黄巢，重归长安，司空图随之还朝，授官草拟诏书的中书舍人。未数月，就又因当权宦官与节度使的矛盾引发混战，僖宗再度出奔，几路节度使的军马相继进入长安。连年兵祸终于使司空图彻底心灰意冷，遂于“丁未岁”即光启三年（887）告别官场，再返故里。同时，写下这首《丁未岁归王官谷》，以退归田园的长歌当哭，抒写了对于多年忽视伦理教化而导致朝纲紊乱、烽烟四起的苦楚无奈之情。

此后，司空图朝廷屡召不赴，并将毁于战乱的家亭重新修复，更名“休休亭”，以“休休休，莫莫莫”记之，决计一休了之。但每逢春秋村社祭祀时，其必与“闾里父老鼓舞相乐”，绝无丝毫“傲色”。晚年预置坟茔，甚至邀友朋坐于墓穴“赋诗酌酒”，谓之“暂游此中”。当时寇盗猖獗“所过残暴”，却因敬畏司空图而从不祸害王官谷，不少士民赖以免难。后朱温篡位，唐朝灭亡，次年末代君王唐哀帝被弑，司空图闻之悲伤“不食”，数日逝去。有后人辑本《司空表圣诗集》等传世，最知名的《二十四诗品》，以雄浑、冲淡、纤秾、沉着、高古、典雅、洗练、劲健、绮丽、自然、含蓄、豪放、精神、缜密、疏野、清奇、委曲、实境、悲慨、形容、超诣、飘逸、旷达、流动24项区分我国诗歌风格，至今仍是中华古典诗论中的经典著述。

家山牢落①战尘西，	战火的烟尘虽说在寥落的故园之西，
匹马偷归路已迷。	单骑独马悄然归来却已是乡路迷离。
冢上卷旗人簇立②，	旗幡卷动的坟头环聚着肃立的人众，
花边移寨鸟惊啼。	花甸边移建的新寨仍旧有群鸟惊啼。

本来薄俗[3]轻文字[4]，
却致中原动鼓鼙[5]。
将取一壶闲日月，
长歌深入武陵溪[6]。

累积多年的风尚衰败与教化轻忽，
终导致叛乱的旗鼓震撼了中原大地。
且让我捧壶浊酒消闲岁月，
吟一曲长歌深入那与世隔绝的武陵清溪。

【注释】

① 牢落：寥落、荒芜。

② 簇立：簇，聚集、围拢；簇立，环绕肃立。

③ 薄俗：轻薄习俗、低劣世风，礼义的衰微沦丧。

④ 文字：此处指文章典籍，可引申为其中的教化内容。

⑤ 鼓鼙：鼙，读作 pí；鼓鼙，本义为古代的大军鼓与小军鼓，后多借指战争行动。

⑥ 武陵溪：陶渊明《桃花源记》中，捕鱼的武陵人步入桃花源后，一路沿着行走的小溪，后人多以武陵溪或武陵作为桃花源的借称，并喻隐居。

31. 李存勖：《题北京西山童子寺》

后唐庄宗李存勖（885—926），先祖为归顺唐朝的沙陀族人，其父李克用出生于神武川新城即今山西应县，因镇压黄巢崭露头角，再因节度使混战中支持朝廷进封晋王，坐镇太原。后梁开平元年（907）朱温篡唐自立，次年克用故世，存勖继为晋王。又经过10多年征战，终于在其同光元年（923）灭掉后梁称帝，定都洛阳，自谓承嗣唐朝，在太原为唐高祖、太宗建庙奉祀，史称后唐。但此后开始恣意妄为，尤喜“歌舞俳优之戏”，整日与宠信优伶厮混玩乐，还亲扮丑角粉墨登场，导致朝纲昏乱，引发多地反叛。同光四年（926）都城兵变，亲军突袭皇宫，存勖抵抗“击杀数十百人”后中箭死去，优伶以“廓下乐器”覆盖尸身，将其焚烧归天。

存勖戎马半生，却实系文武全才，精通汉学，也善诗词，传世不足10篇均堪称上品，写于称帝之前的《题北京西山童子寺》就是其中之一。

北京即唐代的北都太原，故城在汾河西岸。童子寺在城西龙山，始建于南北朝北齐天保七年（556）。据称当时有位冀州宏礼禅师来此山住，“忽见五色光明云”升空“遍照”，“云中有四童子坐青莲座游戏”，“响动大地，岩巘颓落”，“崩处有弥陀佛出现”，“三晋尽来致礼，多有灵异”，禅师遂请建寺，并依山开凿“坐高一百七十余尺”的大佛。临近的“北谷”开化寺，也开凿有“高二百尺”的大佛。唐高宗显庆五年（660）“巡幸”并州时，曾与皇后武则天拜谒两寺，返京后赐送特大袈裟二领。大佛“披袈裟日”，“从旦至暮放五色光，流照崖岩，洞烛山川”，“瞻睹”者成千上万，络绎不绝。后两寺皆毁，仅有燃灯石塔、连理舍利塔等尚存。两座大佛一座已无考，一座就是近年太原重新修复的“蒙山大佛”。

昔时童子慕清闲，	当年有童子倾慕这里的清净安闲，
今古犹传在此山。	今古相传仍然修炼在此处深山。
百派[①]峥嵘流海内，	百多道河川曲曲弯弯流过大地，
千溪突屼[②]透云间。	数千条小溪奔突飞荡直下云端。

猿啼岭上深幽静，	群猴的啼叫划破了岭上的幽邃，
虎啸岩边去复还。	似还有断续虎啸起落在远方的岩边。
恼想翠花[3]崚谷[4]变，	想几代王朝已如高峰化谷般转换，
空留禅室喜登攀。	空留得说佛诵经的禅堂供人游乐登攀。

【注释】

① 派：河水的支流。

② 突屼：高耸，高低起伏状。

③ 翠花：也称翠华，即翠羽装饰的皇帝专用车盖以及旗帜，常代指皇帝的御驾或皇帝，此处可作江山社稷解。

④ 崚谷：高山深谷，反差极大，用以比喻巨变。

32．宇昭：《塞上赠王太尉》

宇昭，生卒年等不详，北宋佛门诗人“九诗僧”之一，应系宋代江南路即今江苏西南到江西一带人。“九诗僧”活跃于北宋初年，彼此寄食四方，交游甚广，当时即有诗作合集刻本，很得欧阳修等名家赏识。明末时，江苏藏书家汲古阁主人毛晋之子毛扆购得佚本，1920年江西藏书家李之鼎刻印《圣宋九僧诗》，收宇昭诗12首，《塞上赠王太尉》即是其最知名之作。

塞上是古长城内外边境一线的泛称。北宋初年，曾在今山西、河北北部与契丹辽国交战20多年。王太尉据当时诗人魏野誉其“少有元戎是状元”推断，可能是宋太祖开宝八年（975）汾州即今山西汾阳籍状元王嗣宗。嗣宗后官至最高军政衙门枢密院副使，故有太尉之称，也曾出任大同军节度。有说法认为，此诗将嗣宗比作西汉名将霍去病，是对其获得胜利使边境安宁的歌颂。不过，透过诗中的奉承意味审视，真正配得上如此赞美的应该只有霍去病了。

霍去病系河东郡平阳即今山西临汾市尧都区人，其姨妈就是汉武帝皇后卫子夫，舅父就是名将卫青。去病善骑射也有胆略，少时即为天子侍从。武帝元朔六年（前123）卫青奉旨出击匈奴，18岁的去病以嫖姚校尉随征，亲率“勇骑八百”突出大军数百里冲刺，斩杀“二千二十八”人，活捉了匈奴单于的叔父，一战成名荣获首功，武帝封其“冠军侯”。此后，去病四任主将、五次出击匈奴，共“斩捕首虏十一万余级”，迫降匈奴浑邪王部，开拓河西酒泉之地，远征漠北大获全胜，使“匈奴远遁”，“胡寇”锐减。所以，官爵压倒众将一再加封，由骠骑将军到大司马，直至食邑15100户，完全追平了舅父。虽23岁即染病早逝，却凭借出生入死的勇毅与出类拔萃的军事才华而名标后世。

嫖姚①立大勋，	嫖姚校尉霍去病勇立奇勋，
万里绝妖氛②。	边陲万里绝断了祸乱的烟尘。
马放降来地，	马群牧放在归降的土地，
雕盘战后云。	金雕盘旋于战后的闲云。

月侵孤垒没，	月色围拢的孤堡似有若无，
烧[3]彻远芜[4]分。	远望处野火扫过的草丛线条分明。
不惯为边客，	作客塞上总好像不大习惯，
宵笳懒欲闻。	到夜晚声声胡笳也懒得细听。

【注释】

① 嫖姚：霍去病首次出征的官衔为嫖姚校尉，后世遂以此代指其人；霍去病在远征匈奴期间，出陇西，控河西走廊，越居延海，攻祁连山，短短四年转战数千里，而其最精彩的一仗当属武帝元狩四年（前119）的远征漠北；是年，武帝令卫青、去病各率“五万骑”，运送粮草的“踵军数十万”，分两路讨伐匈奴，卫青一路取胜，去病则更加出色，北去“二千余里”，涉险地，绝大漠，接战匈奴左贤王，斩杀无数，大败其军，虏获“七万有四百四十三”人，一直追击到瀚海，有说法即今俄罗斯贝加尔湖；大捷后，去病“封狼居胥山，禅于姑衍”，就是在今蒙古国肯特山筑坛祭天、在姑衍山筑坛祭地，昭告胜利，宣扬皇威，成为我国军事史上一桩具有经典意义的壮举。

② 妖氛：不祥的云气，喻指凶祸。

③ 烧：此处应指野火。

④ 芜：丛生的草莽。

33．范仲淹：《谒帝尧庙》

范仲淹（989—1052），北宋名臣、文学家，字希文，苏州吴县人，吴县在今苏州吴中区。仲淹两岁失父，母无奈携其改嫁，从继父易为朱姓。长大后知悉家世，“感泣辞母”外出求学，发奋苦读“昼夜不息”，食物不足天天“糜粥继之”，冬日寒冷“惫甚”以水浇脸坚持，“人不能堪，仲淹不苦也”。宋真宗大中祥符八年（1015）终于举进士，乃迎母“归养”，恢复原姓更名仲淹。

此后，其政治才能渐显，但因多次上疏，犀利直谏，言语每多激昂，又陷入“朋党”之争而致屡升屡贬。为之，同僚梅尧臣曾作《灵乌赋》相劝，称乌鸦鸣叫报凶本是“献忠”却不择时，反被认定“凶从尔出”，告诫其应学“凤之时鸣”把准时机说话，以令人“不怪”“不惊”。仲淹读罢作同名《灵乌赋》回赠，以斩钉截铁的名言“宁鸣而死，不默而生”表达了不屈不挠的决心。

宋仁宗庆历四年（1044），官拜参知政事即副宰相的仲淹，上疏《答手诏条陈十事》，提出“明黜陟”“精贡举”“均公田”“修武备”“厚农桑”“减徭役”等变革主张，仁宗下旨施行，史称“庆历新政”。但因其“规模阔大”，“更张”步伐过快，导致“人心不悦”，“谤毁稍行”，反对声势日益强烈。为了缓解矛盾，仁宗诏准仲淹离京，以宣抚使巡视河东等地。次年春正式罢相，变革遂告失败。

《谒帝尧庙》就是其巡视河东时所作。帝尧是我国上古“五帝”之一，史籍有“尧都平阳”之说，在今山西临汾市尧都区，西晋起此地就建有帝尧庙。唐高宗显庆三年（658）重建，供奉尧、舜、禹三帝。这首诗，应该是其目睹了当地乡民在帝尧庙前谢神庆贺丰年的感兴之作。

千古如天日[1]，	帝尧的千古永垂真如青天白日，
巍巍与[2]善功。	巍巍然留下了至善无边的奇功。
禹终平泽水[3]，	大禹平定过洪水的肆虐泛滥，
舜亦致薰风[4]。	舜也曾引来惠泽万民的祥风。

江海生灵外，	江海已远在生灵之外，
乾坤揖让[5]中。	君位的交接却总是礼让贤能。
乡人不知此，	乡里人或对此并无所知，
箫鼓谢年丰。	只乐得敲锣打鼓红红火火敬谢丰登。

【注释】

① 天日：比喻帝尧；司马迁曾以“其仁如天，其知如神；就之如日，望之如云”称颂之，孔子也以“巍巍乎唯天为大，唯尧则之；荡荡乎民无能名焉”盛赞，将帝尧誉为仁德如天、智慧如神、温和宽厚如太阳、勋绩崇高到民众语言无法表达的超级圣君，后世类似说法也甚多。

② 与：此处指给予、赋予、赐予。

③ 洚水：水逆行，指洪水泛滥。

④ 薰风：和暖的风，多指初夏的南风；《礼记·乐记》中有“昔者舜作五弦之琴，以歌‘南风’”一说，就是后世流传甚广的《南风歌》“南风之薰兮，可以解吾民之愠兮；南风之时兮，可以阜吾民之财兮”，舜帝希望温暖的南风能解除百姓的烦怨，来得及时的南风能增加百姓的财富，所以有古学者认为“‘南风’者生长之音也，舜乐好之”，遂“得万国之欢心，故天下治也”。

⑤ 乾坤揖让：乾坤，此处指江山、天下，也指君权；揖让，指尧、舜、禹时期的帝位“禅让”；据云尧晚年知其子丹朱“不肖”，“不足授天下”，复经多次考验拟将帝位传舜，但尧故世后舜曾反复“让避”不得，才“践天子位”，舜晚年也认为其子商均“不肖”，因此“荐禹于天”，舜故世后禹同样“辞避”一番后始登基继位，这就是古代所谓“传贤不传子”的无私权力交接，真正的情况恐远非宣称的那样美好，在高风亮节的背后其实每每潜藏着激烈的权力争斗。

34. 文彦博：《太原府统平殿朝拜》

文彦博（1006—1097），北宋大臣，字宽夫，汾州介休即今山西介休人。其为人“公忠直亮”，“尊德乐善”，宋仁宗天圣五年（1027）举进士，与同科包拯“包青天”交情甚厚，还“相与姻缔”结为儿女亲家。但包拯早逝，子包绶年仅5岁，家境贫寒，后彦博作《举包绶》上奏，称包拯“秉节清劲，直道立朝”，其子也“能世其家，恬静自守”，望朝廷重视，仍将女儿嫁给包绶。

彦博早年曾任并州榆次知县，50岁官拜宰相，加封潞国公，古稀之年“判太原府”领河东节度使。后来，彦博在洛阳与司马光等老年“耆宿”13人，“序齿不序官”平等交往，常相“置酒赋诗”，“以道自重”，雅称“耆英会”载入史册，91岁故世，谥号“恭烈”。《太原府统平殿朝拜》应是彦博在家乡为官期间所作，也为太原一桩划时代的历史事件留下了非常难得的记叙性诗章。

五代十国末期，宋太祖赵匡胤于建隆元年（960）篡位后周自立，后陆续平定南方诸国，而占据河东太原及其周边数州的北汉依旧割据。从太祖开宝元年（968）到九年（976），两度御驾亲征均告失败。宋太宗赵光义继位后，太平兴国四年（979）重新亲征，经周密准备先击败契丹援兵，陆续扫平周边，筑起长连的围城久困太原，昼夜轮番攻击，付出惨烈牺牲终于迫降北汉，这就是被后世演绎为文学故事的“三下河东”。为此，太宗亲作《平晋记》刻石立碑，又将其行宫赐名平晋寺，宋真宗时更名崇圣寺，建太宗圣容殿，又在寺西院建资圣禅院“为将士战亡者追福”，仁宗时将圣容殿更名统平殿，于皇祐五年（1053）奉安檀香木制的“太宗御容”，以“显扬祖宗”功业“之盛美”。明朝弘治年间寺院“没于汾水”，统平殿“亦无存”，故址应在今汾河东岸。

逆垒[①]弥天甚，	逆贼固守的城垒曾有过盖天的凶险，
君王驻翠銮[②]。	皆仰赖圣君王御驾坐镇率军苦战。
荆榛亲剪伐，	罪孽的荆棘乱木几度亲征剪伐，
家业信艰难。	太祖太宗的大业创建真是无比艰难。

一剑江河定，	但毕竟一剑纵横平定了江河，
千年庙社[③]安。	也终于迎来宗庙社稷千载的安然。
故城[④]禾黍美，	毁弃的故城如今种遍了丰美米粮，
无复验泥丸[⑤]。	绝不会再出现抵抗王师的愚顽。

【注释】

① 逆垒：逆贼控制的壁垒，此处指北汉占据的太原；北汉建立者刘崇，五代十国时期后晋河东节度使、太原留守刘知远之弟；后知远称帝太原，继定都开封，史称后汉；知远死后，后汉大将郭威篡位建立后周，刘崇步其兄后尘继续称帝太原，就是北汉；国土虽小，但凭借地形优势以及当年并州一带强悍的民风，与后周、北宋抗争近 30 年，共传四帝；宋太祖首次举兵进攻时，连下数十道诏书劝降均遭拒绝，二次御驾亲征苦战数月仍未取胜，直至宋太宗时才被彻底平定，末帝刘继元投降。

② 翠銮：銮，原意为天子车乘的仪铃；翠銮，代称天子御驾。

③ 庙社：宗庙社稷，引申为宋王朝的江山。

④ 故城：废弃了的太原城；宋太宗平定北汉后，对在太原遭遇的顽强抵抗极为愤懑，又因唐高祖李渊、后唐李存勖、后晋石敬瑭、后汉刘知远等皆由太原崛起称帝，为永绝“龙脉”在攻克未及半月，就下诏指称此地“以山川险固，城垒高深，致奸臣贼子违天抗命”，严令将“太原旧城”悉数“荡平”，亲自坐镇驱遣百姓，随即纵火“焚其庐舍”，“万炬皆发”，“一日俱尽”，“民老幼趋城门不及焚死者甚众”；次年又下诏“壅汾河、晋祠水灌太原”，彻底夷平这座近 1500 年历史的古城，太平兴国七年（982）复于汾水之东唐明镇重建新城，即今日太原之雏形；据云建城时一概不准修十字街，均为丁字街，以期钉死“龙脉”，这样的格局直到 20 世纪 50 年代才被渐渐打破。

⑤ 验泥丸：文彦博诗末有自注称，“太祖朝天兵至城下，城中作十丸掷空中卜之，外虽破，里头完，则城尚可保平安；太宗朝天兵再至，复为此卦，而一掷内外俱碎，城遂下”；卦肯定不会如此灵验，太原城最后被攻破也未必因此，恐多半还是传说而已。

35. 司马光：《故绛城》

司马光（1019—1086），北宋名臣、文史学家，字君实，陕州夏县即今山西夏县人。其“砸缸救友”的佳话，当时就被“京洛间画以为图”传赞不已。20岁高中进士，后官至极品，但自奉甚严，几十年“多穿麻葛粗布”，“食不敢常有肉”，不纳妾不蓄妓，夫人不育，多次为其“讨小”都被拒绝，仅过继侄子司马康为嗣，以儒家“修齐治平”的标准衡量，堪称“完人”。而在写给继子的家教名篇《训俭示康》中，则留下“俭，德之共也；侈，恶之大也”“由俭入奢易，由奢入俭难”这样的不朽箴言。

宋神宗熙宁二年（1069）王安石推行“变法”，司马光坚决反对，又无奈自请离京，谋了个西京御史台的闲职。从此“居洛阳十五年”朝政“绝口不论”，改号“迂叟”悉心著述，终于完成了不朽的史学巨制，神宗钦定书名《资治通鉴》，意即治天下可资借鉴的古事通览。浩如烟海的文献取舍，300多万字的文稿裁定，日均进度五六百言，皆是其呕心沥血，亲力亲为，仅残稿就堆满两间房屋，书成时身体已坏得“筋骸癯瘁，目视昏近，齿牙无几”。后“变法”引发民怨，其威信反而大增。所以，元丰八年（1085）神宗驾崩后，司马光就被继位的宋哲宗召回拜为宰相，决计“救焚拯溺”，抱病“躬亲庶务，不舍昼夜”，次年即废尽“新法”。未数月就与政敌王安石相继故世，谥号“文正”。

《故绛城》中的绛城，指春秋时期的晋国都城，最初在今山西翼城、曲沃县一带，史称“故绛”；后迁都新田，在今山西新绛县一带，谓之“新绛”。宋仁宗嘉祐元年（1056），时任并州通判的司马光路过此地，触景生情，遂以此诗抒发了一位伟大历史学家的沧桑感慨。

文公[①]恢霸略[②]，	是文公弘扬光大了晋国的霸业，
征讨辅周衰。	用军事铁腕扶撑着周王朝的衰微。
奕世为盟主，	继而后屡代相传皆为盟主，
诸侯听会期[③]。	诸侯列国俯首听令恭敬如仪。

山河表里④在，	“表里山河”的天地形胜至今依旧，
朝市古今移。	当年的都市却早已变异无余。
欲访虒祁⑤处，	欲寻问那虒祁古宫曾经的所在，
乡人亦不知。	此地的乡里人也不知些许踪迹。

【注释】

① 文公：即晋文公，姬姓名重耳，春秋“五霸”之一，但此“霸”实义为“伯”，就是“诸侯之长”，诸侯“会盟”时的“盟主”；文公之父晋献公，已先后兼并了许多诸侯小国，使晋国疆土不断扩大，囊括了今山西南部和黄河对岸陕西、河南大片领土，经济、军事实力大增；但也发生了史称“骊姬之乱”的宫廷争斗，献公出兵讨伐太子致其自杀，继又讨伐重耳与另一公子夷吾迫使二人出逃；重耳在外流亡19年后归国夺得政权，通过“赋职任功”“举善援能”“弃责薄敛”“救乏振滞”“轻关易道，通商宽农”“利器明德，以厚民性”也就是用人论功论能、限制债赋盘剥、整治道卡、畅通商贸、施行德教、提升民众素质等一系列改制变革，使晋国“政平民阜，财用不匮”，即政局平稳、百姓富裕、国家财力充实；文公五年（前632），在城濮之战中击败楚国“一战而霸”，奠定了晋国作为诸侯盟主的百年基业。

② 霸略：争雄称霸的文韬武略。

③ 会期：会盟日期，“盟主”决定后诸侯列国均须按时赴盟。

④ 山河表里：意即外河内山，指晋国的地理形势；据《左传》载，城濮之战前楚军背险扎营，又传来似乎预兆不祥的歌谣，晋文公有点惶恐忧虑，谋臣狐偃也是其舅父遂为之鼓气曰，“战而捷，必得诸侯；若其不捷，表里山河，必无害也”，意即打胜了我们必为诸侯“盟主”，如果不胜晋国外有黄河屏障，内有高峻的群山，易守难攻，也不可怕，故后世常以“表里山河”形容山西地形的得天独厚。

⑤ 虒祁：虒，读作sī；虒祁，即虒祁宫，实际并非晋文公而是后来晋平公建造的宫殿；平公建此据云是为了压倒楚国“章华之宫”，所以竭尽奢华，耗资无度，却引起国人不满与诸侯的异心，未及三年平公故世，享受不得，劳民伤财几成讽刺；虒祁宫的确切位置，今已很难认定。

36. 赵瞻：《文湖渔唱》

赵瞻（1019—1090），北宋大臣，字大观，祖籍永城即今河南永城，父辈徙居盩厔即今陕西周至。宋仁宗时赵瞻举进士，曾任山西万泉与夏县知县。宋英宗治平元年（1064）拜侍御史，几次上书直陈英宗的决策失当“言甚激切”，乃至不惜以“求退”抗辩，据理力争。越二年，被外放为汾州即今山西汾阳通判，是虽为副手却有权“刺举”知州“职事”之“善否”的官衔。晚年，赵瞻官至“枢密直学士签书枢密院事”，又“以中大夫同知院事”成为主管军务的最高机构枢密院首脑。故世后，当朝太皇太后高氏赞叹曰“惜哉忠厚君子也”，罢朝“二日”，“车驾亲临”为其致哀，谥号“懿简”。

《文湖渔唱》应是赵瞻任职汾州通判时的诗作。文湖是山西古代汾州地区的著名大泽，也俗称“西河泊”。曾“东西一十五里，南北三十里”，“多蒲鱼之利”采收蒲草与捕鱼收益非常丰厚，后由于补水河流文峪河的改道湖面渐缩。从明清到近代，更由于堵湖垦田与灌引过度而日趋枯涸，最终湮灭。幸有赵瞻的手笔，为远古山西描绘了这样一幅宛似江南的秀丽画卷，清澈的湖面碧波荡漾，泛浮着一望无边的莲荷，捕鱼人吟着歌儿从熟悉的水道摇船而过，悠悠笛音飘散到了红蓼覆盖的岸畔，阵阵橹声搅动起一团一团的鱼群。如今读来，真令人为这颗明珠的消逝感叹不已。

从诗中可知，赵瞻诸人也乘着扁舟摆开了水上酒宴，在明月清辉中放浪形骸，尽情狂歌，霎时间烦恼忘却，逸兴频添。于是，借题发挥地表达了一番我国士大夫阶层那种世代沿袭的心灵通病，也就是明明守着官爵却总是自诩向往隐逸生活的文化矫情。

湖光潋滟泛莲荷，	碧波荡漾的湖光里浮动着无数莲荷，
欸乃[①]渔郎惯此过。	哼着行船小调的渔郎轻松熟练地穿过。
笛韵吹残红蓼[②]岸，	悠扬的笛音消逝在红蓼掩映的远岸，
橹声摇出锦鳞[③]窝。	橹声摇出的鱼群滚成了闹热的漩涡。

狂歌明月闲愁少，
放浪扁舟适兴多。
莼菜鲈鱼④供一醉，
掉头归去卧烟蓑⑤。

遥望明月纵情狂歌顿觉闲愁少少，
乘着扁舟放浪身心真是快意多多。
莼菜鲈鱼的佳肴也仅可一醉，
绝不如掉头归去肩披蓑衣永钓烟波。

【注释】

① 欸乃：欸，读作 ǎi；欸乃，象声词，形容摇橹的声音，也指划船时的歌声。

② 红蓼：蓼科植物的一种，多见于河湖沟渠岸边，初秋时开玫瑰红或淡红小花，紧密微垂，往往数个组合为圆锥状，观赏性很强，古人常以此入诗。

③ 锦鳞：鱼的美称。

④ 莼菜鲈鱼：莼菜，一种多年生水草植物，嫩茎嫩叶可食，莼菜鲈鱼为古人非常推崇的南国佳肴；西晋名士张季鹰，在洛阳为官时“见秋风起”，想起家乡“吴中”的美味“莼菜羹、鲈鱼脍”，突然觉得“人生贵得适意”，怎能羁身“数千里”外图什么“名爵”呢？于是当即起身赶回江南，后世遂将思念故乡雅称“莼鲈之思”。

⑤ 烟蓑：蓑，读作 suō，指蓑衣，即用草或棕毛之类编制的防雨披具，也有头戴的蓑笠；烟蓑，烟雨中披着蓑衣的垂钓形象，借喻悠闲适意的归隐生活。

37. 程颢：《下白径岭先寄孔周翰郎中》

程颢（1032—1085），北宋理学家，字伯淳，祖籍中山即今河北定州，高祖辈移居河南洛阳。程颢早年与弟程颐受教周敦颐门下，承其学说奠定了理学之基，史称“二程”，后被朱熹发展为“程朱理学”，又经王阳明等人扬弃取舍，逐渐占据了我国精神文化的主流地位，对后世政治与社会伦理的建构产生过深刻影响。程颢故世后，重臣文彦博以“明道先生”题其墓碑，遂成经典敬称。

宋仁宗嘉祐二年（1057），程颢与苏轼、苏辙兄弟同举进士，越七年调任位于三晋东南的泽州晋城县令。在职三年多有善政，曾办学 72 所，使“诸乡皆有校”，自己也常抽暇“择子弟之秀者聚而教之”。又作《晋城县令题名记》为历任县令刻石记事，以彰“贤者之政”，标志“不肖者”所为，令后人“以为师戒”。受其教化推动，当地崇文好学蔚然成风，携书本务农的“带经而锄”者“四野相望”，百姓“爱之如父母”，离任时“哭声振野”。晋城一县“儒服”念书人即达“数百”，成为举国之最。18 年后文学家黄庭坚的叔父黄廉过此，仍甚感慨，乃以“河东人物气劲豪，泽州学者如牛毛”“驱儿市上买书读，宁使田间禾不薅”“去年校射九百人，五十八人同赐袍”“今年两科取进士，落钓连引十三鳌”这样的诗句，赞美了程颢的文化业绩。

宋神宗元丰元年（1078）多地大旱，神宗下《祈雨诏》《差官祷雨诏》，派出臣下拜谒各方天地宗庙求雨，程颢奉令前往蒲城。归来时途经陕州所辖的今山西最西南部，曾受到孔子 46 世孙、主政陕州的孔周翰热情接待，随后翻越中条山的白径岭抵达紧临黄河的平陆县城。应该就在此时，程颢即寄送出这首有着明显答谢意味也颇具恢宏浩气的诗作《下白径岭先寄孔周翰郎中》。

骤经微雨过芳郊，	忽然间一阵微雨掠过飘香的田郊，
转觉长河气象豪。	大黄河的气象转眼就越觉雄豪。
归骑已登吴坂[1]峻，	归家的骑乘已登上吴坂险路，
飞云犹认华山[2]高。	飞伴的流云似仍在领略华山的崇高。

门前岐路通西国，	门前的岔道连通着刚别的西地，
城上楼台压巨涛。	城头的楼台镇住了骇人的狂涛。
欲问甘棠[3]旧风化，	原本想请教治下的德政仁风，
主人邀客醉香醪[4]。	主人您却邀我痛饮美酒一醉而倒。

【注释】

① 吴坂：即虞坂，在今山西平陆县境内，为春秋时期属于虞国的重要通道，开凿在崇山峻岭之间，道狭而险，是翻越中条山到达黄河渡口的咽喉路径。

② 华山：是我国所称“五岳”之一的西岳，古代一直享受着皇家祭祀的圣山。

③ 甘棠：西周初年武王的同姓王族召公奭，受命主治“西方”，约在今陕西岐山西南，召公常“巡行乡邑”，有棠树，总是坐其下“决狱”断事，自“侯伯”到“庶人”都能各得其所，从无失职，“甚得兆民”爱戴，死后众人思念，“怀棠树”而“不敢伐”，又作“甘棠之诗”讴歌，诗收入《诗经》，后世谓之“甘棠遗爱”，用以称颂官员的德政与所传遗风；据载，孔周翰曾任职陕、扬、洪、兖诸州太守，“皆以治闻”口碑甚佳，所以诗中借此而赞之。

④ 醪：读作 láo，浊酒、米酒，也泛指酒。

38. 张商英：《五台山》

张商英（1043—1121），北宋大臣、佛学论家，字天觉，蜀州新津即今四川新津人。宋英宗治平二年（1065）进士，徽宗崇宁二年（1103）蔡京官拜宰相，商英因“雅与之善”擢为副相，后渐“不合”，遭贬外放。徽宗大观四年（1110）蔡京被罢，商英一度出任宰相。史称商英原本“意广才疏”，却由于“小变”蔡京“其政”而获得“忠直之名”，故“天下皆”不以为然。但此君却有一个显耀的人生亮点，就是对佛门的推崇。

据云，商英“长身伟然”形象不错，倜傥“负气”，早年时非常排佛，“欲著《无佛论》”申斥。后来在同僚处偶得《维摩经》，读罢“悚然”反悟，从此“深信佛法”，自号“无尽居士”，又撰制洋洋15000言的《护法论》，批驳韩愈等人贬佛之说。声称“儒者言性而佛者见性”，“儒者劳心而佛者安心”，“儒者喧哗而佛者纯静”，“儒者争权而佛者随缘”，谓“儒者治外”仅及“皮肤”，道者也不过“治血脉之疾”，唯“释氏直指本根”，“治骨髓之疾也”，赢得了佛门中人的高度称道。

宋哲宗元祐二年（1087），商英因不满改易王安石“新法”，被“发遣河东路”即今山西“提点刑狱”巡查司法。正是这一机缘，使之成为我国首位“瞻拜”五台山且一一攀登台顶的重量级官员。尤其是，商英在五座台顶均予赋诗，又写下这首被冠名为《五台山》的“总咏”，六首组诗通过自命佛门弟子的视角，全方位描写了五台山的巍峨博大、清邃幽眇，虔诚赞颂了那种仿佛荡涤心魂的神奇圣洁以至不染红尘、不落凡俗的超然气势，成为讴歌此地最早的或许也是至今无几人可及的精品之作。

五顶[1]嵯峨接太虚[2]，	巍峨的“五台”台顶直通向神妙的天宇，
就中偏称[3]我师居。	清凉的奇境正是我佛师最佳的居处。
毒龙[4]池畔云生燥[5]，	毒龙池边盘绕着翻卷滚动的祥云，
猛虎岩前客过疏。	猛虎岩前尘世的俗客踪迹稀疏。

冰雪满山银点缀，	冰雪满山犹若纯净的白银装点，
香花遍地锦铺舒。	遍地的香花铺成了锦缎般的画图。
展开坐具⑥长三尺，	展开的僧衣纵然仅止三尺，
已占山河五百余⑦。	但却已占尽了无边风光大好的沃土。

【注释】

① 五顶：五台山五座台顶；五台山初名清凉山，居我国四大佛教圣山之首，供奉文殊菩萨，东汉开始建寺，南北朝已达200余座，隋文帝时诏令台顶建寺，为东台望海寺、西台法雷寺、南台普济寺、北台灵应寺、中台演教寺，五台山遂成正名；不过，最早所称的“古五台”台顶位于今山西五台县城周遭，与现在台怀镇周遭的“五台”尚有区别。

② 太虚：天空、宇宙，我国古代文化概念中也指辽远空灵的玄奥境界、万物最原始的实体“气”或者道家认为的世界本源“道”等，此处有兼而用之的意味。

③ 偏称：最合意、最适宜。

④ 毒龙：五台山有毒龙潜居之说，称“五台山乃万峰之中心”，“五百毒龙潜山而吐纳风云”，佛家声言这些毒龙与当地的猛兽后都被文殊菩萨降伏。

⑤ 慅：古同慅，读作 sāo，有骚动之义。

⑥ 坐具：佛教语，亦称“随衣坐”，僧人用以护衣、护身、护床席卧具的布巾。

⑦ 山河五百余：赞佛法广大无边，兼有赞自然形胜的大好之义；有佛书称，北魏孝文帝拓跋宏曾经避暑五台山，佛祖“化为梵僧”，向孝文帝“乞一坐具之地”以“修行住止”，“帝许之”，“梵僧乃张坐具”，不料小小的坐具一张开就广大无边，“弥覆五百余里”。

39. 麻秉彝：《广胜寺》

麻秉彝（1129—1178），金代诗人，字仲常，祖籍青州，先世移居中条山麓风光秀丽的王官谷，在今山西永济。金海陵王天德三年（1151）举进士，因其施政“有能声”由县令起升至兵部侍郎。秉彝善“诗文”，惜作品已散失。所以，被清代郭元釪编入《全金诗》的《广胜寺》就成为其仅有的传世诗作，也是古人描写该寺极早且是极少的佳篇。

广胜寺位于山西洪洞县境内霍山南端，寺旁有霍泉流出。东汉桓帝建和元年（147）始建，唐代宗大历四年（769）汾阳郡王郭子仪奏请重建，取“广大于天，名胜于世”意，御题匾额赐名“广胜”，还建有霍泉水神庙。后多次复修，又增建下寺。元代复修时绘制的大量壁画至今犹有存在，特别是水神庙泰定帝元年（1324）的“尧都见爱大行散乐忠都秀在此作场”壁画，已成为我国古代戏曲演出的形象性图标。建于明武宗正德十一年（1516）到世宗嘉靖六年（1527）的上寺“飞虹塔”，13 级浮屠七彩琉璃镶嵌，菩萨、天王、金刚、团龙、飞凤、麒麟等，雕饰奇巧，祥光流转，是现存冠盖中华的琉璃佛塔。

广胜寺还有一桩永骄后世的贡献，就是《赵城金藏》的秘藏。“金藏”即金代刻印的《大藏经》，金熙宗皇统九年（1149）开刻，据传发起者为一位崔姓佛门女弟子，曾自断臂膀，誓死化缘，感动了无数善男信女慷慨解囊，历“三十年”终于在金世宗大定十三年（1173）将这部近 7000 卷、每卷一轴展开可达 10 米的宏浩工程刻成。到近代，广胜寺仍有 5000 多卷秘藏，20 世纪 30 年代发现后因该寺当时属赵城县乃定为此名。后移交国家图书馆，成为与《永乐大典》《四库全书》以及敦煌遗书并列的镇馆之宝，也被学界公认为汉文佛典的稀世奇珍。

盘云梯石上崇冈，	蜿蜒盘转的石梯直通向峻峭的山冈，
殿角峥嵘古道场[1]。	峥嵘的殿角下就是岁月久远的道场。
寺纪汾阳亲奏额[2]，	汾阳王亲奏圣上获赐匾额的碑记犹在，
塔传阿育[3]久腾光。	阿育宝塔闪射着千百年不息的祥光。

檐前山耸千螺[4]秀，	飞檐前的群峰仿佛无数美女高卷的发髻，
槛外溪分二带[5]长。	栏杆外的溪流又如两条飘带净洁悠长。
种种尘缘都洗尽，	刹那间尘世的孽缘荡涤得无影无踪，
只因身在白云乡。	只因为此刻的我已经置身于佛国仙乡。

【注释】

① 道场：梵文意译，音译为菩提曼拏罗，指释迦牟尼成道之处，后借指供佛、诵经、修行的场所，或指僧尼、道人做法事法会等行动。

② 汾阳亲奏额：汾阳指唐代平定“安史之乱”的名将郭子仪，因其曾封爵汾阳郡王故有此称；代宗大历四年（769）子仪镇守河中府，有部属报送建寺呈文，子仪随之亲奏朝廷获准，代宗并御题匾额“广胜之寺”。

③ 塔传阿育：阿育，即阿育王，古印度孔雀王朝第三代君王，公元前273年至前232年在位；阿育王早年好战，后愧疚于前半生荼毒生灵，杀戮无算，开始尊崇佛教，广修寺庙，整理经籍，被称为从“黑阿育王”时代转向“白阿育王”时代，并被佛门誉为护法名王，成为“放下屠刀，立地成佛”的典范；据载，释迦牟尼圆寂后火化，遗骨谓之佛骨，遗体结晶的无数珠状物谓之佛祖舍利，曾被八国分去建塔安奉；后阿育王发掘诸国旧塔取出舍利，分为84000宝函广传各地，要求一函构建一塔弘扬佛法，“汉地”建塔19座，晋州所建的“霍山南塔”就是广胜寺之肇始，故有此说。

④ 螺：指螺髻，形容古代女性盘卷如螺状的发型，也用以比喻耸峙如螺髻的峰峦。

⑤ 溪分二带：广胜寺旁的霍泉，流量充沛，易于灌溉，但此地一直分属洪洞、赵城二县，霍泉发源于赵城却要流经洪洞再转回赵城，故二县为了争水千百年来不断诉讼，屡爆械斗，唐代时以“洪三赵七”将水分为两股，故谓溪分二带；但诉讼、械斗仍频频发生，清世宗雍正时遂用铁柱分隔，将分水诸情、分水图刻石立碑，并建分水亭永记，亭前镌制楹联“分三分七，分割铁柱；水清水秀，水成银涛”，至今尚存；20世纪50年代二县合成一县，争执渐止。

40. 赵秉文：《代州书事》

赵秉文（1159—1232），金代大臣，被元代脱脱主修的《金史》中赞为“巨擘”的学者与诗人，字周臣，磁州滏阳即今河北磁县人。金世宗大定二十五年（1185）举进士，此后曾两度仕宦山西。一次是任同知岢岚军州事，金章宗承安五年（1200）去职，金卫绍王大安二年（1210）改任平定知州。平定州的前任“苛于用刑”，凡“盗贼无大小”一概棒杀，每闻赦令将至，总是先处“贼死”，然后才“拜赦”执行，结果盗贼却愈来“愈繁”。秉文则“每从宽厚”处置，晓以情理，未几月反而“盗贼屏迹”。荒年时又率先自捐“俸粟”，并力倡豪门出资“振贫”救济，“全活”百姓“甚众”。所以，奉调回朝时平定州老幼相送“恋恋不忍诀”，已出城仍“遮留之再三”才得以作别而去。

秉文为人“至诚”，后官至尚书“自奉”却始终“如寒士”，且“自幼至老未尝一日废书”不读，诗书画皆名冠一时，其诗“笔势纵放”，“壮丽”“精绝”，曾主盟诗坛数十年，当时朝廷的诏书、敕告等也多出自其人之手，但从不以“大名自居”。金哀宗正大九年（1232）蒙古军大举南侵，国人因战乱与饥饿、瘟疫死者达数十万。哀宗为了转换国运改元“开兴”，秉文奉令撰制“开兴改元”诏书，文字感人之深以致“闾巷间皆能传诵”，“洛阳人拜诏”后更是“举城痛哭”。越两月秉文即故世，又二年蒙古灭金，哀宗自缢身亡。

《代州书事》中的代州，治所在今山西代县，与秉文任同知岢岚军州事的地区非常接近，故可能就是此时所作。全诗阳刚之美跃然纸上，是充分体现其诗风的代表性篇章。

金波[1]曾醉雁门州[2]，	代州的金波美酒真教我沉醉难休，
端有人间六月秋。	果然有人间六月竟这样凉爽如秋。
万古山河雄朔部[3]，	万古河山雄视着漠北塞外，
四时风月入南楼[4]。	一年四季的风情都仿佛尽收南楼。

汉家战伐⑤云千里，	远征匈奴的汉军烟尘曾经席卷千里，
唐季英雄⑥土一丘。	唐代的此地英豪早已化作郊野的荒丘。
系马朱栏重回首，	系马楼边的红色栏杆回首眺望，
烟波谁在钓鱼舟？	迷茫的波光里是谁垂钓在逍遥的轻舟？

【注释】

① 金波：即酒，古代多为米酒即俗称之黄酒，故有金波之称；代州的金波谓之北芪黄酒，酿造历史久远，唐宋时已是知名酒品，直至近代。

② 雁门州：即代州。

③ 雄朔部：朔部，通常指塞外山西北部至内蒙古一带地区；代州境内群峰高耸绵延，还有两厢对峙“其形如门”据传大雁来去的必经之路雁门山，建有咽喉关卡雁门关屹立山口，雄峙北陲，故有此说。

④ 南楼：古代代州城南俯临滹沱河水的楼阁，据称曾是与鹳雀楼比齐的北方名楼。

⑤ 汉家战伐：指西汉时期武帝远征匈奴，曾有几次由此出兵进击，代州以北也是战伐的重要地区之一。

⑥ 唐季英雄：指唐代不少英雄出于代州一带；其开国名将、被后世奉为门神爷的尉迟恭，就是紧邻代州的朔州人，尉迟恭早年依附的豪强刘武周正是从此地起兵反隋，割据称帝；唐玄宗时郭子仪平定“安史之乱”也曾在此作战大败叛军；唐末沙陀族藩镇将领李克用，则出生于紧邻代州的神武川新城即今山西应县，后因帮助朝廷剿灭黄巢进封晋王，其子李存勖又经多年征战灭掉后梁称帝，建立后唐；而李克用手下有十二位骁勇义子，加上李存勖谓之“十三太保”，也多为这一带人或从这一带发迹的人物。

41. 元好问：《过阳泉冯使君墓》

元好问（1190—1257），金元时期诗人，字裕之，号遗山，太原秀容即今山西忻州人。七岁能诗，及长师从泽州名儒郝天挺六年，“淹贯经传百家”，又返故里苦读。不久蒙古军南侵，乃“下太行，渡大河”，携母亲避居河南。礼部尚书、文坛耆老赵秉文阅其诗大为赞赏，称杜甫以来“近代无此作也”，因而“名震京师”开封。金宣宗兴定五年（1221）中举，为官 10 年左右金亡，从此杜绝仕进，潜心撰制，寄兴诗词，成为当时数一数二的文坛巨匠。

好问存世诗词 1700 余篇，名作甚多，而最具沧桑意味、传奇话题的则应该是这首《过阳泉冯使君墓》。冯使君即冯泰亨，字大来，平定州大阳泉村乡绅，在今山西阳泉市。好问曾过路此地蒙泰亨款待，二人成为友朋。元太宗窝阔台汗十一年（1239）好问再来时泰亨已故，遂作此诗凭吊，颂扬了泰亨隐逸田园的生活取向，手稿墨迹则留在了平定州军事长官都元帅聂圭的府上。几十年后的元成宗元贞元年（1295），平定州乐平即今山西昔阳籍高官王构回乡，造访其父旧交泰亨宅邸，问及自己幼年所见好问留诗事，泰亨二孙已懵然不知。王构急忙命人去到聂家寻找，终于从旧藏中搜获。王构随即亲自摹拓一份，且以“里闬晚进”即同乡后辈的身份附言，标明“此遗山先生”之“真迹”，并作续诗，泰亨二孙乃将好问以及王构之诗制成六棱石幢，立于祖父墓侧的香亭。

好问此诗因未带走手稿保存，故后来编其诗集并未收入，也一直无人知晓。所幸，清朝中后期大阳泉村出了位知名学者张穆，在故乡见过这一石幢。后来张穆又恰恰受任重新校勘《元遗山先生集》，于是补入此诗得以面世，清道光三十年（1850）刊刻。石幢至今犹在，为好问书法留下了历经风雨、绝无仅有的遗刻瑰宝。

一笛悠然此地闻，	一缕轻柔的笛音就从这里飘入耳中，
住山①还忆大冯君②。	住进了静寂的道院越发思念大来冯君。
已看引水③浇灵药，	早已见识过你引来清泉浇植的灵药，
更约筑亭留野云。	也曾经相约筑一座山亭挽留散淡的闲云。

前日褒衣[4]笑皤腹[5]，
今年宿草即荒坟。
东邻谁举游岩[6]例，
秋菊寒泉[7]尚可分。

不久前还调笑宽袍富态大腹便便的你，
到今年旧日的草莽竟化作凄凉的荒坟。
看东邻是谁人可以比齐隐逸的高士，
将秋菊寒泉料理得依然是那样分明。

【注释】

① 住山：本为佛门禅宗语“不破参不住山，不开悟不闭关”，也有“行脚住山”之说，意即参悟到一定境界始可住山闭关，安心静修；元好问曾经寄宿于大阳泉村栖云道院，并留有诗作，故此处或喻指借宿。

② 大冯君：即冯泰亨，字大来；据张穆《元遗山先生集》序中称，“大来者，遗山往来阳泉时东道主人也”，应也是一位“磊落丈夫”，惜“其名爵”在“《州志》已失纲罗”缺了记载。

③ 引水：似为引泉之意；大阳泉村因有众多泉水涌出，本名漾泉，后谐音为阳泉，“阳泉春色”曾为平定八景之一。

④ 褒衣：古人常以“褒衣博带”连用，即穿宽袍系阔带，实际就是身份尊贵者以及儒士的正装“盛服”，也用以形容气质、教养、风度。

⑤ 皤腹：皤，读作 pó；皤腹，大肚子、大腹便便。

⑥ 游岩：即田游岩，唐代高士，京兆三原人，唐高宗初曾“补太学生”，不久主动“罢归”，“入太白山”隐居，后入箕山居于“许由祠旁”，取号“由东邻”，意即与许由为邻；许由相传为帝尧时高士，尧欲“让天下于许由”，许由“不受”且“耻之”，“逃隐”于“颍水之阳”，尧又召其“为九州长”，许由更“恶闻其声”，竟至“洗耳”颍水以清污痕；而游岩此举在当时很受夸赞，高宗巡幸嵩山时还“亲至其门”造访，游岩却“野服出拜”，自称“泉石膏肓，烟霞痼疾”，意即只痴迷田园生活，但高宗仍下达敕令，游岩只得“赴都”任职，获授太子洗马即太子的侍从佐官，未久游岩又借故“还山”，从此“蚕衣耕食，不交当世”，彻底弃绝红尘；此处是以游岩为比，赞扬冯泰亨的高士品格。

⑦ 秋菊寒泉：菊花秋日独开，不与群芳竞秀，古人誉为花中隐者，寒泉也是古人期冀超脱世俗、远遁山林的标志景观，此处无疑有这样的寓意。

42. 于谦：《咏煤炭》

于谦（1398—1457），明代名臣，字廷益，浙江钱塘即今杭州人。明成祖永乐十九年（1421）举进士，明宣宗登基后当廷“奏对”，“音吐鸿畅”铿锵利落。是年，宣宗叔父、汉王朱高煦举兵造反，宣宗亲征山东迫降高煦，令于谦“口数其罪”。于谦“正词崭崭，声色震厉”，高煦“伏地战栗”连称“万死”，宣宗“大悦”。宣德五年（1430）亲笔御书越四五级破格提升，命33岁的于谦以兵部右侍郎巡抚山西、河南。后巡抚正式定为官爵，于谦实际就成为山西的第一任巡抚。

于谦到任后清廉勤勉，律己极严，政绩斐然。当时官场贿赂公行，于谦赴京却总是“空橐以入”，土特产都拒绝携带。并作诗明志“绢帕麻菇与线香，本资民用反为殃；清风两袖朝天去，免得闾阎话短长”。明英宗正统十一年（1446）于谦遭到诬告，下狱几乎“论死”，晋豫两省官民一再上书陈情辩冤始得复官。两年后，于谦奉召回京任兵部左侍郎。次年英宗远征瓦剌被俘，于谦辅佐英宗之弟景泰帝即位，率军保卫北京击败瓦剌，后瓦剌求和放还英宗。景泰八年（1457），朝臣徐有贞等发动政变，迎立英宗复辟，未久于谦以“谋逆”等罪名被杀。死后查抄“家无余资”，“萧然仅书籍”而已。明宪宗成化二年（1466）于谦平反，明孝宗时获谥“肃愍”，神宗时升谥“忠肃”。

于谦任山西、河南二省巡抚19年，所留诗文不少。这首《咏煤炭》讴歌了地方特产，借以表达自己的人生抱负。山西是著名煤炭之乡，但古代士大夫专门为之赞美者寥寥。所以，此诗实在算得上是山西乃至中华诗词宝库中鲜见的珍品。鉴于那首“粉身碎骨浑不怕，要留清白在人间”的《石灰吟》有说法其实并非于谦所作，故只有此诗才是真正体现其政治理想的经典篇章。

凿开混沌[①]得乌金，	凿开沉睡的世界采得可贵的乌金，
藏蓄阳和[②]意最深。	孕蓄着光明点点饱藏着暖意融融。
爝火[③]燃回春浩浩，	微微的火苗燃回春日的和煦，
洪炉照破夜沉沉。	熊熊的洪炉照破夜幕的深沉。

鼎彝[4]元赖生成力，	青铜的重器皆仰赖这样的烈焰锤锻，
铁石犹存死后心。	铁一般的石块却满怀牺牲的赤心。
但愿苍生俱饱暖，	但愿那天下苍生都能有个温饱，
不辞辛苦出山林。	你总是不辞辛苦毫无畏惧走出山林。

【注释】

① 混沌：我国古人认为盘古开天之前“天地混沌如鸡子”，世界是一种元气未分、模糊一团的状态，此处借指大地、地层内部。

② 阳和：阳气、暖气、春天的气象，此处借指煤炭的光热。

③ 爝火：炬火，也作小火解。

④ 鼎彝：鼎，古代烹煮器；彝，古代酒具；鼎彝也是祭祀用具，最早皆为青铜制造，故也作为古代青铜礼器的泛称。

43. 薛瑄：《登中条山东头》

薛瑄（1389 或 1392—1464），明代大臣、理学家、教育家，字德温，山西河津人，但故居南薛里今已划归万荣。薛瑄颖敏早慧，入塾过目成诵。其父为县学教官，薛瑄随其寓居河南，钻研程朱之学“至忘寝食”。明成祖永乐十八年（1420）河南乡试第一，夺得解元，次年举进士入仕。

明英宗正统元年（1436），薛瑄受任山东提学佥事掌管教育，遂以朱熹主持庐山白鹿洞书院时所制定的《白鹿洞书院学规》“开示学者”，以名训“博学之，审问之，谨思之，明辨之，笃行之”为其首要，并常“亲为讲授”，“才者乐其宽”，“不才者惮其严”，统统受益匪浅，被尊称为“薛夫子”。后升职京师又罢官归乡，但理学“造诣益邃”，前来投师问教者不断增多。正统十四年（1449）英宗亲征瓦剌被俘，其弟景泰帝即位，薛瑄应召回京。不久瓦剌围攻北京，于谦指挥抵抗，薛瑄“分守北门有功”，景泰四年（1453）出任最高司法衙门大理寺正卿。

景泰八年（1457），被瓦剌释放的英宗复辟，授薛瑄礼部右侍郎参与内阁“机务”，继因“力言于帝”反对处死于谦被降官“一等”，于是以年迈为由求退还乡。获准后大喜曰“吾道则亨也”，即我的思想有望广传了，第四天便离京而去。又将毕生所上“奏疏”尽皆弃之“不存”，专心设教故里，四方前来“从学者日众”，以至旅店“不能容”，开创了影响深远的理学“河东学派”。故世后谥号“文清”，有《薛文清公全集》传世。

《登中条山东头》也名《登中条山东顶道观》，一种舒心快意与热爱家园之情闪耀在字里行间，应该是其脱离官场、回归故乡后的闲暇游憩之作。

魏国中条[1]此尽头，	曾属于古魏国的中条到此已是尽头，
登临暇日兴悠悠。	闲暇时举步登临真令人雅兴悠悠。
两崖势转黄流静，	两道宛转的山崖导引着平静的黄河水，
万壑声寒碧树秋。	万重沟壑中浓绿的树海荡开寒秋的风吼。

官舍②飞甍③临远谷，	馆阁上的飞檐指向远处的深谷，
琳宫④细路绕层丘。	道观内的小径环绕着层层土丘。
风光满目皆吾土，	看不够的美景正是我的家园，
逸气飘然总胜游。	超然物外的乡居更胜那官场的浮游。

【注释】

① 魏国中条：横亘于山西南端的中条山，西接华山，东连太行，绵延数百里，走势狭长如条，因而得名，春秋末期赵、魏、韩“三卿”瓜分晋国，史称“三家分晋”，此后及至战国时期，中条山尤其是其西部一带多属魏国，故有此说。

② 官舍：官署或官员居宅，也用以称呼接待官宾贵客的馆舍，此处当指后者。

③ 甍：读作 méng，屋脊。

④ 琳宫：本义为仙宫，也用作道观、寺院、殿堂等的美称。

44. 乔宇：《题塔》

乔宇（1457—1531），明代大臣，字希大，山西乐平即今昔阳人。明宪宗成化二十年（1484），与太原王琼、和顺王云凤同时高中二甲进士，被誉为“晋中三杰”，一时显扬乡里，荣耀桑梓，传为科举盛事。

明孝宗弘治十五年（1502），乔宇升任掌管礼乐的最高衙门太常寺少卿。孝宗驾崩武宗继位后，正德元年（1506）受命“遣祀中镇、西海”并“分告于西蕃园陵镇渎”，就是代表皇上到山西霍山祭拜中镇之神，到青海湖祭拜西海之神，同时向镇守边陲田园山陵的部族头领通报新君继位。途经山西浑源县时乔宇曾游览恒山，写下了散文名篇《恒山记》，《题塔》也是此时的诗作。

正德六年（1511），乔宇官拜“留都”南京礼部尚书再转兵部尚书“参赞机务”。正德十四年（1519）封爵南昌的宁王朱宸濠造反，直逼南京，乔宇“严为警备”布防“戍守”，“谈笑自如”毫不慌张，有宦官“预伏死士”勾结宁王作乱，乔宇当机立断“大索城中”捕杀“三百人”，“悬首江上”，使宁王失去内应不敢东向，终被平息。明世宗登基后乔宇出任北京吏部尚书，未久因上书直谏不被采纳被迫“乞休”归乡，继而彻底罢官。故世30多年才获昭雪，谥号“庄简”。

《题塔》所指之塔，即我国至今尚存最大的全木结构佛塔、俗称为“木塔”的山西应县佛宫寺释迦塔。塔建于辽代清宁二年（1056），高67.31米，底层八角平面直径30.27米。明成祖与武宗均因征战蒙古途经此塔，游览题词，成祖为“峻极神工”，武宗为“天下奇观”。而乔宇在诗中居高俯视、人如蜂蚁的夸张比喻，更可谓写绝了木塔高耸入云的气势，也道尽了诸多登临者心中有、笔下无的强烈感受。

矗矗栏杆面面迎，	重重叠叠的栏杆仿佛绕着圈儿相迎，
盘空万木费支撑。	盘空勾连的万木耗费了多少支撑的苦心。
山川一览云中①胜，	云中大地的山川胜景一览无余，
烽火②遥连塞上兵。	遥远处的烽火台直通向塞外的兵营。

岁纪辽金[3]留往迹，　　留存至今的古迹铭刻着辽金的记忆，
郡经秦汉[4]有威名。　　历经秦汉的州郡早拥有威烈的声名。
云梯踏遍穹隆顶[5]，　　踏遍了层层云梯登上这恍若天穹的塔顶，
蜂蚁纷纷下界行。　　望下界乱纷纷的人流真好像蜂蚁爬行。

【注释】

① 云中：战国时赵国设云中郡，约在今内蒙古托克托到山西左云、右玉北部，南北朝北周时又置云中县，在今山西大同一带，古人也常以云中泛指雁门关外北方边陲地区。

② 烽火：此处应指传报敌情的烽火台。

③ 岁纪辽金：此处应指塔内碑碣或留题的辽金记载。

④ 郡经秦汉：云中地区从秦汉以来就是抗击匈奴、抵御北方外敌的战略重地，故有此说。

⑤ 穹隆顶：穹隆，中间高起、周边弧形下覆之状，常用以喻指天空；穹隆顶，形容木塔内宏畅而逐渐斜垂的顶部。

45. 王琼：《晋溪别墅》

王琼（1459—1532），明代大臣，字德华，山西太原人，故里在今小店区。明宪宗成化二十年（1484）王琼与乔宇同中二甲进士，因智广“才高”、处世“敏练”，明武宗正德十年（1515）官拜兵部尚书。四年后南昌宁王朱宸濠造反，“举朝惴惴”，王琼则声言请“诸君勿忧”，称此前已派王阳明“提督军务”于赣州，“正为今日”之防范，不久阳明果然击败宁王平息了叛乱。后来，阳明成为名垂千古的学术大师。

武宗喜逸乐多冶游，佞臣钱宁、江彬由此得势，朝中直士愤然，王琼却逢迎“厚事”二人。明世宗登基后，二人被碎尸“磔”杀，王琼坐罪“论死”，经其竭力“自辩”改判“戍边”，流放陕西绥德，长子王朝立前去侍奉。这时，王琼希望在故里筑一园林待其遇赦后养老，朝立立即照办，明世宗嘉靖五年（1526）落成于晋祠附近悬瓮山侧，并以王琼别号命名晋溪园。次年，世宗“悯琼老病”准其回乡“为民”。可是仅过了一年，就因“边警”严重只得再次起用王琼，命其全权督办“陕西三边军务”。

《晋溪别墅》应该就是此时的诗作。诗生动描绘了园林周边的美景以及舒适安逸、不乏雅趣的闲居生活，似也表达了看淡世事、不欲出山的心境，却未免流露出几许踌躇满志的矫情。随后王琼遵旨出征赶赴前线，不顾古稀高龄统兵数年，屡次击败入寇外敌，招降了多个边疆部族，使“诸番荡平，西陲益靖”，赢得驻地百姓的拥戴，也洗刷了个人污点，故世后获谥号“恭襄”。家族遵其遗命将晋溪园改作晋溪书院，此后直到20世纪初，历经400多年培养才俊无数。如今书院已在晋祠景区修复，为之增添了一抹翰墨沧桑的文化亮色。

家山[①]谁用买山钱？	故乡有山谁还用费什么买山的金钱？
竹坞[②]当溪亦胜缘[③]。	清溪依傍的竹林茅舍也算结尽了善缘。
菡萏[④]池通蘋叶水，	碧绿的荷池连通着浮萍流散的长渠，
垂杨门俯稻花田。	垂杨轻拢的院门俯望着稻花飘香的园田。

烟霞拍塞[5]藏诗橐[6]，	烟霞刚刚注满了藏诗的袋囊，
鸥鹭将迎载酒船。	鸥鹭已经在迎候载酒的小船。
我已得归宁更出，	退隐乡居的我岂愿东山再起，
北庭[7]休勒草堂篇[8]。	荒乱的北疆写不出悠闲自在的辞篇。

【注释】

① 家山：故乡，此处有家乡山川之义。

② 竹坞：长满竹子的山坳，也代指竹屋、竹楼。

③ 胜缘：佛家语，犹言善缘。

④ 菡萏：读作 hàn dàn，古人对荷花的雅称，有时也称未开的荷花。

⑤ 拍塞：充满、充斥。

⑥ 橐：读作 tuó，袋囊。

⑦ 北庭：原指汉代匈奴北单于的王庭，唐代又设北庭都护府掌管从甘肃到新疆天山以北一带防务，后世也以此泛称北方少数民族地区。

⑧ 草堂篇：此处借诗人杜甫典故以喻乡居之诗作；杜甫“安史之乱”时避难成都，在浣花溪畔构筑茅屋，谓之草堂，过了数年相对闲适的生活，成诗 240 多篇，后草堂废毁，晚唐诗人韦庄游宦成都时寻得其旧址并予以重建，从此以后又经历代修葺保护，已成为著名的文化遗迹。

46. 石珤：《滹沱》

石珤（1464—1528），明代大臣，字邦彦，直隶藁城即今河北藁城人。明宪宗成化二十三年（1487）举进士，明武宗正德十六年（1521）拜礼部尚书。未久武宗驾崩，因其无子由近支皇族堂弟明世宗继位，石珤转任吏部尚书再兼文渊阁大学士“入参机务”。

石珤虽官居极品，但性格“刚方”，“清介端亮”，并不盲目趋附“帝言”。明世宗嘉靖三年（1524），世宗下旨拟追封其生父兴献王为先帝“皇考”，而将武宗之父、真正的天子明孝宗降格为“皇伯”，不少官员认为有悖“大礼”纷纷反对，引发了所谓“大礼之议”的激烈争执。此时，世宗本望自己倚重的石珤“援以”支持，不料石珤同样“据礼”抗辩。未久，数百“廷臣”长跪宫门“伏阙泣争”，痛哭流涕请求收回圣命。世宗劝退不听，遂严令四品以上者停俸“待罪”，以下者下狱，后又令施刑“廷杖”，被打而惨死杖下者竟达十六七人。因此事，石珤大失“帝意”，却依旧一再上书奏谏，世宗终于“大愠”，政敌也趁机攻击，指责石珤为“奸党”，迫其辞官“乞归”。世宗又令免除“一切恩典”，不准驿站迎送。于是，堂堂相国只好以一辆小车装载行李孤独还乡，京师同情者无不“叹异”，称“自来宰臣”待遇未有“若珤者”。越二年故世，谥号“文隐”，明穆宗时升谥“文介”。

这首《滹沱》中所指的滹沱河，发源于山西繁峙县，又经代县、原平，从五台县与盂县间穿越太行山到达河北，汇合多条河流后由天津入海。滹沱河在山西境内300多公里，曾经养育了流域一带广大百姓，也是抵御北方边患的前沿战地，一条极具民生意义、军事价值且漂洒着无数英雄热血的壮烈的河。

往日驱车出雁门[①]，	往日里曾经驱车远出雁门，
几从渔牧到河源。	跟随着渔牧人将滹沱之源搜寻。
三泉[②]戛石湍犹小，	三溪甘泉轻敲碎石初速尚小，
万壑潨流[③]水正浑[④]。	却汇成千万道沟川激浪飞迸。

势落平原通海啸，	滚落平原的声势犹如海啸，
气蒸恒岳见云屯。	扑向恒山的水雾胜似乱云升腾。
无端忽作崩城怒，	突然间又卷起崩裂城郭的怒涛，
似为英雄洗血痕。	真像是为战死此地的英雄清洗血痕。

【注释】

① 雁门：位于今山西代县境内，有峰峦高峻、两厢耸峙“其形如门”、据云大雁南归北去必“飞出于其间”的雁门山，故以得名，也是古代兵家征战的要地，唐代起在此设关，明代时建筑砖石关城，成为据险扼守的军事重镇。

② 三泉：滹沱河源头的三条泉流；石瑶撰有《滹沱河记》，称“恒山之阳有巨川焉，曰滹沱，源出代郡泰戏山下，汇为三泉，流稍延漫”，泰戏山在山西繁峙县城东北130里处，又名武夫山、大孤山。

③ 潨流：潨，读作cóng，水流汇合之处；潨流，由小水流汇合成大水流。

④ 浑：此处指水流混合时的喷涌激溅之声。

47. 李梦阳：《出使云中作》

李梦阳（1473—1530），明代诗人，字献吉，祖籍河南扶沟，生于陕西庆阳，但今已归属甘肃。据云其出生时“母梦日堕”于怀，乃起此名，明孝宗弘治五年（1492）夺陕西乡试第一，荣登解元，次年举进士。梦阳“才思雄鸷”，其诗“雄深豪丽”“纵横开阖”甚至有“神于青莲”李白之评。针对当时盛行的所谓“台阁体”，即只求形式雍容典雅且歌功颂德倾向明显的“萎靡”诗作，梦阳力倡“文必秦汉，诗必盛唐”，“卓然以复古自命”，携同状元康海与何景明、徐祯卿等人，掀起一股意在革除现世流弊、复兴文学本真的强势新潮，被誉称为“前七子”，继由李攀龙、王世贞等“后七子”一脉相承，对嗣后多年我国的诗文风格影响深远，成为中华文学史上一段鲜明的记忆。

《出使云中作》的诗名，系明清学者钱谦益编选《列朝诗集》中所称，另名《秋望》或《出塞》。诗中的云中，应系山西北部长城以外广大边地的泛称。梦阳举进士后初授户部主事，后升司级官员郎中。弘治十三年（1500）曾经奉命赴陕西榆林犒赏驻军，途中经过山西。弘治十六年（1503）又奉命“饷军西夏”就是给宁夏的驻军发放粮饷，行前将妻儿安置在河南开封后再经山西北上。在宁夏，守将曾向其请教，梦阳还“指授战阵方略”，称“飞刍挽粮，立办运筹，决胜坐催强虏，边境以宁”，意即安定边陲的成功关键在于粮草后勤的调运及时，迅速保障，超过对方。鉴于诗中运用了这一典故，并从所渲染的整体情境判断，可能就是此次或是前次押运军需时，梦阳途经分隔山西、陕西的黄河北段沿长城一线的留吟。诗写得雄奇苍劲又不乏几许悲慨，是其作品中的名篇。

黄河水绕汉边墙[1]，
河上秋风雁几行。
客子[2]过壕追野马[3]，
将军韬箭[4]射天狼[5]。

黄河流水半绕着汉家长城的高墙，
河上的秋风里掠过了鸿雁几行。
穿越壕堑的边兵烟尘滚滚追逐演练，
箭囊满满的将军时刻准备射向豺狼。

黄尘古渡迷飞挽⑥，	古渡口的飞沙模糊了运粮送草的车船，
白月横空冷战场。	苍白的月亮斜挂在凄冷的战场。
闻道朔方⑦多勇略，	早听得节度朔方的郭子仪多勇多谋，
只今谁是郭汾阳⑧？	问今朝有谁人能够是汾阳郡王？

【注释】

① 边墙：长城的别称。

② 客子：居于异乡的人，此处指戍边军士，一说为作者自称。

③ 野马：《庄子·逍遥游》中有“野马也，尘埃也，生物之以息相吹也”之语，后世不少学者将其解为游气、游尘，并形成“野马尘埃”的成语，以比喻易逝的事物或者不羁的性情，此处应指兵马荡起的滚动的风尘，也可能是作者带有想象色彩的实指。

④ 韬箭：装箭于袋囊，有整装待发之义。

⑤ 天狼：星名，我国古人天文划分中，属于二十八宿中井宿天狼星官，又将如今所称船尾星座与大犬星座的部分星宿，整体想象为一张横跨南天的巨弓，其箭头仿佛正射向天狼星官，故占星家用以预卜侵略，古人则每以“射天狼”比喻抗击外敌。

⑥ 飞挽：成语飞刍挽粟的略称，刍指饲草兼指饲料，粟泛指米粮，飞形容其快，挽指拉着车船，意即迅速运送粮草军需。

⑦ 朔方：多用以泛称北方，但唐代名将郭子仪“安史之乱”爆发后曾受任朔方节度使率军讨伐，再综合下句分析，此处应是指代其人。

⑧ 郭汾阳：郭子仪“安史之乱”平定后封爵汾阳郡王，故有此称。

48. 陆深：《吕梁行》

陆深（1477—1544），明代大臣、学者、诗人，字子渊，南直隶松江府上海县人。陆深出身耕读富庶之家，尤爱搜书购书，到晚年其书楼“江东山楼”等已积书数万卷，为我国历史上声名卓著的藏书家。如今驻有多家世界银行的上海金融中心浦东陆家嘴，就是其旧宅与祖茔所在。

明孝宗弘治十八年（1505），陆深以“二甲第一”即总榜第四高中进士，入选翰林院。明世宗嘉靖七年（1528）升至国家最高学府主官国子监祭酒，兼充为皇帝“进讲”经史的经筵讲官。越二年，转调主管教育的山西提学副使。任职仅一年多，却在代州“大阅诸生”，在忻州“试院雨中阅卷”，在繁峙“率文武诸生较射”，在“盂县试诸生”，在平定观摩“高岭书院”，到昔阳拜访古稀前辈乔宇，跑了许多州县，还完成了专记三晋世情风物的札记《河汾燕闲录》，留有数十篇诗作，不失为一位恪尽职守的优秀官员。

这首《吕梁行》应作于某次舟行之际，具体何处未详。诗表现的是，汹涌澎湃的黄河，惊涛激溅、狂澜咆哮中所展示的磅礴雄浑与奇伟壮丽。令人荡气回肠的豪放写景，又夹带着简单议理，再以略显婉约的情调收结，算得上是其山西诗作中最有气势也最为精彩的一篇。

陆深毕生治学不辍，勤奋笔耕，诗文书画均极出色。且每官“一地”则必成书“一集”，在明代官员中可谓首屈一指。嘉靖十六年（1537）“召为太常卿兼侍读学士”，继任承担太子、亲王教育等事务的詹事府詹事。晚年在故居筑“后乐园”养老，“土岗数里宛转有情，俨然如山”，乃自号俨山。有《俨山集》100 卷等大量著述留存，故世后谥号“文裕”。

君不见吕梁[①]之水天下奇，	君不见吕梁之水真是天下最奇，
奔腾轰渚[②]无停时。	奔腾咆哮从来就没有个停息。
飞冰走雪耀日色，	仿佛冰飞雪洒中跳荡着太阳的光华，
龙吟鲸吼啼蛟螭[③]。	宛若龙吟鲸吼还搅和着狂蛟的长嘶。

恍如鳌足④昨夜折，
银河倒倾忙骤驰。
又如天鼓⑤落下界，
神丁六甲⑥相追随。
舟人伏枕不敢睡，
稚子未解惊满颐。
黄河源自星宿海⑦，
千里万里归天池⑧。
蓄受既富发泄盛，
俯视此理良无疑。
不信请看田道间，
夜来春雨今朝泥。

又像那撑天巨鳌的大足夜半断折，
劈空倾泻的银河赛似乱马急驰。
或如同雷霆般的天鼓滚落下界，
且伴有一群群神兵神将呐喊跟随。
舟中人紧贴枕边未敢合眼，
懵懂的孩子也挂着满脸惊惧。
黄河的源头来自星宿海，
千里万里涌入了遥远的天池。
吸纳了丰富贮积才能有强势迸发，
俯望着眼前的磅礴更深感此理无疑。
若不信再瞅瞅这田间道旁，
昨夜的春雨已化作了遍野的晨泥。

【注释】

① 吕梁：泛指吕梁山一带，黄河从其西侧流过。

② 漷：漷，读作 huò，波涛冲击的声响。

③ 蛟螭：螭，读作 chī，我国古代传说中的无角龙；蛟螭，犹言蛟龙，古代传说中能够翻江倒海、兴洪发水的龙。

④ 鳌足：我国神话中女娲补天作为巨柱撑天的大龟四足；据称“往古之时”曾“四极废，九州裂”天倾地陷，导致“火爁焱而不灭，水浩洋而不息，猛兽食颛民，鸷鸟攫老弱”，总之是各种各样的灾害极其严重，女娲遂“炼五色石以补苍天，断鳌足以立四极”，终于将天撑住，又熄火止水并除掉吃人禽兽，拯救了世间苍生。

⑤ 天鼓：天神所击之鼓，我国古籍中有“雷曰天鼓”的说法，或称“干雷”，即俗谓之干打雷。

⑥ 神丁六甲：我国古代神话与道教中均有六丁神、六甲神之称，道教认为这些神灵受真武大帝役使，能“行风雷，制鬼神”。

⑦ 星宿海：我国古人认为的黄河源头，因拥有无数湖沼得名，位于青海玛多县境，现代科学考定的黄河源头则是卡日曲、约古宗列几处。

⑧ 天池：此处指海。

49. 杨慎：《临晋道中》

杨慎（1488—1559），明代学者、诗人，字用修，四川新都即今成都人。明武宗正德六年（1511）状元及第，授翰林学士、御前经筵讲官。正德十六年（1521）武宗故世无子，经廷臣策划迎立近支皇族、武宗堂弟继位为明世宗。世宗嘉靖元年（1522），杨慎曾奉旨前往故乡四川，祭祀长江源头的“江渎神”与巴蜀藩王“陵寝”。《临晋道中》可能就是这次官差途中，由北京经山西过黄河的赶路记事。临晋系山西古代名县，后与猗氏合并为临猗县至今。

杨慎年纪轻轻金榜夺魁，本应鹏程无量，但因其风骨刚直，最终遭致了命运的巨大逆折。原来，按照廷臣议定的“大礼”程序，世宗应以武宗之父明孝宗的继子身份承嗣，尊孝宗为生父“皇考”，改称其真正生父已故兴献王为“皇叔”。但性格倔强的世宗坚决反对，执意要追封兴献王为先帝“皇考”，将孝宗降为“皇伯”，从而爆发了所谓“大礼之议”的激烈争执。杨慎带头而起，与200多位官员聚集宫门长跪“力谏”，世宗令拘留“首事八人”，杨慎等更“撼门大哭，声彻殿庭”，世宗震怒，再令逮捕多人，“悉下诏狱”严刑“廷杖”，10天之内杨慎两次被杖打屁股“几至毙命”，随后立即发配云南。杨慎“扶病”前行，到达“成所”已奄奄一息。世宗对这位状元则衔恨之极，直至其老死边陲均不准赦免归乡。

然而，30多年远离宦海却更使杨慎潜心读书、勉力笔耕，完成了2000多首诗词与涉及广泛学科的洋洋“百余种”论述，成为明代“记诵之博，著作之富”的第一巨子。那首久唱不衰的《三国演义》开篇曲“滚滚长江东逝水，浪花淘尽英雄；是非成败转头空，青山依旧在，几度夕阳红。白发渔樵江渚上，惯看秋月春风；一壶浊酒喜相逢，古今多少事，都付笑谈中”，就是杨慎栖身云南的大作。

茅店昏烟集，	茅店里升起了灰蒙蒙的烟霾，
榆乡燎火[①]开。	乡村边点燃的火炬迅急排开。
宵征[②]何太急，	迎着夜色启程官差何以如此匆促，
暝望忽相催。	昏暗的征途正在前方急切等待。

月树群鸦散，	月光笼罩的树丛群鸦惊散，
霜桥列骑回。	落霜依稀的桥头成队骑士一路奔来。
解城③闻漏点④，	解州城的声声更鼓似已听到，
星宿满梅台。	闪烁的星斗仍缀满锦缎般的天台。

【注释】

① 燎火：延续燃烧的火，也用以称火炬。

② 宵征：夜行，兼有官差奔忙之义。

③ 解城：即解州城，故址在今山西运城解州镇，距临晋县很近。

④ 漏点：漏鼓的鼓点声，古代打更报时的更鼓也称漏鼓。

50. 苏祐：《太原怀古》

苏祐（约1493—1573），明代大臣、守边将领，字允吉，蒙古族人，先世落籍濮州即今河南范县一带。明世宗嘉靖五年（1526）举进士，嘉靖十二年（1533）奉旨以监察御史“巡按”军事重镇宣化、大同。恰在此时大同发生兵变，软禁巡抚，杀死总兵，又因贸然高压导致叛乱升级，官军大败。后来，苏祐与继任巡抚采取分化瓦解、招纳安抚等策略，终于平定，由此朝野知名。

嘉靖二十六年（1547）苏祐出任山西巡抚，越二年入京授兵部右侍郎。未及一年蒙古土默特部俺答汗重兵侵犯，大同守将死难，朝廷震惊，遂紧急下诏苏祐代行大同总督事。苏祐受命后以其子为护卫，父子二人单车赶路，直驱前线迅即调防，部署抵抗，稳住了局势，不久论功实授大同总督。

俺答汗发动战争有一明确的诉求，就是迫使明王朝开放边境封锁，进行贸易，换取蒙古地区缺乏的中原商品。鉴于此，苏祐上书力主设立“马市”，双方平等互利交流物资，未久获批实施。俺答汗奉表谢恩，关系大为缓和，可仅仅一年朝廷又令关闭“马市”。俺答汗怀恨不已，挥军10万从多路杀来，京师一日数惊。苏祐只得分兵邀击，并自率铁骑疾驰防卫要道予以阻截，经连日苦战终于将其逼出长城，后论功进阶兵部尚书。

苏祐戎马一生，但勤于著述，诗词尤其出名。山西是其建功立业的主要地区，也留有不少作品。这首《太原怀古》，讴歌了春秋时期太原居民的一次群体壮举，颂扬了一位太原义士的侠骨忠心，表达了对于历经沧桑的太原名胜、流淌着英雄血脉然而一再承受离乱之苦的太原古城的敬畏与叹惋。写得深沉厚重又不乏绰约风姿，在无数赞美太原的篇章中算得上是一首难得的佳作。

独上山城思寂寥，	独自登上了山城的城楼思绪空灵缥缈，
英雄千古恨难销。	有多少远逝的英雄曾在此遗恨难消。
鸣蛙尚产居民灶[1]，	抗击水攻的坚守竟使闹蛙繁衍灶台，
惊马空留义士桥[2]。	桥底潜刺的义士又惊得仇家的马匹奔逃。

齐洞[3]僧归云冉冉，	北齐的佛洞边冉冉祥云伴随僧侣归来，
汉宫[4]人去雨潇潇。	昔人已去的汉代废宫却只见微雨潇潇。
堪怜此地多离乱，	最感叹这方大地经受过频发的离乱，
莫向明时[5]负酒瓢。	更不能辜负当今的天下清平诗酒逍遥。

【注释】

① 鸣蛙尚产居民灶：青蛙繁殖于灶台，为春秋末期发生于太原地区的一段往事；当时晋国卿大夫家族经多年兼并，只剩下智、韩、魏、赵四家，智氏又超越赵氏势力升为最强；晋出公二十年（前455），智氏首脑智伯因索要土地遭拒，遂强胁韩、魏一道攻击赵氏，赵氏不敌，首脑赵襄子率众退逃晋阳；智伯久攻不下，于是引汾水“灌之”，晋阳城只差“三版”即六尺就被彻底淹没，城中困难到上树“巢居”吊锅“而炊”，乃至“沈灶产鼃”也即蟾蜍跑到灶台繁殖，甚至“易子而食”却“民无叛意”；后襄子派人“潜出”游说，策动韩、魏倒戈，联手反攻偷袭，将汾水倒灌智伯军营，乘乱攻击，杀掉智伯“尽灭智氏之族”；从此赵、韩、魏三卿鼎立，最终瓜分了晋国，我国历史进入战国时代。

② 惊马空留义士桥：义士桥即豫让桥，遗址在今太原晋祠附近赤桥村；智伯被杀后其家臣豫让决计复仇，先装作劳奴“挟匕首”混入赵襄子府邸行刺但被识破，襄子认为算个“义人”免罪“释去”，豫让并未罢休，又“漆身为厉，吞炭为哑”，彻底改容改音后再次潜伏桥下行刺，因襄子马惊又被抓获；豫让曾做过晋国范氏、中行氏家臣，故襄子问，二氏被智伯消灭你“不为报仇”反而“委质”侍奉，为何智伯被杀却“报仇之深”呢？豫让回答，二氏待我如“众人”我也以“众人报之”，智伯礼遇我如“国士”我即以“国士报之”，襄子听罢“叹息而泣”；这时豫让提出“愿请君之衣而击之”“以致报仇之意”，襄子竟真的将衣服递了过去，豫让“拔剑三跃”在上面狠砍三刀，而后自杀桥头。

③ 齐洞：应指南北朝北齐时建于太原西山的童子寺、开化寺。

④ 汉宫：应指太原西汉旧宫故址；汉高祖刘邦登基后立其子刘恒为代王“都晋阳”，后刘恒入继皇位即汉文帝，又立其子刘参为太原王，均建有宫阙。

⑤ 明时：政治清明之时，古人常用以称颂本朝。

51. 谢榛：《董卓垒》

谢榛（1495—1575），明代诗人、学者，字茂秦，号四溟山人，山东临清人。据云其“眇一目”是个独眼龙，但文才非凡，少年成名。中年寓居彰德即今河南安阳，得皇族康王朱厚煜赏识，纳为清客。继又浪迹四方，与官绅士庶以至三教九流均有交往。其诗“气逸调高”，也通音律善填词，所撰《四溟诗话》已成为我国诗词研究的精华论著。明世宗嘉靖四十二年（1563）谢榛应邀赴晋并游访各地，居四五年离去，留诗500多首集为《适晋稿》，成为古今外籍诗家咏晋之冠，《董卓垒》即其中之一。诗意象浅显，叙写平实，或许不算出色，却记述了一处今日山西已少有人知但却意义独特的历史遗踪。

董卓是东汉末年豪雄，曾因功获授“玺书”拜官并州刺史、河东太守，驻军太原。汉灵帝中平元年（184）黄巾起义爆发，董卓奉命东下讨伐，曾于太行山中段的险要高地修筑营垒，派兵守备，即为董卓垒，故址在今山西平定县娘子关西的董寨村。后来董卓坐大，把持国政，废立天子，祸乱朝纲，残害无辜，最终被尚书令王允策反成功，所谓义子的亲信将领吕布将董卓诛杀，还被《三国演义》编成了一段董卓、吕布与貂蝉两男一女爱恨情仇的生动故事。

明神宗万历元年（1573），78岁的谢榛再赴彰德，仍受到康王后嗣穆王的厚待。饮宴时穆王命乐妓“贾姬独奏琵琶”，贾姬“光华射人，藉地而坐”，所奏皆“榛所制竹枝词也”。谢榛却称，此均早年“鄙俚之辞”不足取，请“更制”重作，次日晨即写就“新词十四阕”。贾姬“按而谱之，不失毫发”，穆王遂将贾姬“盛礼”馈送谢榛。两年后谢榛故世，贾姬悲伤守灵，“每夜操琵琶”奏谢榛词一曲，“必恸绝而罢”，后断然“自破乐器”隐身里巷不出，传为知音佳话。

石艾[①]郭[②]东路，	踏上了石艾城外东去的路，
行行[③]薄暮天。	走着走着行走间天已傍晚。
农桑晋甸服[④]，	曾经是古晋国的京畿王土农桑要地，
文轨[⑤]汉山川。	大一统的时代也从来是汉家山川。

涧水风犹咽，	掠过溪流的野风宛似低哭，
林花火似燃。	林中的花丛恍如燃烧的火焰。
空余董卓垒，	空留下这样个董卓的旧垒，
不使后人怜。	真不会让后人有多少爱怜。

【注释】

① 石艾：平定县古称，也称广阳，宋太宗太平兴国四年（979）御驾亲征进攻北汉割据政权时被收复，更名平定。

② 郭：城墙外围起的墙，即外城。

③ 行行：此处应读作 xíng xíng，不停地前行。

④ 晋甸服：晋，指春秋时期的晋国，西周初年分封诸侯，晋国的始祖叔虞受封立国建都的唐地，古代有太原之说；甸服，指王都附近方圆 500 里的区域，天子亲治的“畿内之地”。

⑤ 文轨：指文字以及车轨，即车子两轮之间的尺距；我国古代很早即以“车同轨，书同文”为标志形容天下一统，也引申为代指疆域；不过，只有到秦始皇统一文字与度量衡之后这些才基本实现。

52. 毛恺：《谒解州帝庙》

毛恺（1506—1570），明代大臣，字达和，浙江江山人。据说，此地毛氏还是湖南湘潭毛氏先祖。明世宗嘉靖十四年（1535）毛恺举进士入仕，为官清廉正直，执法严明。嘉靖二十八年（1549）升知府，再调升山西成为行政副职布政使司参政。明穆宗隆庆二年（1568）官至刑部尚书，故世后谥号“端简”。

《谒解州帝庙》应系毛恺任职山西时的诗作，所拜谒的就是三国名将关羽故乡的关帝庙，在今运城市解州镇常平村。汉献帝建安二十四年（219）关羽败于东吴大将吕蒙，丢失荆州，又被斩杀。以当时名将排行未必拔尖，但后世渐被神化，开始立庙供奉，解州庙始建于隋文帝开皇九年（589）。宋代时关羽崇拜获得官方推动，解州庙规模扩大。因宋徽宗封关羽为崇宁真君、义勇武安王，故称崇宁宫。宋高宗时又封为壮缪义勇武安王，孝宗时加封为壮缪义勇武安英济王。明代时关羽崇拜越发升级，官祭渐成定例，神宗时进封为三界伏魔大帝神威远镇天尊关圣帝君，还有协天护国忠义帝、协天大帝之称，关帝庙其名从此叫响，解州庙的建筑规模也达到鼎盛。到清代关羽封号继续添加，光绪帝时增至“忠义神武灵佑仁勇威显护国保民精诚绥靖翊赞宣德关圣大帝”26字，关羽已与“文圣”孔子对列，升格为中华民族的“武圣”图腾。解州关帝庙也蒙康熙帝御书“义炳乾坤”、咸丰帝御书“万世人极”匾额，还有慈禧太后赐题“威灵震叠”等荣耀，成为独占鳌头的天下“武庙”之最。

不过，解州关帝庙曾几毁几修，现存建筑多为晚清后重建。从毛恺诗中可知，明代的关帝庙殿堂巍峨，台阶层叠，而其诗则写景雄健，抒情豪迈，不愧是一篇阳刚之气凛然的杰作。

将军遗庙倚巑岏①，	将军的遗庙倚靠着高耸的峰峦，
涑水条山②自郁盘③。	拱卫周遭的涑水条山交错盘连。
隐隐云霾屯虎豹，	隐隐的云雾中似有虎豹潜伏，
巍巍殿陛④肃衣冠。	恭登巍峨的殿宇先急忙肃正衣冠。

孤忠佐汉心如昨，	辅佐着刘备的蜀汉孤忠永在，
遗恨吞吴[5]泪未干。	却遗恨吞吴的失策死泪难干。
谒罢威灵重回首，	拜罢了关圣的威灵回首再望，
冷风萧瑟剑先寒。	萧瑟的冷风里刀剑已亮开犀利的光寒。

【注释】

① 巑岏：读作 cuán wán，高峻耸峙貌，多指这样的山峰。

② 涑水条山：涑水指流经山西运城境内的涑水河，系黄河支流；条山指中条山，绵延数百里横亘山西南端，走势如条，因而得名；涑水河有一段即沿着中条山流过，解州关帝庙则坐北朝南，面向着中条山。

③ 郁盘：曲折错落，纵横盘结。

④ 陛：上升的台阶，多特指宫殿庙堂的台阶。

⑤ 遗恨吞吴：引自杜甫诗作“功盖三分国，名成八阵图；江流石不转，遗恨失吞吴”，所涉及的是三国的一段历史；汉献帝建安二十四年（219）东吴大将吕蒙夺取荆州，斩杀关羽，次年曹丕篡汉称帝，再次年刘备称帝成都，随即以替关羽复仇之由贸然讨伐东吴，前来合兵作战的张飞又在途中死于部下之手，结果“吞吴”未成，反被东吴将领陆逊“火烧连营”彻底击败，成为遗恨。

53. 李攀龙：《登黄榆马陵 诸山是太行绝顶处》

李攀龙（1514—1570），明代诗人，字于鳞，号沧溟，山东历城即今济南人。九岁失父，家境贫寒，但“自奋于学”考取了县学廪生，可从国家仓廪领取食粮读书，后夺得山东省试第二名，又于明世宗嘉靖二十三年（1544）举进士，供职刑部，并加入刑部诗友的诗社，继而“为之魁”成为社首。

攀龙“才思劲鸷”，却特别尊崇故世10多年的“前七子”领袖李梦阳，竭力弘扬梦阳“文必秦汉，诗必盛唐”的主张，贬斥趋炎附势的虚浮诗风，意在维护文学的本真与独立，诗友“翕然”随从“和之”。而且，几位诗友多系青年进士，“才高气锐”“互相标榜”，“视当世”如“无人”，故很快“名播天下”，形成了被称为“后七子”的文坛新流派。

嘉靖三十二年（1553），攀龙外放顺德即今河北邢台出任知府，三年后升为陕西提学副使管理教育。《登黄榆马陵 诸山是太行绝顶处》是其任知府的次年所作。黄榆即黄榆岭，马陵即黄榆岭北的马岭，分别位于山西和顺、昔阳县与邢台接壤的太行山巅。从诗作可以想象，某次视察途中攀龙登上二岭，伫立于几与天齐的绝顶，游走在两省交界的峰尖险道，广阔无际的壮美山川，秋色衬映的萧瑟景观，尽在望中，皆收脚下，纵情饱览，思绪迸放，从而赋就了这篇豪兴勃发、气势恢宏的力作。

攀龙著述颇丰，诗文由挚友王世贞辑为《沧溟先生集》30卷。其人所编之《古今诗删》，选诗独具特色。后又从中摘出《唐诗选》一册，作为童蒙教本影响曾远超《唐诗三百首》，并且传入日本，成为继白居易以来最受追捧的汉诗读物。但也有此书系他人割取攀龙选诗中的唐诗，托名而编之说。

千峰郡阁[①]望嵯峨，	官楼上曾几次远望千峰雄峭巍峨，
此日褰帷[②]按塞过[③]。	今日里躬身察访又将关塞挨个儿走过。
落木悲风鸿雁下，	悲风落叶频催着鸿雁匆匆南下，
白云秋色太行多。	秋色萧森的太行白云是越看越多。

山连大陆蟠三晋，	群山连接着平阔的陆地环护三晋，
水划中原散九河。	划破中原的大黄河散开了条条子河。
回首蓟门[④]高杀气，	回首处北国的蓟门杀气高昂，
羽林[⑤]诸将正横戈[⑥]。	英勇奋战的精兵猛将正在浴血拼搏。

【注释】

① 郡阁：州郡地方官所在官衙的楼阁，也兼指其公署府院。

② 褰帷：掀起垂封的帷幔，表示官员应敞开阻隔，掌握实情；东汉末年屡遭战乱，各地问题极多，有“清能吏”贾琮出任冀州刺史，按“旧典”车驾到达后须垂下“赤帷”，等候众官“迎于州界”，贾琮却声言刺史应“远视广听，纠察美恶”，怎能“垂帷”而“掩塞”自己，乃令御者立即“褰之”即掀起帷幔；继而，贾琮所为使贪赃枉法之流均感“竦震”，纷纷“解印”逃遁。

③ 按塞过：按塞，巡视要塞，有的版本为“接塞过”，故可解为逐塞走过。

④ 蓟门：原指蓟门关，唐代起以关名置蓟州，位于今北京之东的天津蓟县，明代时为护卫北京的边防重镇，在此地以及左近曾经与外敌发生过多次战斗。

⑤ 羽林：即羽林军，始名于汉武帝所建守护宫廷的羽林骑，取义“为国羽翼，如林之盛”，多以本领出众的高门子弟组成，后世成为皇室禁卫军的通称，也用以赞美精锐之师。

⑥ 横戈：代指战斗，此处所指或系明世宗嘉靖三十三年（1554）也即诗作成之年，蓟辽总督杨博率军击退蒙古“把都儿及打来孙十余万骑犯蓟镇”的长城之战。

54. 王世贞：《娘子关飞泉》

王世贞（1526—1590），明代大臣、学者、诗人，字元美，号弇州山人，南直隶太仓即今江苏太仓人。世贞“生有异禀”，“书过目终身不忘”，明世宗嘉靖二十六年（1547）举进士，供职刑部，与李攀龙结为诗友，成为“后七子”中的主将。后来，身为蓟辽总督的其父战事失职，论罪当死。世贞与弟“蒲伏”内阁首辅严嵩门下“涕泣”求宽，还自穿“囚服”跪拜“诸贵人”哀告“乞救”，可其父仍被处斩。因此世贞积怨严嵩甚深，遂借撰《嘉靖以来首辅传》之机极力扬恶隐善，对造就其人的负面形象产生过巨大作用。

明穆宗隆庆三年（1569），世贞由浙江参政即行政副手奉调山西，出任监察主官按察使。次年夏历七月莅职太原，其间留诗多首。十月母亲病危，告假请归，未久母亲亡故，奔丧而去。《娘子关飞泉》原名较长，为《娘子关有泉穿大壑下、势雄甚、味冽而甘、冱冬不冰、居人赖之》。娘子关位于山西平定县的太行山中侧，据传唐高祖李渊之女、平阳昭公主曾经率兵驻守，遂有此称。关城附近的山崖有无数泉眼涌出，汇成了直下三四十米的瀑布，非常壮观，因此也名飞泉。

世贞晚年官拜尚书，诗文与学术建树均极辉煌，有《弇州山人四部稿》等大著数百卷。而且，作为“文盟”魁首20余年，“声华意气笼盖海内”，“士大夫及山人、词客、衲子、羽流”无不“奔走门下”，得其“片言褒赏”则“声价骤起”。李时珍的《本草纲目》编定后无人理睬，就拜访世贞求序，世贞延置10年始成，但很快引起书商重视，使几近湮灭的药学宝典终于刊刻传世。就连那部署名为兰陵笑笑生的艳情小说《金瓶梅》，也有世贞所撰之说。

飞泉中泻九关[①]开，	飞流奔泻仿佛就这样将九关冲开，
朔气偏[②]催万壑雷。	沟壑间森森寒气搅动着万千风雷。
喷玉高从西极下，	喷溅的玉珠打从太空高高落下，
擘[③]崖雄自巨灵[④]来。	劈破危崖的雄奇恐只有巨灵做来。

地输神濆[5]为汤沐[6]，
石拂钧天[7]奏帝台。
若语会心翻自笑，
羽书[8]初过黑龙堆[9]。

福地涌出的神泉泽惠乡里，
摩天的巨石都像在跪拜仙界的王台。
想说点什么也仅可会心自笑，
急催的官书已经传过了黑龙堆。

【注释】

① 九关：娘子关有天下第九关之称，具体来历说法不一。

② 偏：此处可作遍解。

③ 擘：读作 bò，裂开、破开。

④ 巨灵：我国神话中劈开华山的大力神。

⑤ 神濆：濆，读作 fèn；神濆，从传说的终北国仙山壶领山上涌出来的神水，据称其香过于“兰椒”，味则过于“醪醴”。

⑥ 汤沐：汤，是古人对于温热之水的称谓；汤沐，有消受润泽、恩惠之义，娘子关泉水世世代代为当地民生造福极深，故以此为喻。

⑦ 钧天：天的中央，也指天帝居处。

⑧ 羽书：古代插有鸟羽表示须紧急递送的文书。

⑨ 黑龙堆：或为虚拟地名；王世贞奉调山西本不想来，曾“上疏引病乞休”，但上司“不允”一再催其出发，拖了数月才无奈启行，入山西后，在沁州深山遭遇大雨，山洪暴涨，路险难行，艰危之极，曾自嘲“奈何以六尺狗一官也”，到达任所已经误期，诗最后两句表达的可能就是这种一言难尽、无话可说的心情。

55. 崔镛：《偏头关》

崔镛（1530—?），明代官员，字汝洪，陕西葭州即今佳县人。明世宗嘉靖四十一年（1562）举进士，授山西按察佥事，分掌阳和即今阳高县一带，再升山西按察副使。明穆宗隆庆四年（1570），蒙古俺答汗的孙子把汉那吉前来投奔，总督北疆诸镇军务的王崇古上奏朝廷，力主厚待把汉那吉，以此为契机化解困扰多年的边境敌对，最终与俺答汗谈判成功，双方订立“互市”贸易等多款协议，史称“隆庆议和”，赢来了数十年的和平。崔镛也是处理这一事件的重要参与者，后升山西巡抚并提督长城一线雁门诸关军务，晋封昭武将军。

这首《偏头关》中所言之关，即崔镛提督的雁门诸关之一。偏头关位于山西最西北黄河的东畔，据云因“地形东仰西伏，似人首之偏隆”而得名，明太祖洪武二十三年（1390）修筑关城。后来，除了位于今山西、内蒙古交界一线的外长城，又从偏头关起到北京居庸关止，在山西、河北境内建起第二道防线内长城。于是，偏头关与内长城山西段的宁武关、雁门关就通称“外三关”，居庸关与内长城河北段的紫荆关、倒马关就并称“内三关”。明代为抵御蒙古所设“九边”重镇之一的山西镇，负责守卫的就是“外三关”一线。而偏头关恰处于内外长城的交会之地，战略意义非同小可，故又以其为中心沿长城建起了 20 多处堡寨，扼守冲要，彼此策应，形成非常完备的防御工程。到清代偏头关地区战火停息，遂于世宗雍正十三年（1735）改为偏关县至今。

从此诗可以看出，当时的偏头关城及其周围，兵民众多，人烟辐辏，颇具规模。诗也描述了刻刻警惕的边事，粮草保障的艰难，同时表达了纵然远在荒陲却也未敢倦怠丝毫的职责信念。

半壁孤城水一湾，	孤城的半壁斜倚着流水一湾，
万家烟火护偏关。	兵民万家的烟火守卫着偏头雄关。
黄河曲曲涛西下，	黄河的波涛曲曲折折奔腾西下，
紫塞[①]隆隆[②]障北环。	座座居高的堡寨环护于北疆前沿。

铁笛数声催戍急，	数声铁笛似在激励着戍边壮士，
玉沙千里叹储艰。	白沙千里的军需储运却最叹艰难。
荒陬③斗绝今如此，	偏远荒僻凶险卓绝已然如此，
未许将军即解颜。	坐镇的将军未敢有片刻稍展笑颜。

【注释】

① 紫塞：北方的边塞，也指长城；据载“秦筑长城，土色皆紫，汉塞亦然，故称紫塞焉”。

② 隆隆：此处是形容雄峙起伏的紫塞高大而坚实，不能作隆隆声解。

③ 陬：读作 zōu，本义为山之角落，也指边远偏僻的地方。

56. 李溥：《登永祚塔》

李溥，明代官员，生卒年与籍贯不详。其人或许曾在山西做官，或许到过山西，或许就是晋人，史迹记载寥寥。但所作《登永祚塔》，却成为赞颂太原标志性古建筑的最早也可谓最好的诗篇。

永祚塔即民间俗称之“双塔”，位于太原古城东南。其中一塔约建于明神宗万历二十五年（1597）至三十年（1602）间，据云是为了补辅太原“文运”不足而修筑的文峰塔，配套小寺谓之永明寺。万历三十五年（1607），朱氏皇族驻藩太原的晋王朱敏淳以其过简，遂请五台山高僧福登和尚统理扩建。及至万历四十年（1612），于旧塔左厢 60 米处筑成新塔，并建起大雄宝殿等几座殿宇。两塔均定名宣文塔，寺也更名永祚寺，形成了“楼阁巍然”“两峰插天”的雄伟气势。

宣文塔扩建的主要捐银者，相传就是明神宗的生母李太后。据称李氏原籍山西翼城，出身贫寒，父亲携家迁往京师附近的通州谋生。后李氏入为裕王府侍女，得宠生子。明世宗驾崩后因太子已殁，裕王继位为明穆宗，在位六年辞世，李氏子 10 岁登基为明神宗，李氏受封太后。李太后“性严明”，“教帝颇严”，“帝或不读书”或有“其过”即“招帝长跪”，“帝涕泣请改”乃止。太后还曾积极支持内阁首辅张居正变革，推行“万历新政”，野史中甚至有二人彼此爱慕的所谓“黑心宰相卧龙床”传闻。太后晚年“好佛”，“京师内外多置梵刹”，晋王的扩建之举或应与此有关。塔之命名，可能就是兼取太后尊号“慈圣宣文明肃贞寿端献恭熹”中的“宣文”二字以示崇敬，寺名“永祚”似也有为年过花甲的太后祈福祈寿的意味。此后数百年永祚“双塔”历经沧桑却屹立未倒，如今已绘入太原市徽，成为古城浑厚的名片、亮丽的图识。

三晋楼城俯首看，	三晋的楼城尽可以低头观看，
一声长啸倚栏杆。	放开嗓子吼一声再斜倚栏杆。
振衣绝顶青云湿，	绝顶处整整衣衫抖落青云的潮湿，
酌酒危峰白日寒。	对酒危峰披拂着白日的幽寒。

矗矗[1]苍龙擎宇宙，
绵绵紫气[2]发林峦。
我来欲把星辰摘，
到此方觉世界宽。

仿佛矗立的苍龙托起了茫茫天宇，
绵延的瑞气升腾在林木繁茂的山峦。
我来时原曾想摘几颗星斗，
到此间才觉悟世界的辽远无边。

【注释】

① 矗矗：高耸与重叠之状。
② 紫气：紫色的霞霭，祥瑞之气。

57. 刘子诚：《壶口》

刘子诚（1555—1634），明代官员，字淑贞，陕西宜川人。幼时即善于记诵，于“坟籍”即古代典籍鲜有“不窥”，及长入读国子监，继因精通经学而被授官湖广训导，教习弟子“以不欺为本”，“立行艺”即品德、学业“二格”，“有一善者记之行，勤诵读者记之艺”，颇获好评，受到时任湖广提学副使的书画大家董其昌的赏识而被聘为幕僚。后来由县令升任横州知州，在今广西横县。据云子诚其人“生平雅度过人”，“宠辱不惊”，“所到之处皆有治绩”，并曾“持节定交阯之难”，也就是奉朝廷之命仗节出发，平定了发生在今日越南北部的事变。晚年寓居长安，仿效司马光老年时在洛阳举办“耆英会”的前例，与诸名士结为“耆英社”，相聚把酒赋诗，说文论道，成为被称颂一时的雅传。

这首《壶口》是子诚传世的代表性诗作，也是古人描写壶口的知名度颇高的诗作。壶口是山西吉县与陕西宜川之间的著名瀑布，汹涌澎湃的黄河滚滚而来，在这里宽阔平旷的河床骤然收缩，排山倒海的巨浪只能争相夺路直泻而下，宛若巨壶注水一般落入一道仅只二三十米的逼窄的深谷，以致飞流激溅，惊涛怒吼，狂澜咆哮，如雷霆震荡，似万马嘶鸣，时而还有白雾腾空，彩虹闪耀，形成了雄浑壮丽、撼人心魄的奇绝景观。那无与伦比的磅礴，那令人荡气回肠的豪迈，某种意义上已经升华为一尊凛然的图腾，定格为中华民族千古不朽的国魂的象征。

西出昆仑东入瀛[①]，	从莽莽的昆仑西来滚滚滔滔一路向东，
悬流喷壁泻瑶琼[②]。	绝壁紧锁的悬流只能像直泻的玉花飞喷。
涌来万岛排空势，	汹涌澎湃的波涛挤压成排山倒海的磅礴，
卷作千雷震地声。	惊天动地的咆哮席卷起万钧雷霆。
映日红霞浮瑞马，	映日的霞彩仿佛飘浮在祥云瑞霭的骏马，
满天风雨起神鲸。	凌空激溅的风雨宛若扶摇而上的神鲸。

奔腾今古宣元气，	奔腾千古炫耀着雄浑的中华国气，
圣主当阳③正待清。	幸如今圣主当朝且等待黄河的澄清。

【注释】

① 瀛：海，此处应指我国黄海，是明代黄河的入海处，清代咸丰年间始改道流入渤海。

② 瑶琼：泛指美玉美石，也喻指冰雪、水花。

③ 圣主当阳：圣明天子面南而坐，如日中天，多用以形容治世，古代有所谓“圣人出，黄河清”之说。

58. 袁继咸：《题祁邑察院壁》

袁继咸（1593—1646），明末义士，字季通，江西宜春人。明熹宗天启五年（1625）举进士，明思宗崇祯七年（1634）授山西提学佥事管理教育。其间，整顿省学三立书院，扩充生员，资助寒素，深获士林好评。但仅两年，就因请托"不应"得罪了巡按御史张孙振，而被诬逮京下狱。三立书院书生大哗，傅山等百余弟子追随至京，"三上书"陈辩"不得达"，遂广书"揭贴"四处散发，又到皇宫前"伏阙诉冤"，一时震惊朝野，引来上千人士的联名支持。继咸也将孙振的请托文字与"赃贿数事"供出，终获昭雪，转调湖广参议"分守武昌"。后继咸曾邀傅山赴武昌"同游黄鹤之胜"，碍因社会混乱未能成行。

崇祯十五年（1642），继咸受命以兵部侍郎驻节九江总督军务。清军入占北京后未久，继咸被将领左良玉之子左梦庚软禁，后梦庚投降南下的清兵，献出继咸邀功。继咸被押至北京后，满人一再劝降，甚至拨出宫廷"内院"为馆郑重安置，但其仍断然拒绝易服剃发朝拜清君，且效法文天祥《正气歌》作《正性吟》明志。某些已投降弟子绕膝而跪痛哭苦劝均一概不理，誓言"大官好作，大节难移"，最终不屈，坦然就义。继咸别号袁山，文天祥号文山，南宋末年还有一位抗元志士谢枋得号叠山，三位均系江西人，又都牺牲于北京，江西古代也称江右，故被后人尊为"江右三山"。

《题祁邑察院壁》是继咸任职山西不久所留，祁邑即今山西祁县。诗题于祁县察院墙壁，用略带调侃的语气描述了自己仿佛梦一般的升官，表达了对当地先哲的仰慕以及奉皇命奔忙的身不由己，抒发了期望承前启后做出事业表率的志士襟怀，是足可体现其精神境界的杰作。

一官蕉梦[①]笑三刀[②]，	就好像睡梦中的恍惚好笑我官已升超，
万里孤征旧葛袍。	孤身万里上任仍穿着粗葛的旧袍。
序接新秋晴暑烈，	岁月迫近了新秋到晴日依然酷烈如夏，
天邻绝邑暮风高。	长天紧贴着高城晚风却在更高处呼啸。

云瞻远树人怀狄③，	瞻望云端的远树怀想狄公仁杰，
檄捧长驱事愧毛④。	捧着官书频频奔走真愧无毛义的情操。
老去衣冠看骨立，	老去时只留下衣冠一袭瘦骨一握，
苍生谁起为心劳?	问众生能有谁沥血呕心为民辛劳?

【注释】

① 蕉梦：即蕉鹿梦，比喻人生似梦似真，变幻迷离；据载，郑国某“薪者”即樵夫遇一“骇鹿”逃奔，就击而“毙之”藏起来并覆以蕉叶，稍后忘记“所藏之处”，以为是做梦就一路唠叨，被某人听到后循“其言”得鹿，归告妻子，妻子却说哪有什么“薪者”，是你梦见的吧；孰料“薪者”夜里又梦到“所藏之处”以及得主，就上门索讨，两人争执不下讼于刑官，刑官称双方都有梦都有真，故裁定一人一半“二分之”糊涂结案；袁继咸到山西前，闻知权势宦官张彝宪“有朝觐官赍册之奏”就是官员拜见皇上先要注册审批，当即奏本反对，称若“此令行”则官员乃至藩王为求通过，必“屏息低眉”次第“跪拜”主事太监，致“天下为无耻事”，但崇祯帝支持宦官，继咸怏怏不乐，只好“孑身赴任”，此句反映的应该就是这样的心情。

② 三刀：指官员的升迁；西晋名臣王濬，夜梦“悬三刀于卧屋梁上，须臾又益一刀”，顿时“惊觉”甚恐，但其“主簿”即秘书李毅却欣然“拜贺”，称“三刀为州字”，“又益一刀”就是益州，不仅非祸且是执掌益州的吉兆，不久果然官拜益州刺史。

③ 狄：即狄仁杰，太原人，则天武后大周时期两度拜相，以贤能著称。

④ 毛：即毛义，东汉高士；毛义幼年失父，家境极贫，却因奉母至孝载誉乡里；后官府发来檄文召其出仕，毛义为使母亲高兴，故意喜形于色“奉檄而入”，恰来拜访的慕名者遂“贱之”而去，但母亲病逝未久，毛义即断然辞官，后又被举为“贤良”，有司派“公车”迎之仍“不至”，那位慕名者才明白了毛义“往日之喜”的“亲老”苦心，大为感慨也越发叹服。

59. 傅山：《甲申守岁》

傅山（1607—1684），明末清初义士、书画家、医学家，字青主，山西太原阳曲县人。傅山出身书香门第，读书“精敏颖悟”，及壮受业于三立书院，成为山西提学佥事袁继咸的门生。后继咸被诬下狱，傅山带动书院众多学子赴京“伏阙诉冤”，赢得舆论声援，终使继咸昭雪，傅山也“以此名闻天下”。

明思宗崇祯十七年（1644），夏历纪年谓之甲申年。三月李自成军攻破北京，崇祯帝自杀，未久清军入关击败自成“定鼎燕京”，这一年也是清世祖顺治元年。但直至岁末，傅山仍深陷亡国之痛，遂写下了仿佛涕泗交流、愤不欲生的诗作《甲申守岁》。

甲申之后，傅山改穿朱衣佩戴黄冠，号“朱衣道人”，自称“太原人作太原侨”，以示虽处故乡等于侨居新朝。清圣祖康熙十七年（1678）诏令荐举海内名士，开“博学宏词”特科选官。傅山受举却“固辞”不就，阳曲知县只好派人强抬“其床”送入京师，“公卿毕至”前来造访，傅山仍“卧床不具迎送”。后以其“老病”钦赐“免试”，“特授内阁中书”优待，又被强抬入宫谢恩，傅山望见已更名大清门的大明门，顿时“泪涔涔下”，跌扑倒地不进。归来后，凡以“中书”称呼一概不理，官方赠匾“凤阁蒲轮”断然不受。临终拒穿朝服，嘱以“朱衣黄冠”入葬，被赞为“尚志高风，介然如石”。

傅山诗文书画皆绝，兼通医术。傅山为母亲调制的“八珍汤”，取羊肉、米酒、黄芪、良姜、莲藕、山药，配煨面熬煮韭菜佐味，就是太原名食“头脑”的起源。后授做法予回民朵氏饭庄，因同时销售羊杂，傅山题店名“清和元”，暗含“头脑杂割清和元”即割掉两个外族王朝头脑的寓意，饭庄至今犹在。

三十八岁尽可死，	三十八岁的亡国之民只剩一死，
栖栖[①]不死复何言？	凄然怆然地活着又有何言？
徐生许下愁方寸[②]，	心中的愁苦就好像昔日的徐庶，
庾子江关黯一天[③]。	更如同惆怅的庾信守望在黯然的年关。

蒲坐小团消客夜[4]，	枯坐在蒲草团消磨侨居的长夜，
烛深寒泪下残编[5]。	烛光的冷泪已浸透写不下去的诗篇。
怕眠谁与闻鸡舞[6]，	真可怕睡倒后谁与我闻鸡起舞，
恋着崇祯十七年。	最难舍还是这大明朝崇祯十七年。

【注释】

① 栖栖：此处读作 xī xī，身心不安，孤寂凄零。

② 徐生许下愁方寸：徐生，即三国时人徐庶；许下，指许昌；方寸，指心、心绪；此处借徐庶在许昌服侍曹操的经历，抒发了自己仿佛“身在曹营心在汉”的惆怅之情；徐庶早年投奔刘备并举荐了诸葛亮，后来曹操在当阳长坂坡大败刘备，俘虏徐庶之母，孝子徐庶只好前去拜见曹操，行前指其心对刘备说，“本欲与将军共图王霸之业”今“失老母方寸乱矣”，所以请求离开；徐庶投曹操后曾官至右中郎将、御史中丞，但引入文学作品并深入民间，就衍变成其人“身在曹营心在汉”为曹操“不设一谋”、似乎过得并不舒畅的故事。

③ 庾子江关黯一天：庾子，即南北朝文学家庾信；江关，代称乡关也即故乡；此处借庾信的亡国遭遇，表达思恋旧朝的黯然愁绪；庾信本是南朝梁朝官员，奉命出使北朝西魏，抵达长安后不久西魏进攻江南，庾信被迫滞留北方，备受尊崇，但就是不放其南归，此后二十六七年庾信虽“位望通显”却仍“常作乡关之思”，其《哀江南赋》《伤心赋》与只存片段的《愁赋》等，寄寓的就是这种“悲不自胜”的悒郁，故后世也将故国思恋称作“庾愁”。

④ 客夜：客居之夜，以喻亡国之后视故乡也如异国他乡。

⑤ 残编：残缺不全的书卷或者文字篇章。

⑥ 闻鸡舞：晋朝人祖逖，青年时与刘琨“俱为司州主簿”，关系甚好，每每“共被同寝”，曾半夜“闻荒鸡鸣”，古人多认为不祥，祖逖却称“此非恶声也”，用脚催醒刘琨，早早“起舞”健身练武，后均成名臣名将，也留下了一段“闻鸡起舞”的著名励志故事。

60. 顾炎武：《蒲州铁牛》

顾炎武（1613—1682），明末清初思想家、学者，字宁人，江苏昆山人。明亡后曾在故乡参与抗清，后半生则大多流寓北方，曾多次出入山西，相继居留七八年，与傅山等不少名士结为至交。清圣祖康熙二十年（1681）夏，又“挟图书子仆”由陕西“抱疾”到达山西曲沃县，准备长住著述。次年正月初四，受知县熊僎之邀聚宴，初八准备出门答谢时上马失足坠地，“疾作竟日”辞世。在昆山有幅“皇清处士顾公炎武”肖像，题词为“一代大儒，学贯天人，隐居求志，比迹河汾”；“河”即黄河，“汾”即山西的汾水，“比迹”即脚印挨着脚印走遍，如此表述充分说明了这位学术大师与三晋大地的密切关系。

据载，“先生自少至老手不释书”，虽然多年萍踪浪迹“往来曲折二三万里”，每出门必“以一骡二马捆书自随”，一路“据鞍”忘情背诵，以致跌下“崖谷”，还沿途咨问“风土”地理，“览书”达“万余卷”。因“精勤至此”才掌握了“渊涵博大”的知识，留下《日知录》等60余种500多卷鸿篇巨制。

《蒲州铁牛》原名较长，为《蒲州西门外铁牛、唐时所造以系浮桥者、今河西徙十余里矣》。铁牛位于今山西永济西南的黄河古渡口蒲津渡，唐玄宗开元十二年（724）诏令宰相张说主事，两岸“各造铁牛四”，每尊高近两米，长达三米，“其下熔铁为山，又为铁柱灌之”，“八铁牛对拽，八铁人策牧”，拉紧多条铁索，横搭于无数船只之上，而连起跨河“浮梁”。几百年来“蹄响如雨，车音若雷”，畅达交通贡献至巨。清朝初年因黄河改道废弃湮没，为之咏颂者则近乎空白。20世纪80年代，北岸四尊铁牛与铁人有幸出土，已成为耀眼的旅游景观。顾公之作，无疑为这一重见天日的巨型文物增添了诗性的光华。

唐代浮梁处，	在唐代支撑起浮桥的河滨，
遗牛制尚新。	牵拉铁索的铁牛模样儿还新。
一朝移岸谷，	只因了大河改道远移岸畔，
千载困风尘。	千百年困顿在漠漠风尘。

失水鼋鼍[1]没，	离开水边再难见大小龟鳖，
依城鹳雀邻。	傍近了城关自有鸟雀为邻。
应无丞相问，	已无复当权首脑怜惜过问，
傥[2]与牧童亲。	仅可与牧牛的孩童怅然相亲。
世变形容老，	世事的迁变催老了容颜，
年深战伐频。	不尽的岁月更屡遭战火频频。
无穷怀古意，	满怀着无穷的思古幽情，
舍尔适西秦[3]。	拜别你去往那临西的三秦。

【注释】

① 鼋鼍：鼋，读作 yuán，指大鳖；鼍，读作 tuó，原指扬子鳄，此处泛指鳄类动物。

② 傥：读作 tǎng，此处作失意、怅惘解。

③ 西秦：指陕西，陕西也有三秦之称。

61. 于成龙：《壬戌仲春复过井陉口》

于成龙（1617—1684），清代大臣，字北溟，山西方山人，明思宗崇祯十二年（1639）中省试副榜，即落选人中再选的前几名，但此后一直未举进士。清世祖顺治十八年（1661）44 岁时，方经吏部“谒选”授官广西罗城知县。

罗城位于边陲“万山中”，民性“犷悍”环境凶险，又刚被清军“收归”，首任知县被杀，二任吓跑。友人劝其放弃，成龙却表示“我辈虽无科第身份”也誓要有所作为。到任后，县城“遍地榛莽”，居民仅“六家”，衙门破烂不堪，只好插“篱棘”当门窗，“累土”为办公“几案”，夜晚须“枕刀一口”贮火枪“二杆”自卫。但其没有退缩，苦干六七年善政“次第举行”，一县“大治”，被考核“卓异”，升四川合州知州。任满升湖北武昌知府、福建按察使，又被荐“廉能第一”。

成龙“历官”20 年不携家眷，“不受属员一毫馈送”。曾长期不用肉食，只以粥中加糖，得雅号“于糖粥”。转任途中，一路往往干啃萝卜佐餐。清圣祖康熙十九年（1680）破格“特简”为直隶巡抚，次年入京朝觐，天子赞为“清官第一”。未久转升两江总督，督理江苏、江西等省，依旧“日食粗粝”，“侑以青菜”，被戏称“于青菜”。理政之际猝然长逝，遗物仅“绨袍一袭”“床头盐豉数盎而已”。葬归之时，南京“士民数万人步二十里外伏地”痛哭，“江涛”为之“不闻”。天子亲笔“制诗”表彰，再赞其“天下廉吏第一”，加赠太子太保衔，谥号“清端”。

《壬戌仲春复过井陉口》作于康熙二十一年（1682）春。成龙“乞假”归乡安葬母亲后离家莅任总督，过太行山井陉口时，40 多年前经此赴京赶考的失败，其后宦海的锐意争强而致快速腾达，可能统统浮上心头，遂写下这篇充满感慨也不免踌躇满志的诗章。几年前当地发现诗作碑刻，已成珍贵文物。

行行复过井陉口[①]，	日复一日赶路再次来到井陉口前，
白发皤皤[②]非旧颜。	可叹我白发苍苍已非旧时容颜。
回首粤川多壮志，	想当初赴任黔广川蜀充满宏图大志，
劳心闽楚少余闲。	后荣升闽乡楚地公务劳碌绝无余闲。

钦承帝命巡畿辅③，	曾奉旨主政护卫京师的要地，
新沐皇恩出固关④。	又沐浴着新赐的皇恩驰出固关。
四十年前经熟路，	四十年前走过这熟识的道路，
于今一别到三山⑤。	现如今一别就奔向那任职的江南。

【注释】

① 井陉口：陉，连绵山脉中断之处形成的可通行谷道；井陉口，古人所称“太行八陉”之一，由山西平定县横穿太行山至河北省，因“四面高中央下”如井而得名。

② 皤皤：读作 pó pó，形容头发斑白的状貌。

③ 畿辅：京都周边与附近地区，清代时也是直隶省即今河北省的别称。

④ 固关：井陉口最西头的进出关隘，明英宗时初建关城，谓之故关，位于平定县旧关村，百多年后明世宗时西迁 10 里重建关城，取固若金汤意更名固关，位于平定县新关村，新旧两关的部分遗迹至今尚存。

⑤ 三山：指南京三山，因一山有三峰并列故得此名，位于南京西南长江边，其突出江中部分谓之“三山矶”，李白名作《登金陵凤凰台》中所言“三山半落青天外，二水中分白鹭洲”即指此处景观。

62. 屈大均：《云州秋望》

屈大均（1630—1696），清代诗人、学者，字翁山，广东番禺人。少时受业于名士陈邦彦，清世祖顺治三年（1646）清军进攻广州时，曾参与邦彦等人的反清斗争，后邦彦死难，大均出走。清廷发布强迫汉人的“剃发令”后，大均曾作《藏发冢铭》《长发乞人赞》《秃颂》等讥诮抨击，继而彻底落发出家，并将居舍称作“死庵”示愤。清圣祖康熙五年（1666）大均出游北方，在山西代州结识顾炎武等，还娶了一位抗清战死将领的女儿为妻。《云州秋望》即此时所作，云州在今山西大同一带。诗立意旷荡鲜明，境界雄浑苍莽，是很能代表其精神志向的篇章。

康熙十二年（1673）吴三桂起兵云南，大均前往投奔，被授职广西按察副使，未久离去。清军平定江南后退隐家乡，从此再不外出。但其怀恋旧朝之心一直未泯，子女姓名皆嵌“明”字，诗文中也不断流露对于新朝的“悖逆”。尤其是，详尽搜罗了从崇祯帝到江南所建南明政权期间数百位抗清殉国的烈士行状，包括“桐乡村人”“总兵家丁”“百川桥乞儿”“细柳营瓦匠”等低层英雄，撰成《皇明四朝成仁录》一书，且将明朝尊称“吾朝”，将清兵蔑称“夷”“虏”，鲜明憎爱洋溢纸面。后来被发现时，已经死去的大均几乎遭到开棺戮尸，书与刊板一律焚销。直到几十年后清高宗乾隆四十一年（1776），还亲颁天子“上谕”，大骂大均“不能死节”，“遁迹”佛门“腼颜苟活”，却借亡国“托名”忠贞，“妄肆狂狺”，称“其人实不足齿，其书岂可复存”，再次严令“逐细查明，概行毁弃”。所幸，《皇明四朝成仁录》还是被有心人冒死秘藏下来，为一段悲怆的历史保留了翔实的记录。

白草黄羊外，	白草黄羊似乎都远在渺茫的天外，
空闻觱篥[①]哀。	总恍惚有几声隐约的胡笳戚戚哀哀。
遥寻苏武[②]庙，	翘首眺望欲寻索苏武庙的踪影，
不上李陵台[③]。	却绝不会登临那降将李陵的坟台。

风助群鹰击，	成群的雄鹰凌风翻飞往复奋击，
云随万马来。	团团云朵追随着万匹奔马滚滚涌来。
关前无数柳，	谁曾想乡关前屡见的无数垂柳，
一夜落龙堆④。	一夜间就绿满这边地的漠漠沙海。

【注释】

① 觱篥：读作 bì lì，古代一种乐器，汉朝时由西域传入，以竹为管，以芦为首，形似喇叭，类如胡笳，也名笳管，边塞军中多用，音调悲凉沉郁，故又有“悲篥”之称。

② 苏武：我国古代著名的节士，西汉杜陵即今陕西西安人；汉武帝时奉命以中郎将持汉朝节符“送匈奴使”还国，到达后匈奴有乱，苏武被扣，匈奴单于招降遭拒，就将其关入地下“大窖中”并绝“饮食”，苏武“啮雪”与“毡毛并咽之”，“数日不死”，匈奴又转迁其“北海上无人处”，据说在今俄罗斯贝加尔湖边，令“牧羝”即放牧公羊，声言公羊生崽始准“得归”；苏武竟日“掘野鼠去草实而食”，但牧羊必举着汉朝节符，节旄“尽落”依然，历尽艰辛 19 年坚贞不屈，终于在汉昭帝时回归长安；汉宣帝时赐爵关内侯，悬画像于彰嘉功臣的麒麟阁。

③ 李陵台：李陵之墓；李陵是西汉名将，大将李广之孙，我国历史上著名的降将；李陵“善骑射”也“谦让下士”，有乃祖“之风”；汉武帝远征匈奴，李陵受命率一路“步卒五千人出居延”，遇匈奴军被三万骑兵包围，李陵引兵苦战有胜，匈奴增调“八万余骑”会攻，李陵寡不敌众，兵败“遂降”，武帝闻之“怒甚”，司马迁就因替李陵辩护而惨遭“腐刑”阉割，继又传言李陵教授匈奴演练兵阵，故被灭族，母、弟、妻、子均皆“伏诛”；李陵与苏武曾在匈奴晤面，苏武归汉后致书劝其反正，李陵作《答苏武书》回复，诉尽乡国思念却也陈述了自己当年的无奈与冤屈，写得声情并茂，悲愤交加，辞采恣肆激越，已成古文名篇，但也有伪作之说。

④ 龙堆：白龙堆的略称，原指西域天山南路的沙漠，后世诗文中也多泛指边陲沙漠。

63. 陈廷敬：《珏山》

陈廷敬（1638—1712），清代大臣，字子端，号午亭，山西阳城人，生于明思宗崇祯十一年夏历十一月二十七日，此日恰是公历1638年12月31日。清世祖顺治十五年（1658）举进士并入选翰林院，三年后全国再会试，廷敬23岁即作为主考官的助手同考官负责阅卷。清圣祖康熙帝登基后，累任翰林院侍讲学士、国家最高学府副职国子监司业、翰林院主官掌院学士，又曾奉命“日直弘德殿”即值班候旨或待命为天子讲读，帝甚“器之”。

康熙二十五年（1686），廷敬升工部尚书兼充总裁官“修辑”《大清一统志》《明史》《三朝圣训》等，渐至位极人臣，官拜一品文渊阁大学士。康熙四十九年（1710）又颁旨“大学士陈廷敬等”，称“朕留意典籍”，“编定群书”，深感“字学并关切要”，令“酌订一书”，“垂示永久”，这就是《康熙字典》的缘起。不过，廷敬与另一位钦定“总阅官”张玉书均在两年内故世，《康熙字典》则成书于六年之后，故真正使之告竣的还是28位兢兢业业的学者纂修官。

廷敬侍奉康熙40多年，备受宠信，屡蒙恩赏，御赐甚多，并为其家宅题写了“午亭山村”门额与联语“春归乔木深荫茂，秋到黄花晚节香”，告老“乞休”时又以“可称完人”赞之。故世后亲赐“挽诗”，“命皇三子”以“茶酒”祭奠，“部院大臣”一律赴丧，谥号“文贞”。

这首《珏山》，可能是康熙三十一年（1692）廷敬回乡为父守孝期间所作。珏山是廷敬故乡附近的名山，主峰两峰对峙，奇伟秀丽，每逢八月中秋，一轮皓月从两峰间缓缓升起，蔚为壮观，谓之“珏山吐月”。诗描写的就是此景，同时也寄寓了虽然身居高位却对山野生活之乐的隐隐向往。

铁锁勾梯细磴[①]分，	铁锁勾连着扶梯一层层石阶分明，
半空时有凤箫[②]闻。	半空里断续飘来仙笛般的玉音。
双峰夹送三清[③]月，	两座峰峦仿佛夹路恭送升天的皓月，
万壑全收太岳[④]云。	万重沟壑收尽了崇山峻岭的风云。

插汉桂榆垂欲下，	直插霄汉的桂榆像是垂垂欲下，
摩霄龙鹤动成群。	又似有腾空的龙鹤飞舞成群。
人间何限卑栖[5]意，	人世间怎能限制退居下位的意愿，
待剪香茅岭上耘。	且看我终将会剪取香茅岭上耕耘。

【注释】

① 磴：石头台阶。

② 凤箫：古称云箫，一种上品排箫，“参差其管”排列如“凤翼”，“萧然清亮”仿佛“凤鸣”，故也用以比喻仙乐。

③ 三清：道家宣称的玉清、上清、太清胜境，有所谓圣登玉清、真登上清、仙登太清之说，又以玉清元始天尊、上清灵宝天尊、太清道德天尊为三清尊神。

④ 太岳：山西有太岳山，但珏山属太行山系，故此处应非实指而是借指高大的山岭。

⑤ 卑栖：居于卑下地位。

64. 孔尚任：《二月朔同人游龙子祠》

孔尚任（1648—1718），清代戏剧作家，字聘之，山东曲阜人。尚任是孔门后裔，学识渊博，才气不凡，通晓礼乐。清圣祖康熙二十三年（1684）天子前来祭孔，亲题“万世师表”匾额。而孔府为了“迎驾”，监造礼器、教习乐舞后又担当御前讲经并导引观览孔林、介绍“圣迹”者，皆为尚任，因此赢得“龙颜”大悦，钦授其国子监博士，赴京出任国家最高学府教官。但此后10多年，尚任最大的贡献乃是苦心编织、反复打磨，完成了“借离合之情，写兴亡之感”的辉煌剧作《桃花扇》，一经亮相顿时轰动。迄今300余年包括话剧、电影等均搬演无数，成为我国艺术园林长开不败的奇花。

康熙四十六年（1707），山西平阳知府即民间所传“罗锅宰相”刘墉的爷爷刘棨拟纂修《平阳府志》，特聘尚任主持定稿。尚任来到平阳即今山西临汾市尧都区居留数月完成，在平阳度过了春节与灯节。其间，还以“演春”“迎春”“试灯”“踏灯”“舞肩”“蹋歌”“西昆”“乱弹”“平话”“女优”10项分类，详尽描述了当时的欢乐盛况，写成浅显易懂的《平阳竹枝词五十首》，为山西南部的民俗文化留下了极其可贵的记载。

《二月朔同人游龙子祠》作于尚任赴平阳的次年，“二月朔”即夏历二月初一。龙子祠位于平阳藐姑射山麓的平水之源，相传魏晋六朝时建都平阳的汉国天子刘渊曾在此拔剑砍龙，涌出泉水灌溉良田，民众大受其惠，遂以建祠，后成为祭祀神灵、举办社事的重地，宋代时就已有了《龙子祠农人享神》之作。现存殿宇为近世复建，唯多通古碑碣仍在。尚任此诗，神韵曼妙，辞采灵动，充分体现了这位艺术大匠的杰出才情。

远隔红尘水树幽，	远离了尘世扰攘水与树都显得格外清幽，
宜人景物失乡愁。	宜人的景物顿使我忘却了思乡的烦忧。
含烟店柳从容发，	野店乍绿的嫩柳从容吐纳着含烟的薄雾，
破冻山泉放肆流。	刚刚破冻的山泉却已是尽情尽意奔流。

古寺春寒须问酒，	春寒犹存的古寺须请些热酒暖身，
重峦雪霁[1]好登楼。	观赏冰雪初融的群峰最好就是此刻登楼。
风雷龙子[2]何年去？	那呼风唤雨携雷挟电的龙子何年而去？
遗事闲从父老求。	神奇的往事也只能闲暇时找找老辈人寻究。

【注释】

① 霁：雪停雨止，天地放晴。

② 风雷龙子：平阳一带民间传说的龙子祠建祠来历，据云有妇人得巨卵于野，持归化育成一婴孩，后汉王刘渊筑城，却随筑随塌，劳民甚众，婴孩遂秘变为蛇伏地而行，叮嘱妇人顺其行路洒灰，所过之处城即升起，刘渊诧异便追寻而至，蛇乃化为金龙穿入地穴，刘渊迅疾拔剑砍断龙尾，忽有泉水涌出，泽润万民，故建龙子祠祭祀，也尊称为康泽王庙。

65. 爱新觉罗·玄烨：《幸西省至太原》

康熙皇帝爱新觉罗·玄烨（1654—1722），清世祖顺治第三子。当时天花传染病盛行，早夭者众。故年仅 24 岁的顺治临崩时听从著名洋教士汤若望的建议，遗诏已出过天花而可期高寿的玄烨承继，果然在位 61 年，成为我国在位时间最久的天子，文治武功也均多建树，算得上是一位有所作为的君王。

康熙在位时，为了彰显皇威、安定四方，曾一再外出“巡幸”，最著名的就是六次南巡江南，也数次北巡塞外与出山海关东巡。康熙四十二年（1703），据云是应“陕西督抚诸臣”与山西、河南巡抚的“合词陈奏”之请，夏历十月起驾西巡，二十五日抵达太原。“文武各官”与“绅衿士庶”皆“跪迎载道”，“争睹天颜”。次日下旨“尽行蠲免”山西州县未纳完的“银两米草”以示“加惠黎元”。二十七日因所谓民众“齐集行宫”前“再四恳求”留驾一天，与驻军演习“亲射二次，发矢皆中”，恩赏山西巡抚等人貂服、人参，巡抚以下官员 49 人各赏“御书”，“题赐”已故晋籍大学士卫周祚“表率班联”、陈廷敬“博文约礼”、吴琠“风度端凝”、总督于成龙“高行清粹”匾额。二十八日离太原，十一月十五日驾临西安。其间，对山西“收成颇佳”“民生略有起色”以及“俗朴尚俭”倍感欣慰，也对晋人“过于悭吝”提出劝诫，称“节俭虽为美事，太过则亦未可为善”。《幸西省至太原》正是对这一切良好印象的“圣心”抒发。

康熙在西安“驻跸”七天，多次阅兵校场，接见应召来朝的蒙古诸王、贝勒，为达赖喇嘛之弟封爵，为敕建藏传佛教广仁寺亲撰碑文，遣官致祭历代诸皇陵，竭尽全力笼络各方，抚慰官民，稳固西北地区的民族关系，也不乏树威势、立威仪的用意。十一月二十二日回銮，途经河南返回京师。

黎元瞻翠盖①，	黎民纷纷瞻仰着西巡的銮驾，
三晋力桑麻②。	三晋百姓最勤于耕田绩麻。
纳稼如丰稔，	官粮的缴纳总是一如丰年，
祈年忆静嘉③。	祈祷祭祀常感念国政的康嘉。

边无戍卒苦，	边境上已再无守兵的苦难，
巷有读书家。	深巷中却多了读书的人家。
此幸非游玩④，	朕此次幸临绝非游玩，
隆冬见玉花⑤。	隆冬里普降的都是碎玉般的雪花。

【注释】

① 翠盖：天子仪仗中以翠羽为饰的华美车盖，代指帝王御驾也借称帝王。

② 桑麻：本义为桑树与麻，种桑养蚕取丝、植麻取纤均为古人重要的生计，传统诗文中常以此借指农作物、农事活动乃至年成好坏。

③ 静嘉：《诗经·小雅·既醉》有“其告维何，笾豆静嘉”语，笾豆为古代食器，也是祭祀时常用的礼器，朱熹解释“静嘉，清洁而美也”，也用以赞颂社会清明。

④ 此幸非游玩：康熙西巡前曾颁“特谕”，称此行是借“冬令农隙之际”外出“观览民风，询察吏治，简阅禁旅，整饬军营”，沿途须一切“轻装约从”，不许勒索地方“生事扰民”，并令“遍示”所过“府州县城市村庄”皆知“朕怀”；实际却是，一路上都有许多百姓“设香案，献果食”，“执香跪迎者”常常“填塞衢巷”，“遍满山麓”，“无不欢呼爱戴”，“感祝万寿齐天”，暗中有多少官员的刻意安排与无谓耗费，显然是不言而喻的。

⑤ 玉花：雪花、玉雕的花，也比喻光芒闪烁。

66. 王绶：《太原观猎》

王绶，清代官员，生卒年不详，字诚亭，甘肃兰州人。出身诗书之家，祖父王同春曾为贵州遵义知府，且精于书法，有《心远堂法帖》等传世。王绶未中进士，以举人资格入仕，清圣祖康熙三十九年（1700）授平遥知县。到任后几次率先捐银达数百两，整修枢纽桥梁，“环城植柳”美化环境，起建县学书院，倡议“立义学十区”于各乡。尤其是，亲自“慨然操笔，日夜编次”，劳苦“凡七阅月”，于康熙四十五年（1706）纂定的《平遥县志》，成为现存体例最完整、保留史料最详尽的最早版本。该县志收有王绶所赋“平遥八景”，其中的《市楼金井》已成为赞美热点旅游景观平遥市楼的唯一的古人诗作，两句腹联“五行气正民生遂，百尺楼高物象雄”，也已作为市楼的楹联永悬两厢。所以，被誉为“高才”“鸿学”的王绶，显然是一位勤政爱民的好官。继升辽州知州，治所在今山西左权。

关于“观猎”诗作，古人所赋不少。李白有“箭逐云鸿落，鹰随月兔飞”，王维有“草枯鹰眼疾，雪尽马蹄轻”，王昌龄有“角鹰初下秋草稀，铁骢抛鞚去如飞”，韦庄有“鹘翻锦翅云中落，犬带金铃草上飞”，苏轼有“左牵黄，右擎苍，锦帽貂裘，千骑卷平冈”。而王绶的《太原观猎》，场面威武，气势雄奇，有声有色，活灵活现，栩栩如生的形象叠加仿佛连续镜头，较之名家毫不逊色，也为清朝时期某日的太原郊野，用文字描绘了一幅惊心动魄的壮美画卷。

云屯[①]千骑晋阳东，	成千的骑士云集在晋阳城东，
围合川原鼓角雄。	围定了一派郊原雄壮的鼓角齐鸣。
金距黄眸[②]翻落日，	争相扑击的猎鹰搅乱了落日斜晖，
青曹白望[③]逐长风。	奋力追逐的猛犬胜似卷地的长风。
窟深狡兔遗三矢[④]，	深窟的狡兔惊得屁滚尿流，
人立封狐[⑤]跨五骢[⑥]。	直立如人的大狐疯狂地跃过群马逃奔。

向夕归途铙曲[7]发，	夜晚的凯旋途中军乐响起，
书生羸马障飞蓬[8]。	我书生的弱马却磕绊了健儿的驰骋。

【注释】

① 云屯：云聚，比喻众多、密集。

② 金距黄眸：金距、黄眸本义是形容鹰爪、鹰眼，古代也指猎鹰名。

③ 青曹白望：青曹、白望皆为古代猎狗名。

④ 遗三矢：三矢，本义仅为三支箭，但遗矢也作拉屎解；遗三矢，形容被围猎的动物吓得屎尿不断之状。

⑤ 人立封狐：如人一样直立的大狐狸。

⑥ 骢：本义为青白杂色的马，也泛指马。

⑦ 铙曲：铙，读作 náo；铙曲，古代用以鼓舞士气的军乐，又称铙歌，也代指凯歌或泛指军歌。

⑧ 飞蓬：此处比喻飞驰的队伍。

67. 严遂成：《三垂冈》

严遂成（1694—?），清代诗人，字崧瞻，浙江乌程即今湖州人。清世宗雍正二年（1724）进士，曾任山西临县知县，后也当过州官。遂成之诗，以咏史诗为最佳，本人也自负“咏古第一”。这首大气磅礴却又哀情如缕的《三垂冈》，就是其最为出色且是知名度最高的咏古诗。

唐末军阀混战，占据太原一带的晋王李克用，击败敌手孟方立后回军到达上党即今山西长治，“置酒三垂冈”庆贺，五岁的儿子李存勖陪伴在侧。席间，伶人奏《百年歌》，唱至人衰老之际“声甚悲”，举座“凄怆”。克用“慨然捋须”指存勖笑曰，“吾行老矣，此奇儿也，后二十年其能代我战于此乎”？

存勖才具不俗，多年随父征战磨炼得胆识过人。五代后梁开平二年（908）克用故世，存勖23岁继位晋王。克用临终曾以三支箭赐之，嘱其“无忘乃父之志”，解潞州之围，灭梁报仇，打击背盟者北方契丹与盘踞幽州的燕王。此时潞州已被后梁大军包围一年多，存勖断然提出“梁人”幸灾“我大丧”，谓“我少而新立无能为也”，值其麻痹最易“乘其怠击之”。于是率兵戴孝出发，疾驰六日抵达三垂冈，感叹道“此先王置酒处也”。不日恰逢大雾，存勖借此掩护发起突袭，杀伤无数大获全胜。此后每用兵必将三支箭“盛以锦囊”背负“前驱”，班师后奉祭祖庙。最终灭掉后梁，在其同光元年（923）称帝，定都洛阳，自谓恢复了唐朝，史称后唐。

1964年12月，毛泽东阅读《五代史》时忽有所悟，29日遂函告秘书田家英，“近读五代史后唐庄宗传三垂冈战役，记起了年轻时曾读过一首咏史诗，忘了是何代何人所作，请你一查告我为盼”。家英迅即找到《三垂冈》送上，毛泽东随之手书一幅。其手书，如今已镌成诗碑立在了当年的战场旧地。

英雄立马起沙陀[①]，	横刀立马的英雄起自沙陀，
奈此朱梁[②]跋扈何？	飞扬跋扈的朱梁可奈我何？
只手难扶唐社稷，	只手虽难扶衰朽的李唐王朝，
连城且拥晋山河。	却依旧拥据着连城的三晋山河。

风云帐下奇儿在，	风云帐下大业可承的奇儿已在，
鼓角灯前老泪多。	鼓角灯前悲喜交集的老泪犹多。
萧瑟三垂冈畔路，	纵目三垂冈边萧瑟的小路，
至今人唱百年歌[3]。	至今仍有人唱着岁月如梦的歌。

【注释】

① 沙陀：我国历史上西域地区的少数民族，为西突厥别部，因属地有大沙丘，故被汉族史家称为沙陀突厥，后归顺唐朝逐渐东移，其首领朱邪赤心因军功获赐李姓，名国昌，故世后其子继承，就是李克用。

② 朱梁：指朱温及其所建梁朝；朱温原系唐末黄巢部将，后叛黄巢降唐，又在剿灭黄巢以及藩镇混战中势力渐渐壮大，最终把持了朝政，受封梁王，后篡唐自立为帝，改元开平，国号大梁，我国历史由此进入五代十国时期。

③ 百年歌：西晋文学家陆机仿照乐府诗所作，共 10 段，每段 10 年，逐段描叙人从出生走向百年的生命情景，70 岁后转入悲凉，最后一段则以“盈数已登肌肉单，四支百节还相患；目若浊镜口垂涎，呼吸嚬蹙反侧难，茵褥滋味不复安”，写尽了人之将逝之际的衰迈凄怆，古代曾多被配乐传唱。

68. 杨二酉：《难老泉声》

杨二酉（1705—1780），清代官员，字学山，山西太原人，故里在今晋源区。清世宗雍正十一年（1733）举进士入仕，清高宗乾隆四年（1739）奉旨巡视台湾兼理学政。在任多有奉献，尤其尽心教育，当地感其“善政叠布”“民皆向学”，遂立《学宪杨公兴行海东书院碑记》纪念，至今犹存。越两年调返京师，后因遭受牵连被处分，保留“原品”罢官。正由于此，却使之为山西名胜晋祠的维护与宣扬做出了功垂千秋的贡献。

二酉故里就在晋祠附近，曾被认为是西周初年周成王“桐叶封弟”时其弟叔虞受封的“唐地”，南北朝就建起祠宇。后李渊从这里起兵夺得天下，故以“唐”为国号。唐太宗又于贞观二十年（646）正月亲撰亲书《晋祠之铭并序》刻石立碑。到清代，许多字迹已“殆不可辨”，“颇失其质”。二酉竭力呼吁，争得有司照准，乃据旧拓本“摹钩”模仿再制一碑，新旧两碑并列，定名“贞观宝翰”，使太宗唯一的刻石真迹越发引人关注，终于屡次躲过浩劫并保存至今。此外，二酉还参与过晋祠不少古建筑的修复，撰写过多篇碑记与多幅匾额。

乾隆四十二年（1777），二酉又将晋祠风光归纳为内外八景。“内八景”为望川晴晓、仙阁梯云、石洞茶烟、莲池映月、古柏齐年、胜瀛四照、难老泉声、双桥挂雪，“外八景”为悬瓮晴岚、文峰鼎峙、宝塔披霞、谷口双堤、山城烟堞、四水清畴、大寺荷风、桃源春雨，并作“晋祠全景诗”16 首以记，被书于文昌阁广为流传，为提升晋祠的文化声誉发挥了巨大影响，《难老泉声》就是其中之一。难老取自《诗经·鲁颂·泮水》中的“永锡难老”，借以称颂晋祠名泉得天之厚赐，长流不息，惠民无限。

谁将玉斧开？	是谁人用神斧将此处劈破？
寒泉出岩窦。	清澈的寒泉涌出了岩头的裂口。
不谓井中洌，	且莫道井中水是何等甘洌，
且笑瓮底漏[1]。	更讨笑像一个高悬的瓮底泄漏。

潺蓝[2]作远波，	潺潺移动的波痕漂向远方，
湍激知下就。	湍急的浪花却直接冲下山丘。
源源去又来，	千百年源源不断流去流来，
滚滚夜复昼。	日日夜夜喷喷吐吐就从未停休。

【注释】

① 瓮底漏：晋祠建于太原西南晋水源头的山脚，其山势则仿佛一座大瓮高悬，山头的泉水就像从瓮底漏下，一年四季长流不绝，故名悬瓮山。

② 潺蓝：蓝，读作 xù；潺蓝，义同潺湲，水流动的样子或声音。

69. 爱新觉罗·弘历：《登黛螺顶作》

乾隆皇帝爱新觉罗·弘历（1711—1799），清世宗雍正第四子，在位60年后自称不敢超越皇祖康熙的“纪元六十一载之数”，遂“逊位”于太子即嘉庆皇帝，又当了三年太上皇，成为我国君王中掌权最久也是享寿最高的一位。

乾隆精通汉学，尤喜为诗，自谓“几务之暇无他可娱，往往作诗”，数量高达40000多首，稳居古今之冠。乾隆一生曾六次朝拜五台山，留诗400多首也是无人可及。其中，乾隆五十一年（1786）夏历三月的第五次朝拜最为隆重。此前不久，西藏“呈进丹书”尊崇乾隆为“曼殊师利大皇帝”，即五台山所奉文殊菩萨化身人间的转轮圣王。故乾隆上山后当即“瞻礼文殊宝相”，活佛章嘉国师“率众喇嘛诵经迎驾”，又“适值瑞雪霏雯”，“扈从及僧俗人众”纷纷吹捧，均谓“天花飞舞”是“文殊示喜也”，因而“龙颜”大悦。

次日，乾隆“瞻礼”黛螺顶。黛螺顶是五台山东台延伸下来的一座“状若旋螺，圆净可爱”的小山峰，兼有同名古寺。主事大喇嘛为使古稀天子一举拜遍，已将“五台”各峰所奉的孺童文殊、聪明文殊、无垢文殊、智慧文殊、狮子吼文殊统统塑像于此。佛学知识丰富的乾隆可能觉得非常搞笑，遂以调侃的语气记之“夫菩萨言一亦可，言百千万亿亦可，岂拘五台五像”呢？进而怀着“随喜”的心境，写成了这首带有明显揶揄色彩的《登黛螺顶作》，成为其诸多五台山诗中足够优美的一篇佳作，“御笔”诗碑至今仍在。由此，还给后世留下了一个变通的说辞，即将登遍“五台”各峰跪拜称作“大朝台”，将只到黛螺顶给这几个菩萨磕磕头称作“小朝台”，替那些无力或者懒惰者开启了一个满足虔诚心愿的抚慰性途径。

峦回谷抱自重重，	从峦回旋沟壑簇拥好一路万山重重，
螺顶左邻据别峰。	黛螺顶的周边雄峙着别样的青峰。
云栈屈盘历霄汉，	悬绕云间的栈道如从天边穿过，
花宫[①]独涌现芙蓉。	佛宫里清湛的荷池托起了出水芙蓉。

窗间东海初升日，	破晓的窗口掩映着东海的旭日，
阶下千年不老松。	台阶前兀立着千年不老的苍松。
供养五台曼殊像，	虽然将“五台”的文殊合殿奉祀，
阇黎[②]疑未识真宗[③]。	却怀疑这些高僧并未有识透真经。

【注释】

① 花宫：佛寺，也喻仙界。

② 阇黎：阇，读作 shé；阇黎，古印度梵语 acarya 即阿阇黎之略称，指高僧也泛指僧人。

③ 真宗：佛门的真正宗旨、根本精义。

70. 祁寯藻：《小五台精舍夜坐次田季高嵩年韵》

祁寯藻（1793—1866），清代大臣，字叔颖，山西寿阳人。其父祁韵士，清高宗乾隆四十三年（1778）进士，官至户部郎中，后因失职发配新疆三年。其时寯藻12岁，却更加励志苦读，清仁宗嘉庆十九年（1814）高中二甲进士第三名。后其弟祁宿藻、其子祁世长皆中进士，四人又均入选翰林院，再加上也是进士的寯藻伯祖父祁文瀚，故获得“一门五进士，三代四翰林”之美誉。

寯藻一生仕途顺利，清文宗咸丰元年（1851）晋为一品体仁阁大学士、内阁首席军机大臣。是年，洪秀全起事广西，曾国藩为此上疏直言朝廷之过，咸丰大怒，经寯藻苦劝才使国藩免受处置。四年后，曾氏编练的“湘勇”攻克太平天国占据的武昌，咸丰为此“奇功”欣喜不已。寯藻却进言，“国藩以侍郎在籍”为母守丧，一如“匹夫”平民，却能“闾里一呼”，“从之者万余人，恐非国家福也”。史家常以此称寯藻“贬抑”国藩，但从提防地方势力坐大考虑显然是秉公高见。咸丰驾崩后，慈禧太后发动政变，剪灭对手夺得权力。清穆宗同治元年（1862），已近古稀、辞官数年的寯藻又被召回，成为幼年天子的帝师，故世后谥号“文端”。

《小五台精舍夜坐次田季高嵩年韵》作于嘉庆十五年（1810）。田季高嵩年，山西盂县人，名嵩年字季高，也是杰出进士，官至主政京城的顺天府尹。小五台是太原古城内东南侧一方高地，建有寺院，故得其名，后增建园林与魁星阁等，成为游憩胜景，今已无存。寯藻十六七岁时就读晋阳书院，寓居此处僧舍，与嵩年结为同窗好友，此诗就是对嵩年的唱和之作。可以看出，当时的太原山清水秀，浓荫茂密，明丽天然的风光真仿佛一幅令人陶醉的水墨画卷。

冷雨疏香地自偏，	雨珠儿冷香味儿淡更显得偏静超然，
云峰[①]缥渺落窗前。	云影朦胧的远峰却好像飞落窗前。
湖山影里城如水，	湖山衬映的城郭青碧如水，
槐柳荫中路似烟。	槐荫柳浪下的小路犹似浮动着轻烟。

一院钟声闻上界②，	满院悠扬的佛钟飘向九霄仙阁，
半帘月色倚凉天。	半笼窗帘的月色紧贴在舒爽的凉天。
与君更约消残暑，	愿与君再约个消夏避暑的时日，
井冽茶清试手煎。	试舀瓢甘冽的井水将清茶联手来煎。

【注释】

① 云峰：太原城外两厢有东山与西山，此处所指或系东山。

② 上界：天上的神仙居处。

71. 徐继畬：《正月立春雪后适平遥馆》

徐继畬（1795—1873），清代大臣，字健男，山西五台人。少时在京曾拜续写《红楼梦》的名家高鹗为师，清宣宗道光六年（1826）举进士。鸦片战争爆发后英军北进，厦门失陷，漳州告急，继畬正在此任职道台，迅即扼险封港“镇定”布防，“民赖以安”。两年后升福建布政使主管通商，再升福建巡抚。

可是，鸦片战争惨败也使继畬“泣下沾衣”，开始认真研究海外世界，广泛“荟萃采择”洋书、请教洋人，经五年撰就“依图立说”内容广博的《瀛环志略》，成为客观介绍欧美列国、具有近代启蒙意义的珍贵著述。其中讲述脱英独立的美国时称，“华盛顿异人也，起事勇于胜、广，割据雄于曹、刘；既已提三尺剑开疆万里，乃不僭位号、不传子孙，而创为推举之法”，“公器付之公论，创古今未有之局”，成为对西方政治制度的最早中文表达。后来，这段文字又被浙江宁波人士镌石赠送美国，至今仍镶嵌在华盛顿纪念塔。

然而，《瀛环志略》却遭到保守官僚的猛烈攻击，诬其“轻信夷书，夸张外夷”，又被“追论”他事，彻底免官还乡。此后继畬受聘平遥超山书院主持讲席数年，还协助钱庄票号制定规程、改进管理，在当地贡献不俗。《正月立春雪后适平遥馆》抒发的，就是其为报知遇、不顾年高离家赶赴平遥的感慨。

清穆宗同治四年（1865）“洋务运动”兴起，罢职13年的继畬才被召回京，继出任教习外语的同文馆事务大臣。但其到职后竭力扩大规模，增设算学、天文、化学、机械与公法等课程，并亲为教科书《格物入门》作序，故被誉为我国近代第一任综合大学校长。《瀛环志略》也被重印，有识之士“奉为指南”。康有为、梁启超均称正是“始见”此书才知道了世界，从而极大地推进了清末维新思潮的传播。

河冰未泮[①]便征轮，	河冰未散便催动出发的车轮，
幞被[②]登途及早春。	满载着行囊去追赶前路的初春。
残雪在山晴露脊，	晴日里残雪包裹的山峦微露峰脊，
峭风吹野湿无尘。	刚刚融湿的田野冷风吹过悄无纤尘。

生平行路轻千里，
老去驱车怯浃旬③。
犹有残书盈数箧④，
为酬载酒问奇⑤人。

此生中北去南来从不惧征途千里，
到老年竟胆怯这连轴颠簸的一旬。
喜的是毕竟还装有破书几箱，
皆只为酬报勤学上进的平遥士人。

【注释】

① 泮：读作 pàn，融解、消散。

② 幞被：幞，读作 fú，古代男子所佩的头巾，也代指包裹物体的布单；幞被，指被褥、行李卷。

③ 浃旬：浃，读作 jiā，周匝、绕了一轮；浃旬，转过 10 天。

④ 箧：读作 qiè，古代称藏物之器，大的谓之箱，较小的谓之箧。

⑤ 载酒问奇：向饱学之士奉送所好而登门求教，也用以赞美勤学好问；西汉辞赋名家扬雄，学问深厚“博览无所不见”，但“家素贫”却甚喜饮酒，因此总有“好事者载酒肴”送上，而从其“游学”请教。

72. 杨深秀：《蕊罗春色》

杨深秀（1849—1898），清代官员、晚清维新人士，山西闻喜人。清穆宗同治九年（1870）省试第三，但赴京会试多次落第，直到清德宗光绪十五年（1889）才考中进士，任职刑部，后转任专事“台谏”的“言官”。

深秀“性耿直”，敢于“面折人过”。尤其认为“时势危迫”，“不革旧无以图新，不变法无以图存”，故与康有为“志趋略同”结为道友。光绪二十四年（1898）“戊戌变法”启动后，深秀连续上疏“请定国是”，提出一系列维新举措，有些就是康有为代拟。变法失败后，“举朝惴惴”皆恐“大诛”将至，唯独深秀坚决“抗疏”，毅然诘问皇上被废因由，力请“太后归政”光绪。其子苦劝则被其“厉声叱之”，终于招致缉捕，四天后与谭嗣同等一道被杀，史称“戊戌六君子”。其刑前所留“狱中诗”，有“缧绁到今终不怨，未知谁复请长缨”语，自谓坐牢无悔，只憾后继乏人，与谭嗣同的“我自横刀向天笑，去留肝胆两昆仑”不相上下，均堪称慷慨悲凉、大义凛然的壮烈篇章。

《蕊罗春色》作于光绪六年（1880）。这一年山西巡抚曾国荃调离，由卫静澜短期接替，次年张之洞到任。当时，尚未考中进士的深秀正受聘太原崇修书院主持教席，同时讲学晋阳书院。据其《雪虚声堂诗钞》中记，“卫静澜中丞课试晋阳书院，有晋中景物四题拟示诸生，各二首”。实际就是，卫静澜亲临晋阳书院主持考试，拟定四个题目，深秀为弟子写出了八首示范诗作，包括《蕊罗春色》二首在内，此即其中之一。而在另一首中有“蕊罗孤秀崛㟧东”之语，说明“蕊罗”位于太原的风景名胜崛㟧山之东。如今，崛㟧山仍在，诗中描写的美景与热闹的民俗却已消逝远去。

蜂攒嫩蕊砑[①]轻罗，	野蜂密集的粉嫩花蕊扑向人鲜亮的丝罗，
大好岚光浸黛螺[②]。	青青的山冈仿佛浸透着云金雾紫的光泽。
万灶烟清寒食节，	万家禁火的寒食时节不见些微炊烟，
千村鼓间太平歌。	只听得千村锣鼓伴和着太平的乡歌。

听鹂花底红飞榼[3]，	坐花丛听黄鹂啼啭酒杯中浅红飘飞，
叱犊秧边绿上蓑[4]。	秧田边吆喝牛犊的农夫连蓑衣都绿意婆娑。
卜筑[5]秀容[6]良不远，	卜居于“秀容”距此地实在不远，
系舟山[7]下素心[8]多。	系舟山下风骨纯正的志士仁人从来多多。

【注释】

① 砑：读作 yà，一种用卵石或弧形石块碾压与摩擦布帛、皮革等而使之密实且光亮的土法加工技艺，如此加工的丝织品谓之砑罗。

② 黛螺：古人常用以借指女子的美眉，也比喻翠绿的山峰。

③ 榼：读作 kē，古代盛酒或贮水的器具。

④ 蓑：读作 suō，指蓑衣，即用草或棕毛之类编制的防雨披具，也有头戴的蓑笠。

⑤ 卜筑：择地建宅、移来居住。

⑥ 秀容：汉代为阳曲县地，属太原郡，隋代时在此设忻州，又将“县西北五十里秀容故城”置为忻州管辖的秀容县，故此处所言秀容应指今太原阳曲县及其北面忻州的部分临近地区。

⑦ 系舟山：位于阳曲县城东北处，为汾河与滹沱河的分水岭，相传大禹治水勘察地形时曾将所乘小舟系于此山，故而得名。

⑧ 素心：心地朴实，也借指这样的人。

第二篇章

词之颂

1. 温庭筠：《河渎神 · 河上望丛祠》

温庭筠（？—866），唐代诗人、“花间派”词家，字飞卿，初唐宰相温彦博后人，太原府祁即今山西祁县人，久居长安附近鄠县即今陕西户县。庭筠“敏悟”超常，情思“绮丽”，能“走笔成万言”，“尤工律赋”更善“鼓琴吹笛”，自称“有弦即弹，有孔即吹”。当时科考须押官定标准韵脚，八韵一篇。庭筠每逢临场从不苦思，筒手“笼袖”两掌五指一叉，瞬间一韵乃成，“八叉手成八韵”，得雅号“温八叉”。

但是，据云庭筠相貌奇丑，人谓“温钟馗”。而且交游“尘杂”，常与一些浮浪子弟“蒲饮狎昵”，沉醉酒色。因其种种“薄行”屡遭摈斥，直至晚年方得到一个国子助教的头衔。聊可叙者，那位留下名句“易求无价宝，难得有心郎”的超级才女道士鱼玄机，少时与已届“不惑”的庭筠结识，从此相互诗词酬唱，直至玄机打死婢女坐罪被杀，二人亦师亦友相知十四五年，为后世演绎者增添了不少驰骋想象的浪漫空间。而凭借非凡的艺术禀赋，庭筠也终于成为唐诗转型宋词的滥觞性人物。五代时人赵崇祚编辑我国第一部词集《花间集》，选录词作500篇，此君位列首卷。清奇纤巧的珠玑妙句“小山重叠金明灭，鬓云欲度香腮雪”“过尽千帆皆不是，斜晖脉脉水悠悠”“柳丝长，春雨细，花外漏声迢递”以及“鸡声茅店月，人迹板桥霜”等均是其人杰作，被公认为“花间派”词家的鼻祖。

然而，在庭筠的诸多词作中，确证写成于故乡的寥寥无几。只有这篇《河渎神 · 河上望丛祠》，因“河上”在古代特指黄河边上，故称得上是庭筠提及山西的仅见之作。

《河渎神》原为唐代宫廷音乐机构教坊的乐曲，多为咏颂祠庙，最初可能有敬神之用，后来演变为词牌，现存的第一首填词就是庭筠这篇。此词以望祠起兴，以生长繁茂的花草收结反衬，着重叙写了一位情人远隔的独居女子仿佛泣血般的伤春愁绪，语势哀婉，意境凄切，也是充分体现庭筠香艳绮丽词风的精美篇章。

河[1]上望丛祠[2]，	黄河上望得见丛林的野祠，
庙前春雨来时。	祠庙前恰正是春雨来时。
楚山[3]无限鸟飞迟，	远山远远就变作鸟儿飞去也迟，
兰棹[4]空伤别离。	仅只可独拥画船空伤别离。
何处杜鹃[5]啼不歇，	何处的杜鹃一声声悲泣不歇，
艳红开尽如血。	遍洒着艳红的花斑开绽如血。
蝉鬓[6]美人愁绝，	鬓发恍如蝉翼的美女惆怅已绝，
百花芳草佳节。	最在这百花生情芳草撩人的大好时节。

【注释】

① 河：古代是黄河的专称。

② 丛祠：乡野林丛间的祠宇，一说是形容庙多。

③ 楚山：湖北的荆山、陕西的商山古代均有楚山之称，此处或泛指楚地之山，应是一种彼此相隔遥远的形容。

④ 兰棹：棹，读作 zhào，划船的长桨，也泛指船桨；兰棹，代指兰舟，香兰木所制的舟船，古诗文中多用以雅称舟船之精美。

⑤ 杜鹃：指杜鹃鸟，俗称布谷鸟；因其叫声似有报春催农的意味，口腔上皮与舌部又颇显殷红，故古人有杜鹃啼血之说；相传商周时期蜀国的开国君王名杜宇，号望帝，死后化作杜鹃，日夜悲鸣，竟致啼血，血落地后即化为杜鹃花，就是俗称之映山红；但望帝的死因与悲鸣啼血的缘由以及情节过程，则有多种不同内容的故事表述。

⑥ 蝉鬓：古代妇女一种梳理得仿佛蝉翼的发式，也形容女性之美或代称美女。

2. 司空图：《酒泉子·买得杏花》

司空图（837—908），唐代诗人、诗论家，字表圣，河中府虞乡即今山西永济人，故里位于中条山麓风景秀丽的王官谷。唐懿宗咸通十年（869）举进士，得到主考官礼部侍郎王凝的特别“奖待”。不久王凝“坐法”被贬商州，司空图感其知己，主动前往“从之”，后朝廷命其回京任职，仍不忍背离而去，因此受到弹劾。但也赢得重臣卢携的欣赏，以“高士”誉之。唐僖宗广明元年（880）卢携官拜宰相，乃召司空图为礼部员外郎，继升司级官员礼部郎中。

这一年冬，黄巢反军攻破长安。司空图弟弟的仆人段章投降后登门劝其加入，称自己的新主人张将军“喜下士”，请“往见之”，不要“虚死沟中”，恳求再三以致泪下，司空图依然拒绝。后僖宗出奔四川，司空图“从之不及”只得退返家乡，《酒泉子·买得杏花》即次年开春时节所作。

《酒泉子》原是唐代宫廷音乐机构教坊的乐曲，因讴赞酒泉郡之水美“若酒”而得名，后演变为词牌。司空图这篇属于该词牌早期的名作，也是其收入《全唐诗》的唯一传世词作。久别故园，黯然而归，杏花似有灵气，仿佛等待亲人回来方才开放，却越发触动了自己世事虚无、变幻倏忽的感伤，所以在把酒祈求春光留住的祝愿中，隐含着的却是一种宛如苦中作乐的惆怅。

僖宗光启元年（885）黄巢失败，天子重归长安，司空图还朝出任草拟诏书的中书舍人。未及数月，就又因当权宦官与节度使的矛盾引发混战，僖宗再度出奔，节度使军马进入长安，“乱兵”的劫掠使“宫阙萧条”遍地“茂草”，民众死亡无算。司空图也彻底心灰意冷，看破红尘，遂断然抛别官场返乡隐居。其后朝廷屡召不出，自号“知非子”，将毁弃的家亭修复，更名“休休亭”。并题诗亭上，“休休休！莫莫莫！伎俩虽多性灵恶，赖是长教闲处着。休休休！莫莫莫！一局棋，一炉药，天意时情可料度？白日偏催快活人，黄金难买堪骑鹤”。唐哀帝天祐三年（907），朱温篡唐建立梁朝，未久哀帝被弑身亡。司空图闻之悲伤“不食”，数日逝世。

买得杏花，
十载归来方始坼[1]。
假山西畔药阑[2]东，
满枝红。

旋[3]开旋落旋成空，
白发多情人更惜。
黄昏把酒祝[4]东风，
且从容。

谁曾想买得几树杏花，
十年后恰在我归来时绽放。
假山的西边小园之东，
枝枝缀满了浅浅的红。

但不幸忽开忽落忽而已是空空，
白发多情的人儿更生怜悯。
黄昏里我只有举酒拜告东风，
请稍留几许宽缓从容。

【注释】

① 坼：读作 chè，本义为裂、裂开，此处指开花、花苞的开绽。

② 药阑：药，原词繁体为“藥”，有药物之义，但也同“籞”，读作 yǔ，指园林的篱笆、栏杆之类；所以，药阑实义为“籞阑”，古文中指禁苑，此处应是借指有着围栏的小园。

③ 旋：随即，也指同时进行、短暂迅疾。

④ 祝：此处指祷祝，向神灵祈福。

3. 李存勖：《阳台梦·薄罗衫子金泥缝》

李存勖（885—926），五代后唐庄宗，先祖为归顺唐朝的沙陀族人，赐姓李。其父李克用因镇压黄巢等功晋封晋王坐镇太原，存勖即出生于此。后梁开平元年（907）朱温篡唐自立，次年克用故世，临终赐存勖三支箭，称朱梁“吾仇”，北方的契丹、盘踞幽州的燕王均“背晋以归梁”，“与尔三矢”，“此三者吾遗恨也”，嘱其“无忘乃父之志”。

当时，朱梁大将符道昭已经包围潞州即今山西长治南郊一年多，年轻的存勖刚继位晋王即断然提出，“梁人”幸灾“我大丧”，以“我少而新立无能为也”，最易“乘其怠击之”。于是率兵疾驰六日抵达战地隐蔽，不日恰逢大雾，借此发起突袭，道昭被杀，梁兵溃散，“失亡”者“以万计”。此后存勖供箭太庙，每用兵必隆重请出“盛以锦囊”背负“前驱”，凯旋后祭告奉回。经10多年征伐，终于俘燕王，败契丹，灭掉后梁统一北方。在其同光元年（923）登基称帝，定都洛阳。自谓承嗣唐朝，为唐高祖、太宗立庙奉祀太原，史称后唐。

存勖足智多谋，勇武善战，但也精通汉学，工诗文晓音律，尤喜“歌舞俳优之戏”，蓄养大批伶人戏子演唱作乐，还常亲扮丑角粉墨登场，自封艺名“李天下”。其诗词传世不足10篇，却篇篇清奇婉约，堪称精品。有说法称，符道昭被杀后存勖俘获其妻侯氏，颇为迷恋，出征时常带身边，“宠专”数年。这篇《阳台梦·薄罗衫子金泥缝》，据传即存勖自己度曲、自己填词而专为描写侯氏所制。实际上，此词表现的似乎更像是一段演出，戏装的雅致，亮相时的婀娜，似在等待幽会的娇羞忸怩以至情色期冀，均被形容得活灵活现、妙趣横生，故被后人奉为范词，《阳台梦》也被定格为词牌。

存勖称帝不到四年，就因痴迷“俳优”导致朝纲混乱，引发兵变，于皇宫遭致袭击中箭身亡。因此，北宋欧阳修在《新五代史》中，既赞扬其当年“意气之盛，可谓壮哉”，又哀叹“及其衰也，数十伶人困之，而身死国灭为天下笑”，同时借机讲述了一番“忧劳可以兴国，逸豫可以亡身”“祸患常积于忽微”的“盛衰之理”。

薄罗衫子金泥缝[1]，	薄薄的罗衫点缀着彩绣如金，
困纤腰怯铢衣[2]重。	紧锁的细腰似不胜那纱衣的沉重。
笑迎移步小兰丛，	巧笑迎人移步在兰花队里，
亸[3]金翘玉凤[4]。	垂几绺微微摇荡的金翘玉凤。
娇多情脉脉，	含情脉脉的媚女多娇，
羞把同心[5]拈弄。	羞着脸儿把个同心结轻轻抚弄。
楚天云雨[6]却相和，	楚天云雨真像是又得相欢，
又入阳台[7]梦。	将再次溶入那缠绵的春梦。

【注释】

① 金泥缝：有版本为“金泥凤”，或指缝缀于衣服上的黏结金屑的彩色装饰，但结合上下文看似也有束紧的意思。

② 铢衣：铢，古代数额很小的计量名称，通常一两24铢，16两一斤；铢衣，指极轻的衣衫，有所谓天上的仙人仅“衣六铢”“尤细者五铢”的说法。

③ 亸：读作 duǒ，下垂。

④ 金翘玉凤：金翘与玉凤，即金制、玉制的女性挂饰。

⑤ 同心：即同心结，是常用以表示爱情与婚姻的吉祥物。

⑥ 楚天云雨：楚天，楚国之天；云雨，男女欢合的隐喻说法；据先秦文学家宋玉的《高唐赋》所记，宋玉曾与楚国襄王游于云梦台，远望高唐观，见云气须臾变化无穷，襄王倍感惊异，宋玉就为之讲了一段故事，说“昔者先王”游高唐时白日困倦入睡，梦一女子前来，自称是“巫山之女”即传说中未嫁而死、葬于巫山的炎帝之女，“闻君”来游，愿意献身“枕席”，“先王”即与之缠绵了一番，事后女子留下了自己“旦为朝云，暮为行雨；朝朝暮暮，阳台之下”的名言而去，云雨遂被后世借指为男女欢合的隐喻。

⑦ 阳台：巫山之阳的高处台地。

4. 孙光宪：《河渎神·汾水碧依依》

孙光宪（约 895—968），五代十国时期诗人、学者、“花间派”词家，字孟文，前蜀国陵州贵平即今四川仁寿人。其家“世业农亩”代代耕田为生，但“惟光宪少好学”，未成年即负笈成都等地，求师问学 10 多年，诗词名声也渐显露。继又翻越蜀道，游历北方，接触诸多阶层，社会识见因而大增，归国后曾为小官。前蜀国乾德七年（925），北方后唐庄宗李存勖派兵攻来，蜀主投降国亡。光宪随即奔赴江陵即今湖北荆州，避居到新建不久的小国南平，得到赏识，国主“见而重之，署为从事”，从此仕宦该国近 40 年，官至节度副使、御史中丞，获“赐金紫”即授其黄金官印、紫色绶带。北宋太祖建隆四年（963）宋军南下，光宪知不可阻挡，为免生灵涂炭，乃力劝南平国主“封府库”，献出“三州之地”以降。太祖“闻之甚悦”，授官刺史，并“加等”赏赐，后光宪又被荐为学士，但未及入京即因病故世。

光宪毕生“性嗜经籍”，刻苦著述，搜罗“聚书数千卷”，且常常“孜孜雠校”，亲自核实抄写到“老而不废”。惜其所作大多失传，存世《北梦琐言》20 卷，记载了晚唐与五代十国时期大量的社会情事、文化逸闻等，已成为研究当时历史的宝贵文献。我国首部词集《花间集》收其词作 60 篇，系仅次于温庭筠 66 篇的第二大家。

《河渎神·汾水碧依依》应该是光宪青年时期游历北方之作。《河渎神》原为唐代宫廷音乐机构教坊的乐曲，最初多咏颂祠庙，后演变为词牌。汾水发源于山西宁武县管涔山麓，是纵贯山西汇入黄河的一大支流。光宪此作，描写的是一座神灵已去、虽古画犹在却阴冷空寂的寥落祠庙，具体所指不详，所供奉者应系女神。而汉武帝时，曾于元鼎四年（前 113）“东幸汾阴”，并于“十一月甲子立‘后土祠’于汾阴脽上”，就是亲临今山西万荣县汾水汇入黄河处的东南畔高地，主持起建土地庙，祭祀与“皇天”对举的“后土”之神。故不能排除，此作所指就是这座被民间俗称“后土娘娘”庙的后土祠。

汾水碧依依，
黄云落叶初飞。
翠娥[1]一去不言归[2]，
庙门空掩斜晖。

汾河上的流水绿浪依依，
金秋的云朵已伴同落叶初飞。
女神一去再不归来，
庙门空遮着夕阳的余晖。

四壁阴森排古画，
依旧琼轮羽驾[3]。
小殿沉沉清夜，
银灯飘落香灺[4]。

阴森的四壁排满往古的彩画，
依然闪现着琼轮羽驾的豪华。
小殿沉沉的清夜里，
银灯正缓缓将香灰飘洒。

【注释】

① 翠娥：代指美丽的女子，也有版本为“翠华”，即帝王或者神仙所乘车驾。

② 言归：言，此处为古文中的助词，无实义；言归，回归、归来。

③ 琼轮羽驾：精美的玉轮与翠羽装饰的华贵座车，此处应是形容庙中壁画的绮丽。

④ 灺：读作 xiè，灯芯燃烧后的余灰，未点完的蜡烛。

5. 沈唐：《望海潮 · 上太原知府王君贶尚书》

沈唐，北宋诗人，生卒年不详，字公述，两浙路钱塘即今浙江杭州人。沈唐是北宋早期著名的词家，但行踪史载甚少，仅知其曾做过重臣韩琦的幕僚。宋仁宗庆历三年（1043），韩琦35岁即官拜最高军政衙门枢密院副使，曾积极支持范仲淹的“庆历新政”变革，一年后新政受挫，仲淹免官外放，韩琦也自请离朝，出“知扬州”，后转任河北定州知州。有资料显示，至少在此时沈唐已经成为韩琦的门客。

仁宗皇祐五年（1053），韩琦以武康军节度使“知并州”驻节太原，沈唐随同前来。越二年韩琦卸职离去，由王拱辰接任。拱辰字君贶，是当时的科考状元、著名文士，其重外孙女就是大名鼎鼎的女诗人李清照。但君贶赴任太原后未久，就因“颇从燕逸”即常常参与吃喝玩乐而遭致弹劾免官。此时沈唐应该仍在太原，从而写就了这篇似乎有着明显宽慰意味的《望海潮 · 上太原知府王君贶尚书》，收入南宋黄升所编《花庵词选》得以传世。

《望海潮》词牌，据称系北宋词家柳永首创，是以自己观潮的感受谱制的新曲并予以填词。有逸事记载，柳永与状元孙何早年曾是“布衣”之交，后来孙何高升，出任两浙转运使驻节杭州，门卫甚严，柳永求见不得，乃将此词曲托付于歌妓楚楚，请其入府演唱时歌之。到中秋时孙何举宴，楚楚果然“宛转而歌”，孙何听罢颇多感慨，立即邀来柳永共饮。其实，孙何长柳永23岁，仅仅享年43岁，“布衣”之交绝不可能，逸事恐仅系传说而已。不过，柳永的《望海潮》即那首以“东南形胜，三吴都会，钱塘自古繁华”开头的名篇，确实淋漓尽致，一览无余，写绝了杭州的富丽堂皇、斑斓多姿。

沈唐其词，则凭借刚柔相济的奔放笔触，展示了美丽太原的驻军军威、民间的尚武气质以及曾经的俊彩风流与沧桑变异，最后以退隐闲居较之官场更有可乐收结，表达了对于君贶的安抚之情，被后人评为“典雅有味”，也成为通过纵横大宏观的视角描写太原的最早的词作，却又是至今也恐难有几人超越的精彩华章。

山光凝翠，	山光凝缩着翠绿，
川容如画，	河景胜似画轴，
名都自古并州[1]。	千载的名都就数这并州。
箫鼓沸天，	声声箫鼓响彻云天，
弓刀[2]似水，	弓样的长刀烁亮如水，
连营十万貔貅[3]，	连营十万神勇的壮士，
金骑走长楸[4]。	大道的树影里铁骑奔走。
少年人一一，	少年人也无不，
锦带吴钩[5]。	腰缠锦带身佩吴钩。
路入榆关[6]，	步入榆关时节，
雁飞汾水正宜秋。	雁飞汾水正是宜人的清秋。
追思昔日风流，	想当初此处风流，
有儒将醉吟[7]，	有几多儒将醉酒高吟，
才子狂游[8]。	才子狂荡遨游。
松偃旧亭，	但老松已倒在旧亭，
城高故国[9]，	被新城盖过的故墟，
空余舞榭歌楼，	也空剩舞阁歌楼，
方面[10]倚贤侯[11]。	这样的地面尤须要贤能镇守。
便恐为霖雨[12]，	就只怕成为了一方甘霖，
归去难留。	归去时难舍难留。
好向西溪[13]，	现而今正好退向那水滨闲居，
恣携弦管[14]宴兰舟[15]。	尽可以随心率意吹拉弹唱欢宴轻舟。

【注释】

① 并州：本古代州郡名，汉代设并州郡，郡治太原，辖今山西大部以及临近的陕西北部到内蒙古南部一带，后屡有变动；唐代初置太原府，所辖地区大为缩小，宋代改称并州，后又复名太原府，并州渐成为府治太原的别称。

② 弓刀：此处可解为弯刀、弓似的军刀；太原的冶铁技艺很早即领先华夏，魏晋六朝时所产刀具已渐驰名，到唐代成为举世皆知的顶级产品，锋利无比，明亮超卓，古人赞美的诗文不胜枚举，故此处应也隐含着誉意。

③ 貔貅：读作 pí xiū，古代神话传说中一种凶猛的但能够招纳福运、驱除祸患的吉祥兽，古人也常以其喻称威武的军旅。

④ 长楸：楸，读作 qiū；长楸，高大的楸树，古代常植于道旁的一种落叶乔木。

⑤ 吴钩：春秋时期吴国铸造的著名青铜弯刀的雅称，后世也泛指利剑，古诗文中多被引用，已升华为一种喻义勇敢无畏、具有英雄气概的特定象征。

⑥ 榆关：古代称榆关者有数处，如山海关等，并泛指北方边塞；但相传西汉初年大将韩信讨伐旧赵国割据势力时，曾在山西平定县驻军，“筑城为寨，以榆塞门”，也名榆关，位于古代穿越太行山进出山西的重要通道井陉口之东，故此处或指这一榆关。

⑦ 儒将醉吟：或指西晋名将刘琨，刘琨青年时留有一段与同事祖逖“闻鸡起舞”的健身励志佳话，后与大文学家陆机、左思、大富豪石崇等均为诗文好友，西晋末年曾出任并州刺史，顽强抗击匈奴前赵政权等势力的威逼进攻，孤守太原一带近 10 年，虽最终失败却也载誉青史；不过，唐代大臣裴度、令狐楚乃至王维之弟王缙等著名文士，均曾领兵驻镇过太原，皆属儒将，故此处也可能是泛指。

⑧ 才子狂游：或指李白，李白曾赴太原，居住半年多，多次携同歌妓游览名胜晋祠等处，写下了“晋祠流水如碧玉”“翠娥婵娟初月辉”等赞美名句；但到过太原的才子不在少数，故此处也可能是泛指。

⑨ 城高故国：此处应指北宋新建的太原城高于唐之前的太原故城；太原故城春秋时始建于汾水之西，五代十国末期宋太祖赵匡胤称帝后陆续平定南方诸国，但占有太原与附近土地的小国北汉依旧割据，太祖两次出兵征伐均未取胜，一直相持 10 多年，宋太宗赵光义继位后，于太平兴国四年（979）重新“御驾亲征”，仍遭顽强抵抗，付出惨烈牺牲才灭掉

北汉，太宗恼怒至极，又因唐高祖李渊、后唐李存勖、后晋石敬瑭、后汉刘知远等皆由太原崛起称帝，为永绝此地的“龙脉”，遂下令焚城，次年再令引水漫灌，彻底将其夷平，复于汾水之东重建新城，规模高于旧城，也即今日太原的雏形；此诗约作于太原新城建成后70余年，故有此说。

⑩ 方面：古代常以此指称地方军政长官，有将此地“四方一面”委其管理之意。

⑪ 贤侯：贤能有德位者，此处兼有对于太原知府的敬称。

⑫ 霖雨：霖，本义为雨连下三日以上；霖雨，充足救旱之及时雨，雅称甘霖，也用以比喻恩泽，比喻良臣受任可以繁荣一方。

⑬ 西溪：南北朝时文学家谢灵运弃官隐居之处，在今浙江绍兴上虞地区。

⑭ 弦管：古人常用以泛称乐器，也代指歌唱与奏乐。

⑮ 兰舟：舟船的雅称。

6. 苏轼：《浣溪沙·送梅庭老赴潞州学官》

苏轼（1037—1101），北宋文学家、书画家，字子瞻，号东坡居士，眉州眉山即今四川眉山人。苏轼出身书香望族，但其父苏洵少时却疏于学业，直到“年二十七始发愤读书”，此后竟日埋首书斋，孜孜不倦六七年，继又悉心培养苏轼与其弟苏辙。宋仁宗嘉祐元年（1056），48 岁的苏洵才带领二子赴京应试，同时以自己所作《衡论》《权书》诸文拜谒翰林学士欧阳修。欧阳修对其治国理政等方面的卓越论述非常赞赏，旋即“上其所著书二十二篇”举荐朝廷，以致“公卿士大夫争传”览阅。次年，21 岁的苏轼与 19 岁的苏辙又同以“高等”举进士，父子一时“名动京师”，天子还破例召见，苏氏的文章“遂擅天下”，诸多士子均皆“学其文以为师法”，“三苏”之称从此叫响，且均进入了后世所谓的“唐宋八大家”行列。

苏轼中进士后，浮沉官场，屡遭贬放，仕途并不如意。但是数十年游宦四方、奔走多地，却使认知视野日益开阔，社会阅历不断丰富，最终成就了一位文学巨匠的伟大人生。苏轼未曾到过山西，这篇《浣溪沙·送梅庭老赴潞州学官》，则可以算作是其非常珍稀的一篇咏晋词作。

《浣溪沙》原为唐代宫廷音乐机构教坊的乐曲，得名于春秋时期越国美女西施浣纱的溪水，后演变为词牌。据学者考证，梅庭老应系苏轼的好友，吴郡即今江苏苏州一带人，宋神宗熙宁七年（1074）授职潞州即今山西长治地区负责教育的学官。行前，时任杭州通判的苏轼为之送别，写成此词。未久，苏轼调任密州即今山东诸城知州，庭老也恰恰转任掌管户籍、税赋的密州司户，二人一道共事经年，还曾相约出猎。10 多年后的宋哲宗元祐五年（1090），作为杭州知州的苏轼仍为庭老的苏州“五亩园”园林“寄题”了诗作，且以“僚友”与“弟昆”称呼，足见彼此交情之深。所以，此词中苏轼希望博学而不免屈才的好友放平心态，抛却烦怨，看淡建功立业，在仿佛是郑重劝慰的字里行间，似也流露着几许调侃的意味。

门外东风雪洒裾①，	门外的东风里雪花扑打着你的短服，
山头回首望三吴②，	从远去的山头仍回望家乡的热土，
不应弹铗为无鱼③。	请别为那些无鱼的委屈叩剑叫苦。
上党从来天下脊④，	雄奇的上党从来是天下的脊柱，
先生元是古之儒⑤，	先生也本是品学高古的大儒，
时平不用鲁连书⑥。	可如今太平的盛世不需要满腹诗书。

【注释】

① 裾：读作jū，衣服大襟的古称，也指衣服的前后部分。

② 三吴：古代多指梅庭老的家乡吴郡以及附近的吴兴、会稽一带，但具体所指或者更广义的范畴后世也有其他说法。

③ 弹铗为无鱼：铗，读作jiá，此处指剑；弹铗为无鱼，因待遇不平而怨叹；据载，齐国贵族孟尝君好养士，食客达数千人，寒士冯谖请求“寄食门下”，孟尝君问有“何好”有“何能”，回答是“无好”也“无能”，孟尝君“笑而受之”，管事者以为主人“贱之”，就以低等饭食接待，未久冯谖即“弹其剑”而歌“长铗归来乎！食无鱼”即长剑啊回去吧，吃饭连个鱼都没有，部下将冯谖的牢骚上报，孟尝君遂令提其待遇，有鱼可食；继而冯谖又因出门无车、老母无人奉养“弹其剑”再歌，孟尝君皆不计较，均予满足；但正是这位仿佛得寸进尺、奢求过高的寒士，后来却屡设奇谋妙策，为孟尝君打造了“狡兔三窟”即多条退路，使之“为相数十年”无获“纤介之祸”，保证了政治地位的绝对安全，也被后世传为美谈。

④ 上党从来天下脊：上党，今山西长治一带的古称，因其地势甚高，有“与天为党”之说，故名上党，战国时期张仪称其为“天下之脊”；秦始皇统一后将上党置为36郡之一，包括了今山西东南部乃至河北的部分地盘，汉代以后渐次分割缩小，南北朝北周时将所余的长治一带改名为潞州。

⑤ 古之儒：此处是称赞梅庭老具有远古儒家那样的品格风范、道德学养。

⑥ 鲁连书：鲁仲连的书信，指书生之建立奇功；据载，鲁仲连系齐国高士，也是能言善辩的说客，以劝阻赵国曲尊秦国为“帝”但却拒绝受封与“千金”厚赏而闻名；后来燕国占据了齐国的聊城，齐国反攻围困之，可是经一年多死亡无数士卒仍然不克，鲁仲连遂写成书信射入城中，将利弊得失讲得一针见血，义正词严，燕国将领阅罢，痛哭三日“犹豫不能自决”，进退两难之际自杀而死，聊城得以收复，鲁仲连仍然不受封赏，竟至“逃隐于海上”。

7. 李晏：《婆罗门引·保德西楼作》

李晏（1123—1197），金代大臣、诗人，字致美，泽州高平即今山西高平人。李晏“警敏”早慧，“倜傥尚气”，金熙宗皇统六年（1146）举进士，由县丞、县令起渐次升迁，金世宗大定二十一年（1181）或稍早获授少中大夫、知保德军轻车都尉，成为保德州即今山西保德县及其周边地区的军政长官。

李晏赴任未久，就使州内“政平讼理，盗贼屏息”，把政事、官司与治安处理得井井有条。保德的城墙随山傍险而建，高下不齐却非常坚固，唯有西南处临沟不稳，此前的官员多半敷衍了事，以致屡修屡塌。李晏经过考察，决定将西南城墙后退至“木瓜崖”，顺其势“裁削壁立”，终使之“且坚且厚”。过去百姓取水都要前往城外，“诘屈数里不胜其劳”，李晏又发动民众“叠石为渠”，得以就近汲用。所以，在当地史志中博得了名宦的称誉。后来，李晏官至翰林侍讲学士、御史中丞。金世宗晚年病重时，更召入宫中长宿，所颁诏旨几乎均由其人草拟。金章宗继位后升任礼部尚书，所奏也“皆采纳之”，故世后谥号“文简”。

《婆罗门引·保德西楼作》显然是李晏任职保德州的留吟。《婆罗门引》是天竺佛曲《婆罗门》的引歌即序曲，后被用为词牌。唐玄宗开元八年（720）时，河西节度使杨敬述将流播西域的《婆罗门》曲敬献朝廷，嗣后皇家乐署屡有演出，且不断本土化。天宝十三年（754）改称《霓裳羽衣曲》，成为声名显赫的歌舞组合，但《霓裳羽衣曲》也有系唐玄宗自创或改写、续写等诸多传说。保德西楼位于州衙门之北，有碑记称其“依城为楼，下瞰黄河”，“云淡天高”，“岸柳摇风”，时见“樵散渔归”，“不减钱塘之风色”，故名为“拟江楼”。可是李晏来时楼已经“岁久倾圮”，遂令修缮“改而新之”，并更名为“安西楼”。此词应该就是楼修成时李晏的登临寄兴之作，词描写了黄河上雄伟壮美的自然风光，也表达了边境清宁之后作为地方大员似乎无处用武的遗憾与闲适自在的欢悦。

汗融畏日，	汗溜溜的盛夏最怕烈日燎人，
岂知高处有风清，	谁曾想登高处有这样的清风，
倚阑襟袖凉生。	斜倚着栏杆衣袖间凉意频生。
坐看崩云脱坏①，	眼看那仿佛山崩的乱云滚落山丘，
不碍乱峰青。	仍难挡错杂的群峰一派青葱。
待目穷千里，	到了这极目千里的所在，
却怕伤情。	却又恐勾起无端的伤情。
河分古城②，	黄河分隔了比邻的古城，
听裂岸怒涛惊。	裂岸的怒涛真听得胆战心惊。
好是烽沉幽障③，	所幸城头的烽火不再点燃，
鼓卧边亭④。	往昔的战鼓也弃置边亭。
西楼老子⑤，	伫立西楼的老夫我，
更无用胸中十万兵，	已无用胸中十万雄兵，
酒到处莫放杯停。	今日就酒到干杯吧莫教稍停。

【注释】

① 崩云脱坏：坏，此处读作 pēi，指土丘；崩云脱坏，乱云散落丘原。

② 河分古城：保德州城与黄河对岸陕西府谷的州城隔河相望，故有此说。

③ 烽沉幽障：幽障，指边塞上较小的城堡；烽沉幽障，幽障上的烽火已经沉寂。

④ 鼓卧边亭：边亭的战鼓倒卧不用；据载，府谷五代时期设州，宋代沿袭，南宋高宗绍兴九年（1139）被西夏占领，与保德军事对峙，后金朝将其收复，再后 20 多年李晏赴任保德，紧张情势已经缓解，故有“烽沉幽障”“鼓卧边亭”之说。

⑤ 西楼老子：作者登楼时刻的即兴戏称。

8. 赵可：《雨中花慢 · 代州南楼》

赵可，金代大臣、诗人，出生于金灭北宋之前，卒年不详，字献之，泽州高平即今山西高平人。赵可博学多才，机敏俊爽。金海陵王贞元二年（1154）应举，殿试题目是《王业艰难赋》，赵可交卷前竟在自己的“场屋”内戏题一词，“赵可可，肚里文章可可，三场挨了两场过，只有这番解火，恰如合眼跳黄河，知他是过也不过”；意思是我赵可可以，肚里文章可以可以，三场考试熬过两场，今天这场最痛快，就像闭眼跳黄河，谁知考官让过不过。语气不免狂放，乱写似也违纪，但恰好海陵王驾临考殿，看到后反令抄录带走，未久又问“此人中否”，故考官不敢轻慢，赵可顺利高中进士，授翰林院修撰。金世宗继位后更得赏识，成为起草诏书的“知制诰”，不少圣旨“多出其手”，人皆“服其典雅”，晚年官至翰林直学士归休。

金世宗于大定二十五年（1185）北巡，前往当年金太祖完颜阿骨打起兵誓师反辽的小山冈“得胜陀”祭拜，在今吉林扶余县，继令赵可撰制《大金得胜陀颂碑》“立石”纪念，至今犹存，已成珍贵文物。后两年，赵可又奉旨出使高丽，有位官派“侍妓”陪伴多日，分别时赵可作《望海潮》相赠，写得缠绵亲密，传诵一时，不过其中的“看脉脉”“隔盈盈”“银汉会双星”“醉玉添春，梦云同夜惜卿卿”等轻佻艳语，也遭到不少“疵议”。而这篇《雨中花慢·代州南楼》，则完全是与之旨趣迥异、格调超卓且充满沧桑悲慨的词作。

《雨中花慢》词牌相传为北宋苏轼首创。苏轼的如夫人王朝云，出身低微但深明大义，苏轼贬官流落时一直相伴，共渡艰难，彼此互为知己，惜中年病亡，苏轼为之亲撰墓志，又度曲填词寄寓哀思，词牌遂被世人沿用。代州南楼旧址位于今山西代县，俯视滹沱河，遥望古长城，临近雄伟的雁门关，曾是与鹳雀楼比齐的北方名楼。赵可此词，临楼感叹，借景抒情，写得雄奇劲健，哀婉沉郁，同时寄寓着大好国土沦于异族金人的隐隐伤痛，是其传世10余首作品中最为知名的吊古篇章。

云朔[①]南陲，	雄踞在云朔二州的南沿，
全赵宝符[②]，	曾经是赵国盛强的保全，
河山襟带[③]名藩。	水绕山环的名城峭峻威严。
有朱楼缥缈，	华美的楼阁如凌空浮游，
千雉[④]回旋。	城墙上凹凸起落的垛口宛转勾连。
云度飞狐[⑤]绝险，	流云飘向了绝险的飞狐峪，
天围紫塞[⑥]高寒。	长天围拢的长城清冷凄寒。
吊兴亡遗迹，	悲悼兴亡遗迹，
咫尺西陵[⑦]，	看眼底就是征战千载的雁门关，
烟树苍然。	烟霞迷离的丛林古貌森然。
时移事改，	岁月已去万事皆非，
极目伤心，	极目伤心处，
不堪独倚危栏。	真难忍独靠危栏。
惟是年年飞雁，	只有年年的飞雁，
霜雪知还。	霜雪来时知还。
楼上四时长好，	楼上四时景长好，
人生一世谁闲?	人生一世谁可闲?
故人有酒，	幸喜故人有酒，
一尊高兴[⑧]，	且捧杯此时的雅兴，
不减东山[⑨]。	并不逊昔日的谢安游宴东山。

【注释】

① 云朔：云州、朔州的并称，两地所辖即今山西大同、朔州一带，也泛指位于代州的雁门关外北方边远地区。

② 全赵宝符：保全赵国、强盛赵国的宝地所在，有的版本为“全赵幕府”；据载，春秋时期晋国重卿赵简子晚年曾对其儿子们讲，“吾藏宝符于常山上，先得者赏”，儿子们就到常山寻宝但均无所得，唯有赵毋恤说“已得符也”，简子问符之所在，毋恤回答“从常山上临代，代可取

也”；常山即北岳恒山，意思就是恒山俯视代地，从这里到达代地可以一举拿下，在彼此争夺且兼并非常激烈的当时，如此见识无疑就是一宝，所以简子不顾毋恤为婢女所生，而将其改立为太子，史称赵襄子；简子故世后襄子继位，丧服未除就前往在今山西代县东北的夏屋山，请代王也即自己的姐夫相见，宴席间却密令掌膳人员突然袭击，杀掉代王，其姐“泣而呼天”悲愤自尽，襄子随即兴兵夺得代地，地盘与实力大增，后又灭掉晋国重卿智伯一族，奠定了与韩、魏两族重卿瓜分晋国而成为赵、韩、魏三国的基础，使我国历史快速步入战国时代；因此，后世遂以“宝符”称颂赵国得地利而盛强，如唐代名臣李德裕所言“昔常山临代，为全赵之宝符”。

③ 河山襟带：山如衣襟，水如衣带，比喻依山绕河就像襟带缠身的牢固地势。

④ 雉：古代计算城墙面积的单位，一雉长三丈高一丈，古代也将城墙顶上外侧齿状排列的防卫短墙称作雉堞，俗称垛墙，高出处为垛齿，凹下处为垛口，所以此处雉应指雉堞。

⑤ 飞狐：指飞狐陉，也称飞狐峪、飞狐口，在代州东北不远的蔚州即今河北蔚县，是太行山“八陉”之一；陉就是连绵山脉中断之处的峡谷，飞狐陉两崖峭立，一线微开“有如天门”，弯曲蜿蜒数十里仿佛“珠曲蚁穿”，最窄处仅丈余，却是古代山西北部连接河北的要道。

⑥ 紫塞：即长城，据说秦始皇筑长城时，土色皆紫，故有此称。

⑦ 西陵：应指雁门关及其所在的雁门山，雁门山古称陉岭，两厢对峙“其形如门”，据传是大雁来去的必经之路，唐代开始在西陉岭建关，雄守一方，初名西陉关，后多称雁门关，位于代州城西北 20 公里左右。

⑧ 高兴：兴致高雅、高雅的兴致，与当今的常用意义尚有不同。

⑨ 东山：借东晋名臣谢安典故，喻指超脱世俗的山水之乐；谢安出身高门，才学过人，早年即有“重名”，但出仕未久就称病辞归，退隐会稽即今浙江绍兴的东山，“放情丘壑”率意“游赏”，朝廷屡召不至，后担当军事大任的其弟谢万出师北伐失败，被贬为庶人，年过 40 岁的谢安遂决定出山，所谓“东山再起”即指此事；继而谢安逐渐执掌朝纲，并在著名的淝水之战中运筹帷幄，大获全胜，死后追赠庐陵郡公，获谥“文靖”。

9. 元德明：《好事近 · 次蔡丞相韵》

元德明（1159—1206），金代诗人，太原秀容即今山西忻州人。南北朝时鲜卑族拓跋氏建立北魏王朝，后魏孝文帝拓跋宏推行汉化，改姓拓跋为“元”。德明即拓跋后裔，自幼酷爱读书，不言“世俗鄙事”，“布衣蔬食，处之自若”。到中年累试不第，遂遁迹山野，饮酒赋诗“自适”。而其子，就是彼时首屈一指的诗坛名家元好问，这篇见于好问所编《中州乐府》中的《好事近 · 次蔡丞相韵》，也是德明唯一的传世词作。

《好事近》词牌最初见于北宋，“次蔡丞相韵”即依照在世早德明 50 多年的金朝丞相蔡松年的著名词篇《好事近》原韵写成，其中引用的一个基本典故则来自唐代诗人卢仝。卢仝据称为“初唐四杰”之一的诗人卢照邻嫡传子孙，少时即有才名但一直隐居，家境贫困却“惟图书堆积”。后移住洛阳也仅“破屋数间而已”，只有一个“长须”的老奴、一个“赤脚”且已“无齿”的老婢，还得常靠“邻僧送米”接济，但仍有“清介之节”，朝廷两度“礼征”为谏议大夫均不应召，颇得韩愈的“敬待”。其诗“语尚奇谲”，“自成一家”。后来爆发了史称“甘露之变”的宫廷政变，宰相王涯被对手冲入府邸捕获诛死。卢仝当晚恰在此处聚宴留宿，也遭杀害。

卢仝好茶成癖，有“茶仙”之说，其咏茶诗《走笔谢孟谏议寄新茶》最为著名。特别是诗的中间一段，“一碗喉吻润，两碗破孤闷；三碗搜枯肠，唯有文字五千卷；四碗发轻汗，平生不平事，尽向毛孔散；五碗肌骨清，六碗通仙灵；七碗吃不得也，唯觉两腋习习清风生”，常被后世爱茶人士单称为《七碗茶歌》而津津乐道，并深受日本茶道文化的推崇，已成为描写品茶美感的不朽绝唱。德明此词，则借用《走笔谢孟谏议寄新茶》中多个语言意象，叙写了欣然煮茶的情景与陶然忘机、飘然若仙的品茗感受。通篇清新脱俗、恬淡自如也不乏夸张，营造了似乎已与卢仝的身心浑然一体的境界，显得雅趣十足，余韵悠长，称得上是一篇充分体现其潇洒的精神取向的佳作。

梦破打门①声，	打门的声音把睡梦惊觉，
有客袖携团月②。	有客人袖筒里揣来绝好的茶叶。
唤起玉川③高兴，	唤起我赛似玉川子的高兴，
煮松檐晴雪。	忙煮壶屋檐下绿松枝头晴白的雪。
蓬莱千古一清风④，	真恍若驾起千古清风直上蓬莱，
人境两超绝。	品咂间那世俗的人生已顿时远绝。
觉我胸中黄卷⑤，	只感到胸中的诗书卷卷，
被春云香彻。	都已被三春的瑞云润满了香泽。

【注释】

① 打门：借自卢仝《走笔谢孟谏议寄新茶》首句“日高丈五睡正浓，军将打门惊周公”，“军将”指奉命来送茶的军官，“周公”是借《论语》中孔子之语“甚矣吾衰也，久矣吾不复梦见周公”代指睡梦。

② 团月：借自《走笔谢孟谏议寄新茶》中“手阅月团三百片”，代指上品好茶。

③ 玉川：即玉川子，卢仝之号，此处喻指自己。

④ 蓬莱千古一清风：借自《走笔谢孟谏议寄新茶》中“蓬莱山，在何处？玉川子，乘此清风欲归去”，叙写的是喝茶过“七碗”后似可随风而去拜访蓬莱仙人的畅快悠然之感。

⑤ 黄卷：指书籍，古代纸张多用防蠹虫之物染过，色泽显黄，故有此称。

10. 冯延登：《玉楼春·宴河中瑞云亭》

冯延登（1175—1233），金代义士、诗人，字子骏，吉州即今山西吉县人。金章宗承安二年（1197）举进士，金宣宗贞祐二年（1214）授河中府判官。河中府即蒲州，在今山西永济一带，判官是协助地方长官处理政事的僚佐。正是这一年，在迅速崛起的蒙古大军打击下，宣宗将都城从中都燕京迁往南京即今河南开封。后来延登回朝任职，金哀宗正大七年（1230）擢升最高学府主官国子监祭酒。是年秋，蒙古大汗窝阔台亲自率领大军南下攻金。次年春由山西绕道向西渡过黄河，侵占了富饶的关中地区。

时局慌乱之际，延登临危奉诏，充当“国信使”前往位于今陕西宝鸡的虢县蒙古“御营”，请求罢兵议和。窝阔台却下旨令其劝降在附近抵御蒙古的凤翔驻军主帅，但连续三日以死相逼，延登均断然拒绝前往。恼怒的窝阔台就“叱左右以刀截去”延登的胡须予以恫吓，但其仍旧“岸然不动”，最终被监禁了两年始获“放还”。哀宗怜之，重新授其国子监祭酒，继又代理刑部尚书。可是第二年即哀宗天兴二年（1233），蒙古大军就多路围攻开封，延登出奔不及被俘，旋即“辞情慷慨，义不受辱”，厉言痛斥敌方，毅然跳井自尽殉国。嗣后，诗坛名家元好问为之撰写了神道碑铭以赞，并在所编《中州乐府》中收录了这篇《玉楼春·宴河中瑞云亭》，成为其传世仅有的词作。

《玉楼春》词牌与《木兰花》非常相近，可能源于唐代宫廷音乐机构教坊的乐曲，彼此应该各有音谱，后世填词渐次混淆，也有了互为异名之说。瑞云亭据史志记载位于河中府内的中条山麓，临近黄河，为宋代所建的名胜景观。我国古代有“上巳节”，即夏历春三月的第一个巳日，魏晋之后固定为三月三日，当天人们往往要结伴外出，临流洗濯，以求消灾纳福，谓之“修禊”，同时踏青郊游并野餐聚饮，王羲之的《兰亭集序》所记即此，后世文人多有沿袭，引为雅事。延登此词从内容推断，应该就是其出任河中府判官的某年，参加这类活动时的作品。

长原迤逦[1]孤麋卧，	起伏连绵的郊原似有只麋鹿独卧，
野色微茫河界破。	迷蒙的野色已将黄河的岸界划破。
草承行屦[2]绿云深，	草鞋步入草丛像是踩动了深深绿云，
花触飞丸红雨妥[3]。	花海边投出个弹丸就可见红雨飘落。
高亭初试煎茶火，	登上高处的亭台先试试煎茶的火，
醉玉[4]渐哗春满座。	微醉的人儿笑闹渐多恍若春风满座。
行杯莫厌转筹[5]频，	别厌倦行酒传杯的筹码轮转频繁，
佳节等闲[6]飞鸟过。	如此快意的佳节也不过如飞鸟掠过。

【注释】

① 迤逦：读作 yǐ lǐ，曲折连绵、起伏伸延之状。

② 屦：读作 jù，本义是用麻、葛之类制作的鞋子，也可代指草鞋或泛指鞋子。

③ 妥：此处作坠落、掉落解。

④ 醉玉：形容高雅俊逸的男子醉倒后的优美身姿，出自南北朝刘义庆所著《世说新语》中对于名士嵇康的描写，称其“风姿特秀”“爽朗清举”，就是酒醉了也如“玉山”之倒，后被北宋诗人秦观以“醉玉颓山”引入词中，遂演变为一句成语。

⑤ 转筹：轮转酒筹；酒筹是古代聚宴时计算杯数、传递酒令的筹码，多以竹木制成，也有的材质是兽骨、象牙或铜、银，每枚酒筹均刻有要求不同的令约，合置筒中，众人轮流摇动抽取，再按所取令约的要求用酒；20 世纪 80 年代，江苏丹徒县曾出土唐代银质鎏金酒筹一套 50 枚，成为珍贵的文物，其令约均以《论语》为引，如“死生有命，富贵在天，自饮十分”“匹夫不可夺志也，自饮十分”，“十分”应该就是满杯，还有如“食不厌精，劝主人五分”“有朋自远方来，不亦乐乎，上客五分”“四海之内皆兄弟也，任劝十分”“己所不欲，勿施于人，放”以及“为政以德，譬如北辰，官上高处十分”“瞻之在前，忽焉在后，来迟处五分”“不能以礼让为国，好争令处五分”“驷不及舌，多语处十

分”“君子欲讷于言而敏于行，恭默处七分”“乘肥马，衣轻裘，衣服鲜好处十分”等，枚枚酒筹都匹配着经典语录，恰到好处，妙趣横生，且官位高、迟到、争抢酒令、说话多或者静默乃至衣服亮眼者都可能吃到罚酒，足见古代士人阶层酒席文化的品位高雅、氛围尊贵以及娱乐情致的出类拔萃、不落凡俗。

⑥ 等闲：此处可作随意、随便解。

11. 李俊民：《满江红·咏雪》

李俊民（1176—1260），金元时期学者、诗人、教育家，字用章，泽州晋城即今山西晋城人。少时开始精研理学，潜心“冥搜隐索”，兼之“天姿颖异”，年纪轻轻已成名儒。金章宗承安五年（1200）以经义举进士并夺得状元，授官应奉翰林文字，成为天子文学侍从，声誉“雄于一时”。金宣宗贞祐元年（1213）出任位于晋城附近的沁水县令，未久弃官还乡。次年蒙古大军南侵，为躲兵祸避乱福昌即今河南宜阳，后隐居嵩山等处治学。其诗文“清才雅韵”“脍炙人口”，“得其片纸数言者”即珍爱如“至宝”。金哀宗天兴三年（1234）蒙古灭金，年届花甲的俊民被泽州长官段直请回，主持教席授业生徒。

段直为晋城地区富绅，金末曾组织民众“结垒自保”，后来归顺蒙古，受命“佩金符”管理当地，“多有惠政”，使泽州“民得安业”几成“乐土”。又“割田千亩，置书万卷”，“改建庙学”大力振兴文教。俊民归乡后“四方学者”更慕名而来，不过五六年以“通经”被选的才俊即达“百二十有二人”。元宪宗三年（1253），尚未称帝的忽必烈派出专用“安车”迢迢千里将俊民邀至“蕃邸”，数度召见请教，备极赞赏，以“庄靖先生”敬称。但俊民仍谢绝奉仕，一再恳乞“还山”，忽必烈“重其节”遂派近臣“护送”而归，故世后即赐谥“庄靖”。

据载，俊民“生平著述不下数千万”，因“遭兵燹遗弃殆尽”。后段直将其存稿刊印，始有《庄靖集》传世，还有《庄靖先生乐府》69首，《满江红·咏雪》即其中之一。《满江红》词牌源起不明，一说是唐人曲谱《上江虹》更名而来，北宋诗人柳永首先用以填词。俊民喜集古人成句为诗，此词中几乎句句借自前辈，却衍化得灵动自如、浑然天成，构思独出心裁、别趣盎然，由雪中景转入雪中旧事，通过对两类举止殊异的士子的否定以及世间恶行的鄙夷，反衬远离红尘的生活逍遥，表达了清高脱俗的理想追求，是一篇充分体现其深厚学养与杰出才情的精妙之作。

漠漠愁阴[1]，
银界晓浩然[2]一色。
谁剪水[3]？
就中[4]撩乱，
燕山如席[5]。
天若有情天也老[6]，
高山底事[7]头先白？
甚教人错恨五更风[8]，
花狼藉。

寒欲退，
刘叉笔[9]。
深欲没，
韦郎膝[10]。
问何如江上？
孤舟蓑笠[11]。
君不见过门多恶客，
等闲踏破琼瑶迹[12]，
便粗豪下马坐人床[13]，
寻欢伯[14]。

笼罩在无边的阴霾，
清晨的乡野好一派莽莽银色。
是谁将水花剪成？
此中这样的纷乱，
雪片儿硕大似席。
天若有情天也得叹惋，
高山滋长的白发何以如此匆促？
很令人错怪是五更的风，
将残花遍地吹落。

渴望喝退虐民的严寒，
有刘叉痛斥皇家的愤笔。
冰雪漫过了膝盖未敢妄动，
有韦郎屈身官场的畏惧。
问他们哪个可比？
江面上自在逍遥的孤舟蓑笠。
君不见多少登门的俗客，
放肆践踏着琼玉般的清迹，
下马来就粗暴无礼直坐人床，
吵吵嚷嚷讨要酒喝。

【注释】

① 漠漠愁阴：愁阴，即阴霾；漠漠愁阴，借自南宋诗人张孝祥《踏莎行·送别刘子思》中的“漠漠愁阴岭上云”。

② 浩然：此处形容开阔广大。

③ 剪水：借自唐代诗人陈岩《上雪潭三汲亭》中的“恰是仙人剪水时”，意即仙人剪水而成为雪花，唐宋诗中有多处这样的表述。

④ 就中：古代口语，即其中、从中。

⑤ 燕山如席：借自李白《北风行》中的夸张形容“燕山雪花大如席”。

⑥ 天若有情天也老：借自唐代诗人李贺的《金铜仙人辞汉歌》，该诗以拟人笔法，描写了三国魏明帝欲将汉武帝所制金铜仙人承露盘从长安移往洛阳时捧盘仙人的沉痛心情与别离气氛的悲凉，其中的“天若有情天亦老”已成千古名句；此处“老”的解释，通常说法是天也会因为伤感变得苍老，但究其本或许应该是变得衰颓不振、昏然无光的意思。

⑦ 底事：何事、何故。

⑧ 错恨五更风：借自唐代诗人王建《宫词》中的“错教人恨五更风”。

⑨ 刘叉笔：刘叉是唐代诗人，才华不俗却特立独行，任性豪放，毕生未仕，抨击时弊犀利尖锐，当时韩愈乐助士子，刘叉曾往投奔“出入门馆”，后因韩愈为人撰墓志铭得酬金“数斤”，刘叉便指其是阿谀“墓中人所得”，竟拿走而去，甚至还有酒后杀人的记载，是一个不循礼法、狂荡无羁的士人典型；刘叉有诗作《冰柱》《雪车》，描写了冰雪中百姓的冻馁死亡，讽刺了官家不顾死活的奴役百姓与不知羞耻的追求享乐，表达了希望天公造化贫民、退却严寒的吁唤，通篇的笔调义愤填膺，悲愤交加，宛然怒火中烧，激扬在字里行间。

⑩ 韦郎膝：韦郎指韦斌，唐代宰相韦安石之子，曾任掌管诏制奏章的太子通事舍人，为官本分，举止谨慎，每参加“朝会”从不敢离座笑谈；某次大雪，众皆起立振衣，唯其一动不动，直至雪深过膝淹没了靴子“亦不失恭”，是一个严守礼法、循规蹈矩的士人典型。

⑪ 孤舟蓑笠：借自柳宗元《江雪》中的“孤舟蓑笠翁，独钓寒江雪”，以喻归隐，意在说明无论像刘叉那样骂骂咧咧在野，还是像韦郎那样战战兢兢在朝，都不如退居江湖自由自在。

⑫ 琼瑶迹：借自韩愈《酬王二十舍人雪中见寄》中的“今朝踏作琼瑶迹”。

⑬ 粗豪下马坐人床：粗豪，指粗莽、粗鲁、狂放无礼；借自杜甫《少年行》中的“马上谁家薄媚郎，临阶下马坐人床；不通姓字粗豪甚，指点银瓶索酒尝”。

⑭ 欢伯：酒的别名，古人认为酒可以“除忧来乐”，故有此称。

12. 元好问：《摸鱼儿·雁丘词》

元好问（1190—1257），金元时期诗人，字裕之，号遗山，太原秀容即今山西忻州人。生父元德明，但其从小就过继于叔父元格。五岁时随在外为官的元格离开家乡，开始读书、学诗，才气渐显。当时泽州地区文教兴盛，金章宗泰和三年（1203）元格特请调任泽州陵川县令，以使好问投师陵川名儒郝天挺，在此求学六年之久，“淹贯经传百家”，终致“业成”。后来生父养父相继故世，好问返回故里。金宣宗贞祐二年（1214）蒙古大军南侵秀容，好问之兄遇害。越二年，大军再度攻掠太原周边，好问只得携母“下太行，渡大河”，避乱到中岳嵩山一带。未久，礼部尚书、文坛耆老赵秉文读到其诗，大为赞赏，称杜甫以来“近代无此作也”，好问因此“名震京师”开封。

宣宗兴定五年（1221）好问举进士，相继授任国史院编修、县令、尚书省左司员外郎等职。为官10多年后蒙古灭金，好问被虏获并押赴山东聊城“羁管”，彻查二年后始获开释。此后即杜绝仕进，专“以著作自任”，所作“至百余万言”，诗词有1700余首，以及志怪小说《续夷坚志》200余篇等，还亲自编订《中州集》《中州乐府》，辑录了金代200多人的2000多首诗词，记述了大量的当时史事，已成为纂修金史的重要资料，自己也被誉称“一代宗工”即文坛的首席巨匠。

好问词作中，知名度最高者就是这篇《摸鱼儿·雁丘词》了。《摸鱼儿》来自唐代宫廷音乐机构教坊的乐曲《摸鱼子》，北宋初用为词牌，始填词者据云为欧阳修。好问自述称，章宗泰和五年（1205）由陵川“赴试并州”，“道逢捕雁者”言，晨“获一雁杀之”，另一“脱网者悲鸣不能去，竟自投于地而死”，好问遂“买得之，葬之汾水之上”，又“累石为识，号曰雁丘”，并作此词以寄感佩。一位16岁的少年才子，就这样从大雁本能的悲剧中，升华出一曲令人唏嘘不已的爱情绝唱，并为后世的痴男恋女留下了两句几乎无出其右的心灵赠言“问世间情是何物？直教生死相许”。

问世间情是何物?	问世间情是何物?
直教①生死相许。	直教生死相许。
天南地北双飞客,	你们这些天南地北双飞的远客,
老翅几回寒暑。	渐老的翅膀穿越过多少来寒往暑。
欢乐趣， 离别苦,	你们有欢乐趣你们有离别苦,
就中更有痴儿女。	你们中也有痴心的儿女。
君应有语,	今天啊那孤雁一定曾经哀叫,
渺万里层云,	眼望着渺茫层叠的万里白云,
千山暮雪,	千山晚雪,
只影向谁去?	独影飘零的我该向哪里飞去?
横汾路,	你们横死的汾河路旁,
寂寞当年箫鼓②,	早已沉寂了当年的箫鼓,
荒烟依旧平楚③。	满目的荒草衰烟却仍是一派平阔。
招魂楚些④何嗟及,	再悲恸的招魂叹何及,
山鬼暗啼风雨。	山鬼都在暗嚎着凄风苦雨。
天也妒， 未信与,	但信不信啊连苍天都会嫉妒,
莺儿燕子俱黄土,	莺儿燕子统统永葬黄土,
千秋万古,	而只有千秋万古的此地,
为留待骚人⑤,	将留给那些骚人墨客狂歌痛饮,
狂歌痛饮,	来拜访你们依依厮守的雁丘,
来访雁丘处。	你们永不分离的归处。

【注释】

① 直教：竟教、竟使、竟致。

② 箫鼓：指汉武帝宴饮楼船时的鼓乐；汉武帝曾数次“行幸河东”，到位于今山西万荣县黄河之东的高地祭祀地神“后土”，途中与群臣宴饮于楼船，赋《秋风辞》，有“泛楼船兮济汾河，横中流兮扬素波，箫鼓鸣兮发棹歌”语，其中“汾河”指的是山西境内的汾水与黄河，但武帝

的楼船实际上并未到达并州即太原一带，故此处只能说是一种为求渲染凝重气氛的用典。

③ 平楚：平野、树梢较齐的平林。

④ 楚些：些，此处应读作 suò；楚些，指招魂歌，因传屈原所作的《楚辞·招魂》中多借用楚国民间的招魂用语，用“些”字作为句尾助词，故有此说。

⑤ 骚人：诗人，语义出自屈原所作《离骚》，也泛指文人。

13. 段克己：《满江红·登河中鹳雀楼》

段克己（1196—1254），金元时期诗人，字复之，绛州稷山即今山西稷山人。早年与其弟段成己并负才名，礼部尚书、文坛耆老赵秉文非常赏识，誉为“二妙”，还亲书“双飞”两字题赠。金哀宗正大七年（1230）克己举进士，但此时金朝已濒临崩溃，强大的蒙古大军不断南侵，克己遂与成己避难黄河边上的龙门山中，在今山西河津，自号遁庵，以寓远遁尘世之意。

哀宗天兴三年（1234）蒙古灭金，嗣后统治地位渐趋巩固，而克己仍无意出仕，一直与其弟以及多位同好寄情山水，结社游吟，诗词酬唱，过着自得其乐的隐逸生活，被赞为“儒林标榜”。多年后的元成宗大德五年（1301），有位名房祺者将克己、成己等八位活跃于黄河、汾水一带的金朝遗民名士诗作编为《河汾诸老诗集》。再过20多年的元泰定帝时期，曾任吏部尚书的段氏侄孙段辅，又将克己、成己的诗词合编为《二妙集》，请当时的理学大师、翰林学士吴澄作序。吴澄认为，二段兄弟“心广而识超，气盛而才雄”，诗词记叙了金末战乱惨状，表达了期冀安定的殷切心境，外加更多的逍遥世外之作，堪称杜甫“之忧”陶潜“之达”均“兼而有之者也”。克己本人也有词集《遁庵乐府》传世，大多“骨力坚劲，意致苍凉”，每每流露着一种“怅怀今昔”的忧伤，《满江红·登河中鹳雀楼》就是极具如此特色的词作。

《满江红》词牌源起不明，一说是由唐人的曲谱《上江虹》更名而来，北宋诗人柳永首先用以填词。鹳雀楼位于山西永济古蒲州城旧址西南的黄河岸边，是南北朝北周权臣宇文护为了“镇河外之地”而建，时间约在北周孝闵帝元年（557）到武帝天和六年（571）。据称初名云栖楼，因常有鹳雀止息其上而得此名，蒙古灭金期间曾遭到兵火损坏。关于鹳雀楼，历代文人题诗甚多，但留词者却极为稀少，故克己此作就越显弥贵。而从其描述看，所登临的更像是一座已经被损坏的鹳雀楼，所抒写的则是一种登高远眺的乱世隐痛以及仿佛临近天界的无奈中的超然。

古堞[1]凭空，	古老的短墙凌空，
烟霏外危楼高矗。	穿破烟云的危楼依然耸立。
人道是宇文[2]遗址，	人说是宇文氏的遗址，
至今相续。	至今几代延续。
梦断繁华无觅处，	可惜那曾经的繁华梦断难寻，
朱甍碧甃[3]空陈迹。	红顶绿瓦只剩了空荡荡的残迹。
问长河都不管兴亡，	俯问长河从不管兴盛衰亡，
东流急。	急匆匆东流自去。
侬[4]本是，乘槎客[5]，	我本是乘舟赴海的远行客，
因一念，仙凡隔[6]。	却因了一念之误与仙界永隔。
向人间俯仰，	世俗人间的酬应俯仰，
已成今昔。	已然消磨了今昔。
条华[7]横陈供望眼，	条华二山横亘在遥遥的望中，
水天上下涵空[8]碧。	水色天光凝成了无边的翠绿。
对西风舞袖障飞尘[9]，	向西风挥袖甩开那尘凡的拘琐，
沧溟[10]窄。	洋洋的苍穹也顿觉藐小狭窄。

【注释】

① 堞：城墙顶上外侧齿状排列的防卫短墙，也称雉堞，俗称垛墙。

② 宇文：指下令修建鹳雀楼的宇文护，是南北朝时期西魏重臣宇文泰的侄子，宇文泰生前已经完全操控了西魏的政权，故其逝世后数月，宇文护即迫使西魏末帝“禅让”于宇文泰之子宇文觉，是为孝闵帝，改国号为北周，西魏灭亡；此后宇文护受封大司马，晋爵晋国公，挟制君王、独揽朝政十七八年，又相继害死了孝闵帝与北周明帝，后来被武帝宇文邕诛杀。

③ 朱甍碧甃：甍，读作 méng；甃，读作 zhòu；朱甍碧甃，红色屋脊、青绿色砖瓦。

④ 侬：我，为古代江南吴语。

⑤ 乘槎：槎，读作chá，指木筏；乘槎，驾小舟浮海而到达天河，比喻游仙；《论语》中孔子有言“道不行，乘桴浮于海”，桴指小筏子，所以此处的乘槎也有生逢乱世、道统衰败而期望远离红尘的意味。

⑥ 因一念，仙凡隔：一念之间凡人与仙界永隔，引自南宋诗人姚勉《桃源行》中语“顾家一念仙凡隔，如梦惊回寻不得”，指陶渊明《桃花源记》中的武陵捕鱼人，本步入世外仙苑，却又念家返回，再找时已难觅路径。

⑦ 条华：指中条山与华山；中条山横亘于山西南端，走向如条，也简称条山，而与黄河对岸同样横向的华山构成衔接之势。

⑧ 涵空：水映照着天。

⑨ 飞尘：飞扬的灰尘，也喻轻微、藐小的事物。

⑩ 沧溟：苍天、大海。

14. 段成己：《江城子 · 季春五日有感而作 歌以自适也》

段成己（1199—1279），金元时期诗人，字诚之，段克己之弟，绛州稷山即今山西稷山人。金哀宗正大七年（1230），成己举进士后曾经短暂出仕，当了一段为知县掌管文书的主簿。未及两年，蒙古大军南侵，成己遂与其兄避难黄河边上的龙门山中，在今山西河津。哀宗天兴三年（1234）蒙古灭金，二人仍然隐居。20 年后克己故世，成己才应河东道万户长李彀之邀，移居平阳即今山西临汾市区“辟庠北郭”，就是在城北开办学校，设席授徒。

元世祖中统元年（1260），忽必烈“特降玺书”授成己为平阳路提举学校官，掌管一方教育。有记载称成己曾拒绝不赴，但是在其所撰《霍州迁新学记》碑文中有着“至元四年（1267）冬十一月既望，宣授平阳路提举学校官段成己记”的自书落款，可见是受任了的。其实，当时元朝已经统治中原二三十年，战火停息，社会状况逐渐好转，不少金朝的遗民名士也均陆续服务于新朝。平阳又是北方文化重镇，全国雕版印刷业的中心。早在蒙古灭金后两年，就在这里建立了专门编集、校刊、印制图书文献的官方机构“经籍所”，被房祺编选《河汾诸老诗集》纳入的名士曹之谦、陈庾，就先后受命掌管“所事”，其他“诸老”大多应聘加入，成己完全可能参与。世祖至元八年（1271），忽必烈听从建议，取《易经》“大哉乾元”之意，正式定国号为“大元”。至元十六年（1279），元军在珠江三角洲西南的崖山海战中大获全胜，南宋灭亡。同年，成己故世。

《江城子 · 季春五日有感而作 歌以自适也》应该是其隐居期间所作。《江城子》原是一种酒宴上流行的酒令，初见于晚唐，后演变为词牌。“季春五日”指夏历的三月初五。成己与其兄隐居的龙门山，山深地偏，风光幽美，而且“食足货通”，是躲避战乱的理想所在。二人在此建宅“芹溪精舍”，过了多年摆脱名利、远离尘嚣的悠闲生活。写于春暖花开时节的此词，正是这样的身心状态的反映。

阶前流水玉鸣渠，	阶前的流水如碎玉轻歌涌过长渠，
爱吾庐，惬[1]幽居。	我就爱这茅庐就喜欢这样的幽居。
屋上青山，	屋顶上顶着青青的山峦，
山鸟喜相呼。	山前的鸟儿兴高采烈呼来唤去。
少日功名空自许[2]，	少年的功名也不过聊以自慰，
今老矣，欲何如?	到今天人已老还想怎地?
闲来活计未全疏，	闲暇时劳作的手艺并未忘记，
月边渔，雨边锄。	捕鱼伴着明月锄田迎着细雨。
花底风来，	花丛间时而飘来微微的风，
吹乱读残书。	吹乱了几近读破的书籍。
谁唤九原[3]摩诘[4]起?	谁能将九泉之下的王维唤醒?
凭画作，倦游[5]图。	请据此画一幅倦游图为我略抒胸臆。

【注释】

① 惬：读作 qiè，快意、称心、满足。

② 自许：自得、自认、自我称道。

③ 九原：此处指墓地，意即九泉之下。

④ 摩诘：即唐代诗人王维，字摩诘，能诗且善画，苏东坡曾以“味摩诘之诗，诗中有画；观摩诘之画，画中有诗”予以盛赞。

⑤ 倦游：游兴已尽，多指对于官场游宦生涯的厌倦。

15. 姜彧：《鹧鸪天·晋溪留题》

姜彧（1218—1293），元代官员、诗人，字文卿，莱州即今山东莱阳人。其父与历城豪绅张荣有旧交，还在姜彧出生前张荣已经聚众起兵，占据一方，抗拒日益溃败的金王朝，后又抵御南侵的蒙古大军10多年，最终于金哀宗正大三年（1226）归顺蒙古，受命为掌管山东的兵马都元帅兼济南府知府。几年后，姜彧之父携家前去投奔，张荣对“颖悟好学”的姜彧非常赏识，未久即用为类如副官的随从“掾佐”。元世祖中统二年（1261）稍后，姜彧被派往山东道滨州出任知州。随即为制止“军士多占民田为牧地”，呈文奏准严格“分画”疆界各取所用，并缉捕制裁“强猾不法”违令之徒，又大力“课民种桑”，仅仅一年即“新桑遍野”，被赞为“太守桑”。离任之时民众纷纷遮阻“请留”，乘马“为之不行”。

据记载，元世祖至元十八年（1281）姜彧已升至三品太中大夫，在太原担任负责司法与监察的河东山西道提刑按察使。是年夏历三月，姜彧曾到太原名胜晋祠“敬谒”并视察水利，赋有《浣溪沙》两篇。九月重阳节时，又陪着上司衙门京师御史台次官“御史中丞来游”晋祠，再“即席赋”《鹧鸪天》两篇。次年，这些词作被冠名“姜太中晋溪留题”一并刻石立碑晋祠，这篇《鹧鸪天》就是其中之一。

《鹧鸪天》，词牌名，据称取自唐人郑嵎的诗句“春游鸡鹿塞，家在鹧鸪天”，兴起于北宋并流行后世。晋溪也就是流过晋祠的晋水，发源于祠后的悬瓮山，山泉如同从瓮底汩汩漏下，长流不绝，穿祠而过，故借《诗经·鲁颂·泮水》中“永锡难老”语取名为“难老泉”。关于晋祠古人赋诗甚多，数以百计，但以词颂者则极少，存世不足10篇，而姜彧所作即占近半，文化价值不言而喻，可惜词碑近世被毁。所幸，清光绪二十七年（1901）山西巡抚胡聘之曾经搜集三晋古碑700多通，集为《山右石刻丛编》，收入此碑才使其文字珍存。此外，姜彧还为故世的元好问撰写过《元好问墓碣》等。

一代衣冠[1]共胜游，	伴随着一代名绅前来同游，
晋阳[2]祠宇若为酬[3]。	晋阳的祠宇似已在殷勤恭候。
溪山影里联金勒[4]，	溪山影里华贵的乘马并行走过，
箫鼓声中倒玉舟[5]。	箫鼓声中倾杯的美酒痛饮无休。
苍壁秀，	苍翠的岩壁喷吐着秀色，
锦屏幽，	有若织锦的画屏绮丽清幽，
留连一醉也风流。	到此间留连一醉真是占尽了风流。
生平适意能如此，	毕生的舒畅早能这样，
不信青青两鬓秋。	就不信青青的两鬓会变得斑白如秋。

【注释】

① 衣冠：古代士人以上始可以佩帽戴冠，因此衣冠即指官绅士大夫的服饰，后也多用为官绅士大夫的代指性雅称。

② 晋阳：太原的别名，古太原城在汾河之西、晋水之北即晋水之阳，故有此称，北宋后太原城移建于汾河之东，即今日太原城区之雏形。

③ 酬：本意是劝酒，原指主人首次敬酒宾客后宾客回敬、主人自饮后的再次敬酒，引申为酬宾、酬献、酬答等。

④ 金勒：古代金饰的带勒口嚼子的马笼头，多为官宦富贵人家使用，也借指华贵的坐骑乃至骑乘者。

⑤ 玉舟：此处指精美的酒杯。

16. 王恽：《三奠子·登河中迎煦楼 故址即唐崔徽白楼也》

王恽（1227—1304），元代大臣、学者、诗人，字仲谋，号秋涧，卫州汲县即今河南卫辉人。王恽“好学善属文”，少时已有名气。元世祖中统元年（1260），忽必烈诏令各地举荐人才，王恽被“选至京师”，次年授翰林修撰并国史院编修官，不久兼中书省左右司都事，在管“钱谷”、选“材能”、议决“典礼”、考定“制度”等方面均多建树，深为“同僚服之”。世祖至元五年（1268）监察机构御史台设立，王恽“首拜”监察御史，揭发贪奸“知无不言”，“论列凡百五十余章”以致“权贵侧目”。此后一生宦游，始终守正不阿，行止“端方”，且其著述颇丰，诗词均极出色，留词250余篇，是元代仅次于元好问的词家，有《秋涧先生大全集》百卷遗存。王恽故世后被赠授翰林学士承旨、追封太原郡公，谥号“文定”。

世祖至元九年（1272），王恽受命出任平阳路总管府判官，协助长官处理政事，管辖包括今山西临汾、运城市一带。次年赴河中府视察，在今山西永济，曾在府城北城的白楼接受款待，以其另一篇《点绛唇·癸酉夏六月五日同河中府官宴白楼》为佐证，这篇《三奠子·登河中迎煦楼 故址即唐崔徽白楼也》应该也是此时所作。

《三奠子》词牌最早见于元好问，曲也由其“自制”，三奠指古代祭神时的奠酒、奠谷、奠璧仪式。崔徽是唐代河中府歌妓，诗人元稹之友裴敬中官差到此，结识崔徽，二人情投意合亲密“累月”，敬中离开后崔徽抱恨“成疾”，又请人绘其画像寄予敬中，称自己“一旦不及画中人”那就“为郎死”，后终因相思过度而疯癫辞世，元稹遂为之记事赋诗，其画像也流传开来。据载，苏轼就曾获得此画，且出示“苏门四学士”之一的秦观，二人均有所作。苏轼诗中有“空唱崔徽上白楼”语，可见白楼应系崔徽常常献艺之处。此后，为崔徽吟咏吁叹的文士甚多，进而演变成崔徽是为敬中对镜自我画像、苦痛“自写真容”而死，悲剧色彩更加浓烈。不过，王恽此词抒发的却是个人登楼的山河情思，崔徽也只是标题中顺便介绍而已。

壮河山表里[1]，	山川壮丽的河东，
百二[2]喉襟[3]，	雄关扼守的西秦，
形胜地， 古犹今。	地势的优胜贯古通今。
风云全晋在，	大晋国的风云仿佛仍在，
草木故都[4]深。	消逝的故都却只见草木深深。
淡长空， 孤鸟没，	长空凄迷孤鸟远去，
总消沉。	总不免令人意绪消沉。
东山高卧[5]，	还没能弃官归隐，
梁甫长吟[6]，	也曾经自励高吟，
人未老， 鬓毛侵。	人未老但已是霜飞两鬓。
平生多古意[7]，	此生中常爱发思古幽情，
落日更登临。	更何况这落日时分的登临。
倚危栏， 穷远目，	身倚着危栏尽可以放眼千里，
恐伤心。	又唯恐再一次勾起伤心。

【注释】

① 河山表里：意即外河内山；据《左传》载，春秋时期晋国与楚国“城濮之战”前，楚军背险扎营，又传来似乎不祥的歌谣，晋文公非常担忧，谋臣狐偃也是其舅父遂为之鼓气曰，“战而捷，必得诸侯；若其不捷，表里山河，必无害也”，就是说打胜了我们必能控制诸侯，成为“盟主”，如不胜晋国外有黄河屏障，内有高峻的群山，易守难攻，也不可怕，故后世常以“表里山河”形容古代也称河东的山西得天独厚的地理优势。

② 百二：以二敌百，也有解释为百的加倍；《史记》中有言，称秦地为“形胜之国”，“带河山之险，县隔千里”，“得百二焉”，意即陕西关中一带，有大山阻隔中原，仅函谷关与潼关可通，险峻异常，地理位置颇为牢固。

③ 喉襟：喻指要害之地，此处应指潼关，距河中府仅有黄河一河之隔。

④ 故都：结合上下文看，似应指想象中的春秋时期晋国都城绛都，距河中府不远；但河中府也即蒲州在唐代曾经盛极一时，是黄河上连接秦晋两地的重要码头，一度还被定为中都，成为仅次于长安、洛阳、太原等处的名城，金末元初战乱中外城毁弃，故也可能是实指眼前的河中府。

⑤ 东山高卧：借东晋名臣谢安的典故喻指隐居；谢安出身官绅豪族，才学杰出，早年已有“重名”，但出仕未久就称病辞归，隐居会稽即今浙江绍兴的东山，有司屡召不赴，被人调侃为“累违朝旨，高卧东山”，年过40岁时终于决定出山，“东山再起”即指此事，后执掌朝政，并在淝水之战中运筹帷幄，大获全胜，淝水之战也成为以少胜多的著名战例。

⑥ 梁甫长吟：借三国诸葛亮的典故，喻指期望建立丰功伟业的大志；梁甫，也名梁父，是泰山附近一座较小的山；据《史记》载，远古时期“封泰山禅梁父”就是到泰山顶祭天再下到梁父山祭地的帝王有72家，其实仅为传说，真正前去“封禅”的首先还是秦始皇；诸葛亮未出茅庐“躬耕”田野时，好咏《梁父吟》，常“自比”古代名臣名将管仲、乐毅，故《梁父吟》应该是一首可以寄寓理想抱负、抒发世事感伤的歌，也有诸葛亮自创之说。

⑦ 古意：此处指思古之情。

17. 白朴：《水调歌头·放言》

白朴（1226—约1306以后），元代词曲作家，字太素，原籍隩州，在今山西河曲，后迁真定即今河北正定。其父为金代高官，与元好问交情深厚。金哀宗正大九年（1232）蒙古大军南侵，架炮猛轰首府开封，哀宗决计逃亡，白朴之父只好孤身随驾出走。次年开封城破，白朴之母失踪于兵祸，危难之中幸亏好问相救，才将年幼无依的白朴与其姐收养。又次年金亡，好问辗转流离多处，但对二人一直呵护有加，悉心教读。白朴曾染瘟疫，生命危急，好问“昼夜抱持”不眠，辛苦“凡六日”才使其“得汗而愈”。四年之后，好问终于将姐弟俩交给了辗转到达真定的白朴之父，其父感激不已，以诗“顾我真成丧家犬，赖君曾护落窠儿”怆然答谢。

白朴成年后才华崭露，声名渐显，但因饱经战乱又“仓皇失母”，故常“郁郁”因而拒绝出仕，“视荣利蔑如也”。元世祖至元十六年（1279）元灭南宋，后白朴移居金陵即今南京，与“诸遗老放情山水”，相携“诗酒优游”，余则一心一意笔耕，写下了16部杂剧与大量诗词散曲，惜剧本大多散失。完整留存的两部，《唐明皇秋夜梧桐雨》被学术大家王国维誉为“沉雄悲壮”的“元曲冠冕”，另一部《裴少俊墙头马上》也是后世搬演不断的爱情名篇。因此，白朴列入与关汉卿、马致远、郑光祖齐名的“元曲四大家”的名录。

《水调歌头·放言》是白朴晚年的怀念元好问之作。《水调歌头》据称最初出自隋炀帝自制的《水调歌》，“歌头”指全曲的首章，唐宋时演变为单独词牌。白朴此词有前言曰，“予儿时在遗山家”即好问家，曾由阿姐“教诵”，好问“先叔放言古今”，转眼间“忽白首”，“感念之余”遂“赋此词”。好问确有《放言》一诗，白朴则几乎句句特意套用该诗，也同样是赞美卓然不群的前贤，讥讽官场与人世间的明争暗斗，表达了飞越尘寰、放眼物外的超然情志。所以，这是一篇感恩戴德的词章，更是一篇专以蹈袭前辈、表示理想境界一脉相承的匠心独具之作。

韩非死孤愤[①]，	孤高愤懑的韩非虽屈死但已不朽，
虞叟坐穷愁[②]。	虞叟的丰硕著述皆由于奋起穷愁。
怀沙千古遗恨[③]，	屈原怀沙自尽却留下享誉千古的遗恨，
郊岛两诗囚[④]。	孟郊、贾岛呕心苦吟就甘愿自作诗囚。
堪笑井蛙裈虱[⑤]，	真可笑那些井底蛙裤中虱，
不道人生能几?	不思量人生又能几何?
肝肺自相仇[⑥]。	肝肺般难分但仍要自相仇斗。
政有一朝乐，	当官主政纵然有一时之乐，
不抵百年忧[⑦]。	绝不抵累及百年的烦忧。
叹悠悠，	叹一声悠悠，
江上水， 自东流[⑧]。	江上流水滚滚东流。
红颜不暇一惜，	青春的俏脸还无暇顾怜，
白发忽盈头[⑨]。	白发忽然已盖满了头。
我欲拂衣远引，	我多想飘衣远去，
直上嵩山绝顶，	直飞上嵩山的最顶，
把酒劝浮丘[⑩]。	举酒劝请那仙翁浮丘。
藉此两黄鹄，	借点儿醉力化作两只高鸟，
浩荡看齐州[⑪]。	好从浩瀚的云霄看看那沧海神州。

【注释】

① 韩非死孤愤：完全套用元好问《放言》原句；韩非，战国时期韩国思想家，法家学说集大成者；孤愤，孤高而不容于时的愤懑，也是韩非的著作名称；韩非系韩国贵族，著作不少，在母国却难获认可，痛感“廉直不容于邪枉之臣”，又“观往者得失之变”，乃作《孤愤》表达，后秦王嬴政看到其著作非常欣赏，为“得见此人”遂攻韩国，韩国只得派出韩非“使秦”，但其赴秦未久即遭权相李斯妒忌，被陷入狱，又被迫令服毒自杀，秦王“悔之”欲赦时“已死矣”；而韩非的学说，则为嬴政统一天下成为秦始皇之后建立中央集权的政体奠定了思想基石。

② 虞叟坐穷愁：由元好问《放言》中“虞卿著穷愁”略改；虞叟，本名信，战国时期赵国名士，曾“蹑蹻檐簦”即脚蹬草鞋、肩披斗笠来游说赵王，所言获赞，得赐“黄金百镒，白璧一双”，继又官拜上卿，故称虞卿；穷愁，穷困愁苦，出自司马迁对虞卿的评价；虞卿精于谋略，在秦赵长平之战前后均曾呈献良策，后为了拯救在魏国遭难而逃往赵国的丞相魏齐，弃官助其一道出奔，但魏齐最终还是无奈自杀，虞卿则流落于魏国的都城大梁，贫寒度日，从此看破红尘，全心撰述，成《虞氏春秋》15篇，有清人马国翰辑本存世，司马迁认为虞卿若“非穷愁”也不可能“著书以自见于后世”。

③ 怀沙千古遗恨：由《放言》中“长沙一湘累”转写；怀沙，战国时期楚国诗人屈原的诗作名；屈原被放逐后“行吟泽畔”，遇渔夫问“何故而至此”，屈原以“举世皆浊而我独清，众人皆醉而我独醒”回答，并不听渔夫的“与世推移”随波逐流之劝，“乃作《怀沙》之赋”，“于是怀石，遂自投汨罗以死”，就是说这是屈原怀抱着沙石自沉汨罗江前的绝命诗，也有一说是怀想长沙，无论如何表达的都是感叹“世溷浊莫吾知”的悲怆，是绝不以“皓皓之白”苟活而宁可“葬乎江鱼腹中”的长歌当哭，所以留下了千古遗恨。

④ 郊岛两诗囚：完全套用了《放言》原句；郊岛，指唐代诗人孟郊、贾岛；孟郊即著名的《游子吟》“慈母手中线，游子身上衣”的作者，贾岛则留下了盛传不衰的“推敲”典故，二人均毕生坎坷，贫困落魄，但却以诗为命，炼字炼句，呕心沥血，搜索枯肠，是所谓苦吟诗人的代表，故孟郊有“诗囚”之称，贾岛也被称作“诗奴”，像是诗的囚徒或者奴隶，二人的诗风也均清峻孤峭，苏轼曾给予“郊寒岛瘦”的精妙评价。

⑤ 井蛙裈虱：由《放言》中“井蛙奚足论，裈虱良足羞”借来；裈，读作 kūn，古代指连裆裤，也泛指裤子；裈虱，裤裆里的虱子。

⑥ 不道人生能几？肝肺自相仇：由《放言》中“人生定能几，肺肝日相仇”略改；相仇，此处非仅指人的互相仇视，更指人心中为了功名利禄的自我缭乱。

⑦ 政有一朝乐，不抵百年忧：由《放言》中“正有一朝乐，不偿百年忧”略改；此处通常解释为政、正二字义同，均表示只、就；但白朴所以改正为政，恐有着特别强调为官主政的意味。

⑧ 叹悠悠，江上水，自东流：由《放言》中“悠悠复悠悠，大川日东流”改写。

⑨ 红颜不暇一惜，白发忽盈头：由《放言》中“红颜不暇惜，素发忽已稠”改写。

⑩ 我欲拂衣远引，直上嵩山绝顶，把酒劝浮丘：由《放言》中“我欲升嵩高，挥杯劝浮丘”改写；远引，远去、远游，有避脱尘世、洁身高翔之义；浮丘，指浮丘公，李姓，传为东周灵王时期人物，修道嵩山，成为仙人。

⑪ 藉此两黄鹄，浩荡看齐州：由《放言》中“因之两黄鹄，浩荡观齐州”略改；黄鹄，鸟名，或指天鹅，也比喻高士；齐州，古州名，在今山东济南一带，此处隐含有居高而东望天下乃至沧海的意味。

18. 关汉卿：《新水令 驻马听 · 大江东去浪千叠》

关汉卿，元代词曲作家，约生于金朝灭亡的1234年之前，死于元成宗大德初年即1300年左右。其籍贯，元代钟嗣成所著剧作家等人物小传《录鬼簿》中记录为“大都”，在今北京，元末明初学者朱右《元史补遗》等书则谓之“解州”，在今山西运城。也有说法称汉卿仅系其字，本名关一斋，号已斋叟。

汉卿“生而倜傥，博学能文”，但在科举废置的元代士子仕途断绝，而大都的杂剧艺术却发展蓬勃。故不能排除，性格“滑稽多智”的汉卿成年后离开故乡解州，前往大都步入此行，为优伶撰制脚本，乃至“面傅粉墨”亲自登场，“蕴藉风流”渐成“一时之冠”，并出任行会首脑，南宋灭亡后还曾到苏杭一带发展。如其散曲自称，“我是个普天下郎君领袖，盖世界浪子班头”，“我是个蒸不烂、煮不熟、捶不匾、炒不爆、响当当一粒铜豌豆”，“我也会围棋、会蹴踘、会打围、会插科、会歌舞、会吹弹”，“你便是落了我牙、歪了我嘴、瘸了我腿、折了我手”，除非“阎王亲自唤、神鬼自来勾、三魂归地府、七魄丧冥幽”，到那时我“才不向烟花路儿上走”。在貌似玩世不恭、放荡不羁的背后，体现的显然是对于昏暗世道的轻蔑与愤懑。终汉卿一生，完成杂剧60多本，今存18本，还有散曲50多篇，因此被《录鬼簿》列为诸家之首，从明代起又与白朴、马致远、郑光祖并列为“元曲四大家”。其最知名的《感天动地窦娥冤》，已成为我国古今无与伦比的悲剧之冠；而较小说《三国演义》早出百年的历史剧《关大王独赴单刀会》，也成为第一个将关羽形象立于舞台的经典传奇，《新水令 驻马听 · 大江东去浪千叠》就是其中最为精彩的一段曲词。

《新水令》《驻马听》皆为词牌，始见于宋代，后又被“倚曲填词”使用于元曲。关羽是解州人，汉卿对于自己的同姓先贤、同乡豪杰，势必充满了格外的钦仰之情、亲近之感，所以才能为这位山西英雄赋就了一曲雄浑激越、哀怆凄婉、将其内心世界展示得出神入化的悲壮咏叹。

大江东去浪千叠，	大江东去大浪千叠，
引着这数十人驾着这小舟一叶。	引着这数十人驾着这小舟一叶。
又不比九重龙凤阙[①]，	并不是朝拜天上的宫阙，
可正是千丈虎狼穴。	而要去独闯虎狼的深穴。
大丈夫心别[②]，	大丈夫心头别样的烈，
我觑[③]这单刀会似赛村社[④]。	我看这单刀会就像逛逛乡村的社火。
水涌山叠，	水汹涌山似叠，
年少周郎[⑤]何处也?	年少的周瑜哪里去啦?
不觉的灰飞烟灭，	不觉得已灰飞烟灭，
可怜黄盖转伤嗟[⑥]。	最感伤可怜的黄盖也把命摧折。
破曹的樯橹[⑦]一时绝，	破曹的舟船踪影早绝，
鏖兵[⑧]的江水犹然热，	大战的江面依然滚热，
好教我情惨切，	好教我情惨切啊，
二十年流不尽的英雄血。	二十年流不尽的英雄血。

【注释】

① 九重龙凤阙：阙，本指古代皇宫门前两边的望楼，也代指帝王居处；九重龙凤阙，指天上的凌霄宝殿。

② 心别：心与他人不同，性格刚拗，有的版本谓之“心烈”。

③ 觑：读作 qù，眯着眼看、窥视，也泛指看。

④ 村社：指古代农村祭祀社神即土地神的活动，通常有春社与秋社两次；祭祀后还有“社戏”演出与沿街游走借以比拼锣鼓、秧歌、高跷、舞狮之类技艺的闹“社火”活动，称作“赛社”。

⑤ 周郎：指东汉末年东吴大将周瑜，汉献帝建安十三年（208）联合刘备军力于赤壁之战击败曹操，奠定了后来魏、蜀、吴三国鼎立的基础，但仅过两年即在 36 岁病逝，演义小说中有被诸葛亮三次设计气死之说。

⑥ 黄盖转伤嗟：黄盖，周瑜部将，赤壁之战时主动请缨，与周瑜暗定苦肉计自愿挨受痛打，借此过江假降，乘势发动火攻，成为取胜的第一功

臣；黄盖转伤嗟，指的是黄盖的结局；据载，黄盖当时被“流矢”射中落水，后获救“得生”，拜武锋中郎将，但也有不幸死去之说，《关大王独赴单刀会》即用此说，其第四折中就有“破曹兵于赤壁之间，江东所费巨万，又折了首将黄盖”的明确表述，所以这里的意思就是战争无胜家，英雄的下场照样悲伤不堪。

⑦ 樯橹：船上的桅杆与橹，也泛指船只，古诗文中多用以借指战船。

⑧ 鏖兵：激战，大规模的战斗。

19. 朱凯：《点绛唇 混江龙·杨令公魂灵叹》

朱凯，元代词曲作家，字士凯，生卒年与籍贯不详。朱凯有位好友钟嗣成曾编写《录鬼簿》一书，辑录了元代150多位词曲作家与艺人的简要生平与400多部作品名目，已成为研究元代文化艺术珍稀的要籍，为此书作序者就是朱凯。又据《录鬼簿》载，朱凯自幼意趣“不俗”，“沉默敦笃”但“念信”诚厚，所著词曲“振江淮”而“独步”杭州，名气甚高。可惜大多失传，幸有其《昊天塔孟良盗骨》仍存，成为迄今可知最早颂扬北宋杨家勇将的悲剧杰作。其中的《点绛唇 混江龙·杨令公魂灵叹》，就是老英雄杨业战死后假托魂灵再现的一段凄切的悼歌。

《点绛唇》《混江龙》皆为词牌，始见于五代与宋初，后被使用于元曲。杨业为太原人氏，原系五代末年北汉武将，以“骁勇”著称，人号“无敌”。宋太宗收复北汉后，因“素闻其名”仍委以重任，令驻守代州、云州一线抵御契丹辽国，并密封加赏“赐予甚厚”。未久契丹侵犯雁门，杨业率部绕山而过从背后发起突袭，使其大败，从此只要望见杨业旌旗，契丹即自行退兵“引去”。

宋太宗雍熙三年（986）出征辽国，先有小胜，后契丹大举反攻，太宗乃命主将潘美保护云、朔等州百姓内迁。副将杨业主张，敌锋正凶“不可与战”，首要是转移民众，并提出一套“万全”计划。监军王侁却力主迎击，甚至讽刺杨业“畏懦如此”空负“无敌”之名，杨业被迫以先锋出战，行前请埋伏“步兵强弩”于今山西宁武的陈家谷口，待自己“转战至此”后“夹击”援助。但杨业与敌“力战自午至暮”到谷口时，宋军伏兵已撤，杨业只得孤军殊死拼搏，直至“士卒殆尽”，其子杨延玉也牺牲，杨业身受重创仍“手刃数十百人”，因马伤被俘，绝食三日拒降殉国。太宗得报后，特下诏隆重祭葬“以旌遗忠”，祈其“魂而有灵，知我深意”，罚潘美降官三级，王侁戴罪流放。此后杨家故事开始流传，从已散失的宋代话本到元曲，再到明代万历年间演义小说的刊刻，继而无数舞台精品面世，“杨家将”遂成为家喻户晓的忠烈传奇。而《昊天塔孟良盗骨》中这篇，则是最具首创意义的一曲悲怆词章。

傀儡棚①中，
鼓笛声送相搬弄②。
想着那世事皆空，
恰便似一枕南柯梦③。

盼不到先茔旧垄④，
黄泉下埋没杀俺这英雄。
空锁着一腔怨气，
做不的万丈霓虹。
本待要汉主台⑤前把俺形容画，
谁知道李陵碑⑥底早是命途穷。
怎将那一座两狼山⑦，
磣可可⑧生扭做祁连冢⑨？
也枉了俺半生无敌，
十大的这边功。

官场中就像戏场中，
鼓笛声里却总是暗斗明争。
想想那人间的事儿终成空，
真恍似刹那间飘过的虚无梦。

盼不到回归故乡的祖坟，
黄泉下埋灭了死难英雄。
徒留着满腔怨气锁心头，
做不得万丈云霓飞彩虹。
本指望功臣阁上把容颜绘，
谁可知李陵碑前血溅贼风。
为什么要将一座两狼山，
硬生生扭成了惨烈的墓坑？
冤煞我杨无敌威名半世，
这守边杀敌的累累丰功。

【注释】

① 傀儡棚：本指戏场，后多用于喻指官场。

② 搬弄：挑拨是非；杨业原为北汉武将，宋太宗围攻太原灭亡北汉时，随末帝刘继元一道出降，后虽战功不小，但戍边主将“多忌之”，屡有暗上“谤书”告密者，太宗阅过“皆不问”而密封交付杨业，此处的表达就包含着杨业对这类中伤的郁闷之情。

③ 南柯梦：空梦一场；典故出自唐代传奇小说《南柯太守传》，称落拓之士淳于棼，其宅南有大古槐一株，某日与友人聚饮树下醉倒入睡，忽见二紫衣使者前来跪拜，声言槐安国国王“奉邀”，遂从槐穴而去，被带到了一个美丽的国度，召为驸马迎娶公主，又派往南柯郡出任太守20年，公主还生了五男二女，荣华富贵极“一时之盛”，后檀萝国派兵来犯，淳于棼用人不当打了败仗，未久公主急病死去，只得卸职还朝，也渐失国王信赖，被从一洞口送出，始从梦中醒来；而此时太阳还未落

山，淳于棼与友人寻索，古槐下果有大蚁穴，其宅东大檀树下也有一个，两蚁穴就是所谓的槐安国、檀萝国了。

④ 先茔旧垄：先人的坟茔，故乡的墓垄；杨业战死后葬埋异乡，难归祖坟，《昊天塔孟良盗骨》的描述则更为夸张，称杨业骸骨被吊在昊天寺塔尖，每日轮班小兵100名，各人射骨三箭，使其魂灵不得安宁，苦痛之极。

⑤ 汉主台：此处应指祭祀君王及有功之臣的宫殿，北宋时建有为过世天子以及功臣画像奉祭的景灵宫。

⑥ 李陵碑：小说戏曲中描写的杨业碰碑自杀之处；李陵是西汉名将，善骑射，爱士卒，声望很高；汉武帝天汉二年（前99），从河西走廊酒泉发军出击匈奴，李陵所率五千步兵遇敌三万骑兵，拼杀多日伤亡殆尽，最终无奈投降；后传闻李陵为匈奴练兵，武帝震怒，遂诛死其母与妻，夷灭三族，此前唯司马迁为之辩护，认为征战千里孤立无援，遭此重惩"诚可痛也"，以致也被处宫刑，李陵则彻底绝望，居匈奴20多年，直至封王，并有一篇自诉委屈的《答苏武书》传世，其命运获得过不少人的同情与理解；杨业之死本为被俘绝食，后被演义为碰碑自杀无疑使悲剧色彩更加浓郁，而此词中的李陵碑就是迄今可见最早的书面记载，也说明类似情节在失传的宋代话本中已经形成。

⑦ 两狼山：小说戏曲中杨业碰碑自杀前的战场，应该就是正史所记陈家谷口的形象化，此处所用也是两狼山迄今可见最早的书面记载，今山西宁武与怀仁两县据称均有两狼山。

⑧ 碜可可：碜，读作chěn；碜可可，形容惨烈凄怆。

⑨ 祁连冢：冢，读作zhǒng，坟墓；祁连冢，本指西汉名将霍去病的坟墓，此处借指两狼山成为葬身之地；霍去病18岁受任嫖姚校尉，此后五次出击匈奴四次担当主将，屡获大胜，先后"斩捕首虏十一万余级"，使"胡寇"锐减，"匈奴远遁"，由骠骑将军到大司马官爵一再加封，惜23岁染病早逝，汉武帝深为悲悼，令以祁连山形为样建造高大的坟墓于陕西茂陵，至今犹存。

20. 张炎：《水龙吟·寄袁竹初》

张炎（1248—1314 后），南宋至元初诗人，字叔夏，临安府即今浙江杭州人。张炎出生时北方的金朝已被蒙古所灭，但以临安为都的南宋仍然存在，直至末帝祥兴二年（1279）崖山海战大败，南宋始亡。彼时，刚过 30 岁的张炎已很有词名，故被后世学者称为宋词的最后一位名家，但其词也有不少是进入元代之后所作。

张炎出身官宦高门，六世祖张俊为宋代大将，北宋末年抵御金国南侵战绩显赫，又是南宋初年拥立高宗登基的功臣，深获恩宠。高宗曾经亲临其府，张俊供奉的宴席，菜品、果品均高达数百样，后被人记录留存，成为我国最早的古代豪华菜单，奢侈浪费程度令人咋舌。而且，张俊“力赞和议”，与宰相秦桧全然“意合”，并提供罪证导致了主战岳飞的屈死。明宪宗成化十一年（1475），秦桧等人的跪像立于杭州岳飞墓前，明神宗万历二十二年（1594）又将张俊跪像补立。但张俊四世孙即张炎的祖父张濡，元军灭南宋时为镇守关隘的将领，曾经奋勇抵抗，又因部下误杀劝降信使，元军攻破临安后被残酷“磔杀”，家财悉数抄没。从此张炎富贵不再，陷入贫困，一度还靠卖卜占卦谋生。元世祖至元二十七年（1290）张炎赴大都即今北京，据称是奉诏前去参与缮写泥金字的藏经。其间，曾到“燕赵”即今河北、山西一带游历，成为南宋词家中唯一涉足三晋的人物，《水龙吟·寄袁竹初》应该就是当时所作。

《水龙吟》据说最早是南北朝北齐的古曲，唐代时有君王出行时的仪仗鼓吹《龙吟声》，民间也流传着类似的击打音乐，唐末到北宋时演变为词牌。袁竹初，从词作流露的缠绵思情推断，很可能就是张炎的夫人，或是与其非常亲近的异性，应该是一位出身书香富家、取名高雅、文化教养不俗的女子。张炎在北方居留一年多后南返，有说法是谋官不得失意回归，此后漂泊江浙，落魄而终。但其词名却与日俱增，与婉约派大词家兼音乐家姜夔并称“姜张”，有《山中白云词》300 多篇传世。

几番问竹平安①，	一封封书信问询平安，
雁书②不尽相思字。	鸿雁传来的文字说不尽的思念。
篱根③半树，	篱笆墙下冒出短树半截，
村深孤艇④，	村深处隐没着孤零小船，
阑干屡倚。	登高怀人多少次独倚栏杆。
远草兼云，	远方的碧草烟云轻披，
冻河胶雪，	冰冻的长河雪团丛聚，
此时行李⑤。	此时的我却仍在奔波行旅。
望去程无数，	望前路征程无数，
并州⑥回首，	从并州回首，
还又渡桑干⑦水。	还渡过桑干的流水。
笑我曾游万里，	曾笑我遍游万里，
甚匆匆便成归计。	但转眼就有了归家的心计。
江空岁晚，	江空岁末时节，
栖迟⑧犹在，	越发梦魂牵绕，
吴头楚尾⑨。	那故乡的街头巷尾。
疏柳经寒，	稀疏的柳枝寒意微拂，
断槎⑩浮月，	小小的木筏边月影飘坠，
依然憔悴。	可依旧难减憔悴。
待相逢说与相思，	到相逢时说说我的相思，
想亦在相思里。	想你也笃定在相思里。

【注释】

① 问竹平安：成语竹报平安的转用；据载，太原西山的名刹童子寺，唐代时曾生出竹子一丛，北方非常难得，以为祥瑞，故“才长数尺”管事寺僧就天天都要向众人“报竹平安”，后即以此语雅称家信、报平安的书信；不过，此处的问竹平安似在表示来自远方的应该就是袁竹初的问候的书信。

② 雁书：即书信，古代有鸿雁传书之说。

③ 篱根：篱笆的根部、近地之处。

④ 孤艇：孤独的小船。

⑤ 行李：古代也指行旅、行程或旅行中的人。

⑥ 并州：本古代州郡名，汉代设并州郡，郡治太原，辖今山西大部以及临近的陕西北部到内蒙古南部一带；唐代置太原府，所辖大为缩小，宋代改称并州，后又复名太原府，并州渐成为府治太原的别称。

⑦ 又渡桑干：桑干，即桑干河，发源于山西北部，至河北汇入永定河，再入海河注入渤海；又渡桑干，唐代诗人贾岛有《渡桑干》诗，“客舍并州已十霜，归心日夜忆咸阳；无端更渡桑干水，却望并州是故乡”，结合上句看应是借此诗意，也许张炎曾在并州有过较长逗留。

⑧ 栖迟：词义较广，有淹留、留恋、游息、漂泊失意等，此处可理解为失意时的怀念家乡。

⑨ 吴头楚尾：本指古豫章郡即今江西北部的地理形势，称其“地接衡庐”即衡山、庐山，“上控百粤”即今浙江、福建与江苏南部一带，“吴头楚尾”即位于古吴国之头、楚国之尾，此处用以借指南方的家乡。

⑩ 断槎：槎，读作 chá，即木筏；断槎，多指孤筏。

21. 杨基：《惜余春慢·初到山西》

杨基（1326—1378 后），元末明初诗人，字孟载，祖籍嘉州即今四川乐山，祖父为官吴中即今江苏苏州与附近的浙江湖州一带，举家乃移居于此。杨基五岁能诗，九岁可背诵儒家“六经”，后与“天才高逸”的高启等人结为诗友，号为“吴中四杰”。当时，南方反元势力接踵爆发，元顺帝至正十三年（1353）起，张士诚割据吴中一带建国称王，杨基曾任丞相府“记室”，至正二十七年（1367）士诚被朱元璋击败自尽。朱元璋建立明朝后，洪武二年（1369）杨基被起用为知县，洪武七年（1374）授山西按察副使管理司法与监察。但未数年即被蒙冤夺官，罚做苦役，最终屈死于“工所”。

而其好友高启，则死得更加悲惨。高启被朱元璋召入朝中后，授翰林院国史编修官并“教授诸王”，成为皇家子弟的业师。不久高启却主动请辞，据云还作诗对新君“有所讽刺”，朱元璋隐忍“未发”且“赐白金放还”。几年后，苏州知府魏观借张士诚旧宫改建府衙，被人以复辟“既灭之基”诬告，遭致诛杀。朱元璋又看到高启为魏观撰写的《上梁文》中，有“龙蟠虎踞”等疑似赞颂士诚语，还有《郡治上梁》一诗也多犯忌，遂勃然大怒，令以“有异图”将高启“腰斩”，野史记载竟被“截为八段”。后杨基曾以诗哭吊“旧知”，哀叹“鹦鹉才高竟殒身，思君别我愈伤神”，“每怜四海无知己”，“哽咽东风泪满巾”，暗暗表达了对于滥杀文人的不满，被罚做苦役也或许与之有关。

这篇《惜余春慢·初到山西》词前有杨基小记称，初到山西“才中秋”已觉“寒甚”，“缅思故乡，正当赏桂问月之期”，怀想“诸友”多已“散没”，只“惟止仲在焉”，于是填词“一阕寄之”。《惜余春慢》词牌，为北宋时人首创。止仲名王行，也是吴中的诗词名家，曾为明朝开国大将军蓝玉的家庭塾师。杨基死后 10 多年，朱元璋借口“谋反”而处死蓝玉，王行也被一道杀害。杨基奉调山西时就很不情愿，所以在此词中流露的显然有一种对于仕宦北方的郁闷情绪与隐隐的牢骚。

陇头①水涩，	北疆的流水冷涩，
秋蝉过塞，	秋蝉从远塞飞来，
雁鸣寒威陡至。	伴随雁叫的寒威骤然而至。
恁②早觉袖手懒将开，	这么早就袖笼双手懒张开，
这气候偏与中原异。	此处的气候恰与中原大异。
峭砭肌骨，	朔风料峭刺人肌骨，
洌脆髭须，	凛冽间似已冻脆了胡须，
江南老实难当御。	江南的老儿真难抵御。
览高山何叶不零，	望高山怎样的叶子能不凋落，
那百草归何处？	那百草又被吹到哪里？
记故乡秋暑方消，	忆故乡初秋暑热刚消，
金粟飘香，	金色的稻谷飘香，
黄花委地。	野菊的新花遍地。
谩③携壶，	再随意带酒携壶，
共上著翠微吟，	同登翠冈低吟漫咏，
盼④白云红树。	看白云缭绕着红树。
时去世更无几，	惜世道变更未久，
南迁北往，	我却是南遣北调来去，
翻成梦里。	这一切便统统抛入梦里。
到明朝赢得边雪霏颠，	到明天纵迎得边雪纷扬，
空令抚髀⑤。	也只可拍拍屁股空叹惊奇。

【注释】

① 陇头：边地、边区，也借指边塞、边疆。

② 恁：读作 nèn，这样、那样。

③ 谩：此处作散漫、随意解。

④ 盼：此处指看、观看。

⑤ 抚髀：髀，读作 bì，大腿，也指股骨；抚髀，手拍股部，表示振奋、感叹等。

22. 韩邦奇：《金菊对芙蓉·阅兵雁门登城》

韩邦奇（1479—1556），明代大臣、诗人、学者，字汝节，陕西朝邑即今陕西大荔人。明武宗正德三年（1508）举进士入仕，未三年即升为吏部司级官员，但却因直言上疏“陈时政阙失”等故遭贬外放。后任浙江按察副使，见当地宦官“爪牙四出”，大肆勒索鱼、茶特产，邦奇又上疏“请禁”，并作歌为民“哀之”，却被诬告“怨谤”朝廷，触犯“帝怒”，令缉拿回京问罪，继而罢官六七年，武宗驾崩、明世宗登基后才重获起用。

世宗嘉靖十四年（1535）邦奇出任山西巡抚，在职四年“为政严肃”自律，官方“供具”食物一概“不纳”，只隔日以个人“俸米易肉一斤”佐餐。后官至南京兵部尚书，晚年归休。回乡五年后的嘉靖三十五年（1556），陕西发生损失惨重的特大地震，方圆数百公里连同冻、饿、瘟疫等死亡83万人，邦奇因所睡的燃火暖炕塌毁，被烧而死，后获谥“恭简”。有诗文汇编存世，也包括不少山西之作，《金菊对芙蓉·阅兵雁门登城》就是其最具职务意义的一篇。

《金菊对芙蓉》词牌始见于南宋，据载最初有以两花对举表达“秋怨”之意，雁门指雁门关。明朝中叶，蒙古诸部精骑经常入侵，其中原因之一就是嘉靖以来政策失当，封锁贸易渠道，阻绝蒙古地区必需的铁器、绸布、茶叶等供给，又有部分百姓与不法士兵前往投靠或者暗自勾结，致其频频突破长城袭扰，劫掠大量财物人丁而去，山西则首当其冲。就在邦奇任巡抚时，大同一带几乎年年遭祸，防卫极难。所以在此词中，作为地方大员尽管不乏夸张地描写了阅兵的雄壮，更多的还是希望彻底肃清边患的心境抒发。但后来情势更为严重，直到明穆宗隆庆五年（1571）下旨同意设“马市”以“互取所需”，双方才达成“罢战”协议，划出地盘定期开集贸易，史称“隆庆议和”，自此直至明亡之前数十年间边境安定。所谓“走西口”的山西贫民大规模北上谋生活动也从此开始，在俗称“西口”的山西右玉县杀虎口，一处当年为贸易所建的小城平集堡仍有部分遗存。

楼起层城[1]，	楼城屹立在层叠的山间，
城蟠[2]绝岫[3]，	峻峭的绝壁围护着雄关，
旌旄[4]上拂云天。	旌旗如潮冲上了云天。
看龙蛇阵绕，	龙蛇般的军阵绕进绕出，
虎豹关严，	虎豹样的闭合凌厉威严，
班声一喏[5]桑干[6]沸，	一声怒吼滚沸了桑干河水，
青霄外震裂恒山[7]。	九霄外仿佛已震裂恒山。
有英雄骁将，	幸而有这样骁勇的将士，
黄金绣铠，	身披彩绣的金甲，
白玉雕鞍。	稳跨在白玉雕饰的骑鞍。
北望杀气腾腾，	望北疆杀气迷漫，
更胡霜漠漠，	胡人居处更寒霜冷漠，
万里腥膻。	飘荡着千万里牛腥羊膻。
把壮心引动，	但恰好引动壮烈的心，
鼙鼓填然[8]。	昂扬的战鼓擂成了狂涛巨澜。
合当痛饮黄龙府[9]，	誓必要直捣巢穴举杯畅饮，
再纵兵十日搜畋[10]。	再纵兵十日将角落搜遍。
好生擒开罕[11]，	好活捉可汗，
旗枭冒顿[12]，	旗悬敌酋头颅，
剑斩楼兰[13]。	挥长剑扫平边地的狼烟。

【注释】

① 层城：重城、高城，也兼指高山之巅，古代神话中昆仑仙山上的城郭。

② 蟠：环绕、盘曲。

③ 岫：读作 xiù，本义为山穴，山有穴为岫，后也泛指山或山的峰顶。

④ 旌旄：读作 jīng máo，带有漂亮垂毛穗饰的将帅指挥旗，也泛指旗帜。

⑤ 班声一喏：班声，马的嘶鸣声；喏，此处读作 rě，古代表示敬意的应答；班声一喏，应指阅兵队伍遵从军令的齐声呐喊。

⑥ 桑干：即山西北部的桑干河，流经雁门关之北，至河北汇入永定河，再入海河注入渤海。

⑦ 恒山：我国五岳之一北岳恒山，主峰位于山西浑源县，绵延直至河北。

⑧ 鼙鼓填然：鼙，读作 pí；鼙鼓填然，战鼓的声势浩大雄壮，此处有作者自注“君子闻鼙鼓之声，则思战伐”。

⑨ 痛饮黄龙府：黄龙府，宋代时北方金国的重镇，一说为其都城；痛饮黄龙府，引自《宋史·岳飞传》中岳飞的豪言“直抵黄龙府，与诸君痛饮尔”，指彻底战胜敌人后的尽兴祝捷。

⑩ 搜畋：畋，读作 tián；搜畋，狩猎，此处借指搜捕敌酋。

⑪ 开罕：此处应指可罕，蒙古语译名，也译为可汗、合汗，指君王或部族、种族头领。

⑫ 旗枭冒顿：枭，读作 xiāo，古代指斩首之后的悬挂示众；冒顿，读作 mò dú，秦汉之交时期的匈奴首领，曾经弑父自立，后统一北方草原，并进占河套一带，又南扩侵占土地，建立起强盛的王国；旗枭冒顿，借指斩杀并示众蒙古部族的头目，引自岳飞《送紫岩张先生北伐》中语“旗枭可汗头”。

⑬ 剑斩楼兰：楼兰，西汉时期的西域小国，和通西域的汉使、汉军屡有冲突，故其国王被西汉使臣傅介子用计杀死，改立新主，得以臣服，后更名鄯善；剑斩楼兰，指武力降服对手，引自李白《塞下曲》“愿将腰下剑，直为斩楼兰”。

23. 赵时春：《小重山·寄总督杨南涧》

赵时春（1509—1567），明代官员，字景仁，陕西平凉人，现属甘肃。其人有“异资”，读书“善强记”，尤“喜谈兵”，明世宗嘉靖五年（1526）18岁赴京科考，夺得会试第一、殿试第六，入选翰林院，继授任刑部、兵部，但未几年就因上疏直谏削官为民。九年后于嘉靖十八年（1539）复职，次年却又因上疏而大触帝怒，再被罢黜。直至嘉靖二十九年（1550），北方蒙古挑衅越演越烈，甚至打到北京城外大肆劫掠，据称因时春“知兵”也善“骑射”，故被荐重新起用，次年奉诏转调山东“管领”当地民兵。

对于蒙古，有官员主张止战议和，答应其开启被关闭“马市”的贸易要求。时春则坚决反对，指为“亡宋秦桧策”，并两度亲率数千山东民兵，奔赴北京主动“入卫”请战。虽未获准，而其“士马骁健”“部署严整”却很受“都人”瞩目，遂于嘉靖三十二年（1553）升为防卫重镇的山西巡抚“提督雁门诸关”军事。时春越“负奇气”，更以“武功自奋”，撰《御寇论》大讲“战守”，声言若自己“选卒五千”敌乃“不足平也”。

《小重山·寄总督杨南涧》应是其莅任山西不久所作。《小重山》词牌相传为晚唐诗人韦庄首创，原是一曲诉悲的“宫怨”词。杨南涧名守礼，山西蒲州即今永济人，曾在北疆“总督”军务多年，屡有胜绩，论功加兵部尚书，晚年告老回乡。时春此词，豪情满腔地诉说了自己的新作为，表达了扫平强敌的雄心壮志。然而，是年秋山西神池一带又遭“入寇”，时春慨然领军迎战，后获消息称几十里外发现部分敌骑，时春立刻全身“擐甲”下令追击，总兵李涞劝缓。时春大喝道“贼知吾来必遁”，“缓追”追得上吗？当即“策马”疾驰，结果对方“伏兵四起”，李涞力战而死，全军几近覆没，时春“仓皇投一墩”，匆匆跳进废弃的烽火台躲藏，护卫以绳索拽起始得逃生。上任半年，首仗惨败，此君显然激昂有余，实战外行，故论罪被彻底免职。不过有史家认为，彼时诸多将帅畏敌躲战，时春“功虽不就”却也“天下皆壮其气”。

枉使英雄气不平，	空自让英雄气愤难平，
汾曲晋岸[1]，	汾河湾里晋水之滨，
胡骑连营[2]，	胡人的骑寇连片扎营，
依山潜垒[3]岂消停?	依山构筑的暗堡哪敢有个消停?
新月映，	看今日新月映照，
囊水堰龙庭[4]。	聚满了护城河水阻绝北蛮的凶锋。
重堤护层城。	重重的大堤拱卫高城，
横驱蛟鳄，	可以横断蛟鳄的来路，
骇走长鲸，	逼退狠恶的长鲸，
三尺浪卷狼烟[5]清。	飞卷的巨浪剿灭狼烟的狂腾。
斯须[6]定，	且待我急速搞定，
为报洗甲兵[7]。	禀报您清洗甲兵的全胜佳音。

【注释】

① 汾曲晋岸：汾河湾、晋水边；汾河是纵贯山西、流经太原的黄河一大支流，晋水发源于太原晋祠背后的悬瓮山，后汇入汾河。

② 胡骑连营：指蒙古骑兵多年侵犯山西，从嘉靖初年起几乎年年不断，最严重的是嘉靖二十一年（1542）攻破雁门关南下太原，“列营汾河东西”劫掠，并劫掠潞安府、平阳府、沁州、汾州、平遥、介休、定襄、五台、繁峙、灵丘等处，各地守将大多“闭营”不敢“邀击”，相继“一月余”而去，有“十卫、三十八州县”受害，损失惨烈；在赵时春赴任山西巡抚的前一年即嘉靖三十一年（1552），蒙古骑兵又“四犯大同”，“二万余骑”出动，“分掠朔、应、山阴、马邑等州县”，攻击雁门关、宁武关，太原告急，人心惶惶。

③ 潜垒：隐藏的工事，如暗堡之类。

④ 囊水堰龙庭：龙庭，本指朝廷，也指汉代匈奴祭天地鬼神之处或其王庭，后常用以借指匈奴与其他北部民族地区；囊水堰龙庭，应指采取聚水护城河等措施防堵蒙古侵害；嘉靖时期为了民众危急时的避乱，还在

太原周边修筑墙围高大的堡寨22座，并设置了相互报警的烽火台；从全词看，赵时春到职后可能有过督促修筑防御工事以及加固加高护城堤堰、增加护城河深度等举动，自我评价也非常满意。

⑤ 狼烟：古代北疆边陲烽火台上报警敌情的烟火，据云要用狼粪点燃故有此称，其实均系传说，但古代也用狼烟借指北方外敌入侵或泛指战乱。

⑥ 斯须：义同须臾，即片刻、瞬间、一会儿。

⑦ 洗甲兵：洗涤铠甲兵器，表示定会夺得胜利；据载，周武王讨伐商纣王时，“将行之日”遇雨，卜者以为不祥“不可举事”，太公姜尚姜子牙则称，此乃上天为我们“洗濯甲兵”，是报捷之兆，武王听而信之，下令出发，果然大获全胜，灭掉殷商，后世也以此表示战争结束后的清洗铠甲兵器。

24. 周斯盛：《行香子·寿阳道中雪》

周斯盛（1524—1569），明代官员、学者，字子才，陕西宁州即今甘肃宁县人。斯盛勤奋早慧，14岁考为县学生员即秀才，明世宗嘉靖三十二年（1553）举进士，初任职管理天子传旨、封赏、慰问等事务的衙门行人司，继任都察院监察御史，又因巡视辽东的杰出作为，擢升浙江按察副使。其间，斯盛上书获准，设立了专管运河事务的水利通判厅，保证了航运的安全，后调任山西提学副使管理教育。在山西，斯盛最具历史功绩的贡献就是获得巡抚杨宗气的大力支持，由其负责纂修，完成了《山西通志》32卷，于嘉靖四十三年（1564）刊刻面世。是年，斯盛又奉诏入京朝觐天子，复升为山西参议即行政长官布政使的副手，再转岢岚兵备副使，负责监理山西晋西北一带的军务，"戍边"颇有功勋。此后不久，斯盛因丧亲归家守孝，恰遇故乡饥荒，流离失所者甚多，遂拿出自己的俸禄，竭力购粮赈济，使族中的灾民大都获得安置，应该说是一位富有社会使命感的士绅。惜未过几年，即不幸患病早逝。

山西最早的通志修成于明宪宗成化时期，斯盛的通志虽然晚了90多年，内容却更为详尽。尤其是，明英宗时惨遭冤杀的英雄于谦，曾任山西巡抚19年，在此留下了大量的奏折文书与诗文，斯盛将其均皆收入，从而保存了非常珍贵的历史文献。但该版《山西通志》后来几乎绝迹，传世仅余两套，一套收藏于国家图书馆，另一套由清文宗咸丰年间的山西举人马秉谦私藏并传诸其子，其子过世后其孙于20世纪60年代无偿献出，捐赠山西省图书馆，2018年由中华书局影印出版。

斯盛仕宦山西数年，走过不少州县，也常有留吟，《行香子·寿阳道中雪》就是其途经寿阳县时的即兴感赋。行香指的是举办道场法会等仪式时主斋之人的轮流周行上香，歌咏这种活动的佛曲或许就是《行香子》词牌的最初来源。斯盛此作，语意浅显，笔调洒脱，颇富淡雅之趣，生动地勾勒出一幅雪中行旅的美妙画卷，也间接描述了一名高官公差外出时所付出的艰辛。

不是杨花，不是梨花，
如盐如絮散横斜[1]。
银翻马足，
玉碎人家。
但烟光乱，云光寂，
水光赊[2]。

不是杨花也不是梨花，
就如同盐团搅和着飞絮横飘斜下。
前行的马蹄仿佛踩翻银窝，
无边的碎玉堆起了远近人家。
但只见烟光散乱云光空寂，
微茫的水光宛若虚幻的柔纱。

又是天涯，又是水涯，
层冰[3]未化更交加。
欺裘有力，
著树无花。
渡深溪怯，浅溪冷，
莫溪差[4]。

又是天涯也又是水涯，
厚冰未化越感觉寒意交加。
击打皮袍竟这样有力，
坠落树丛却未绽些许的花。
渡深溪心怯渡浅溪身冷，
没什么溪流可让人轻松一跨。

【注释】

① 斜：此处协韵应读作 xiá。

② 赊：此处协韵应读作 shā，有渺茫、稀少的意思。

③ 层冰：指厚冰。

④ 莫溪差：莫，此处可作没有解；差，相异、不一样；莫溪差，意即一路上没有什么溪流与所渡的深溪、浅溪有所不同而容易渡过。

25．曹溶：《南乡子·访傅青主》

曹溶（1613—1685），明末清初诗人、学者，字洁躬，浙江嘉兴人。明思宗崇祯十年（1637）举进士，授官御史，明清易代之后继续出仕，清世祖顺治十三年（1656）擢任都察院左副都御史。恰因此，使曹溶与山西义士傅山建立了深厚的友谊。

明朝沦亡后，傅山自号“朱衣道人”，佩黄冠朱衣，拒穿清服，决心不奉新朝。顺治十一年（1654），占据云南、贵州一带的南明永历帝王朝，委任总兵官宋谦筹划发难河南，举义北方，宋谦曾到太原联络傅山，后在河南被捕招供，傅山遂以涉嫌“谋逆”重罪下狱。但因宋谦已死，傅山坚拒承认，竟至绝食九日，太原知府边大绶也暗予保护，有关士绅为之开脱，最后以证据不足“难以悬坐”上报。京师都察院等衙门会审时，曹溶素知傅山名节，着意不再深究，终于使之“释宥”。顺治十四年（1657），已任广东行政主官布政使的曹溶因故降职，又因归家守丧，三年之后始获授山西按察副使“兵备”大同，监理军务。清圣祖康熙四年（1665）傅山到大同拜访曹溶，越二年曹溶“裁缺”回乡候补，过太原时也拜访了傅山，《南乡子·访傅青主》应即此次之作。现藏北京故宫博物院的傅山真迹《江深草阁图》，有说法称可能就是为赠曹溶所绘。

《南乡子》最早应是流行于南国特别是西南地区的民谣，唐代宫廷音乐机构教坊用为乐曲，后演变为词牌。青主乃傅山之字，从词中看两人的会晤非常投契，曹溶也敢于流露真情，通过赞美高士傅山，哀叹前朝河山的不幸沦没，实际就是表达了一位已经事奉清朝的汉族官员的内心纠结以至难以销蚀的隐隐痛楚。

曹溶回乡后仍有诗作怀念傅山，傅山晚年时还曾手书《金刚经》转送曹溶。而曹溶自从“裁缺”即无意仕进，在嘉兴范蠡湖畔建筑“倦圃”园林，设“静惕堂”自住，寄情诗词，潜心著述，勉力搜购珍稀古籍，终成学术名家与清初影响深远的浙西词派开山之祖。后来曹溶的藏书多被京师词家纳兰性德购得，甚至有人声称曹溶就是《红楼梦》的作者曹雪芹。

泪点为谁红？	是为谁泪点洒落双眼飘红？
曾踏天街柳絮风[1]。	曾踏过皇城前御柳抛絮的风尘。
执手松庄[2]春恨晚，	握手松庄恨今日春光晚到，
冥濛，	昏暗迷蒙，
倦向河山数晋宫[3]。	已懒得观望河山去数数晋阳旧宫。
逃世转情浓，	逃世人的人情转而更浓，
破衲[4]闲披觱篥[5]中。	闲披着破衲衣奏出笳管声声。
说是道人终不信，	说君是道家终不相信，
豪雄，	豪士雄杰，
白发难令酒榼[6]空。	白发悠然痛饮时却难见酒具稍空。

【注释】

① 曾踏天街柳絮风：天街，帝都的街市，此处也兼指皇宫内外的道路；曾踏天街柳絮风，结合上句看当指傅山青年时因恩师袁继咸蒙冤而赴京请愿事；袁继咸籍贯江西，进士出身，明思宗崇祯七年（1634）出任山西提学佥事管理教育，大力整顿省学三立书院，扩充生员，资助寒素，以“廉能”深获好评；越二年，继咸因请托“不应”而得罪巡按御史张孙振，被诬告“赃私”逮京下狱，三立书院弟子情绪激昂，由同窗生员傅山等人发动，追随至京“上书”陈情，广发“揭贴”大散传单，又聚集皇宫“伏阙”恸哭“诉冤”，掀起了轰动都门的“学潮”，引来上千人士联名支持，继咸也将孙振的请托文字与“赃贿数事”供出，终于获得昭雪，调任湖广参议，“分守武昌”重镇，傅山则“以此名闻天下”；后来继咸反清被俘解往北京，拒绝投降，慷慨赴死，成为殉节前朝的著名义士。

② 松庄：傅山晚年住地，居此18年之久，在今太原名胜双塔寺附近，也有版本为“春庄”。

③ 晋宫：应指太原也即晋阳城内明代晋王府遗址；朱元璋建立明朝后，将诸子分封各地为藩王，三子朱棡受封晋王；洪武十一年（1378）规制宏

大的晋王府落成后，朱棡赴太原就藩，其子孙传至明亡而告终，晋王府随之衰败，清世祖顺治三年（1646）遭遇火灾，主体建筑焚毁，但相关地址如萧墙、华门等一直沿用为街道名称，至今依然。

④ 衲：僧衣，多以碎布补缀而成，此处借指道服。

⑤ 觱篥：读作 bì lì，古代由西域龟兹一带传入的乐器，以竹为管，卷芦为嘴，竖向吹奏，音调悲凉浑厚，类如胡笳，北方边塞军中多用；后广泛流行于中原民间，俗名管子，不同地域融汇了不同的乡土气息，演奏技艺与音调更加丰富多彩，从词中看傅山应该精通于此。

⑥ 榼：读作 kē，古代盛酒水的一种器皿。

26. 冯云骧：《柳梢青·赵武灵王墓》

冯云骧（1628—1698），清代诗人，字讷生，山西代县人。其父冯如京，明清易代后仕清，官至广东行政主官布政使。清世祖顺治十二年（1655）云骧举进士，后其弟云骕也举二甲进士，代县曾为之立“兄弟进士”牌坊，成为光耀乡梓的家族美谈。

云骧举进士后初授山西大同府学教授，后升京师国子监博士，执教最高学府。清圣祖康熙十七年（1678）出任福建主考，次年以名士被荐，参与天子主持的“博学宏词”特科选才“未中”，后迁四川提学副使管理教育，又转福建督粮道且一度代理布政使，晚年致仕归休。云骧居官守正，兼以诗文称雄当时，尤其是对家乡晋北一带风物如恒山、云冈石窟、雁门关以及战国时期大败匈奴“十余万骑”的名将李牧祠堂、汉高祖刘邦被匈奴围困七日的白登战场等，均有怀古之作，《柳梢青·赵武灵王墓》也是其中之一。

《柳梢青》词牌最早始于北宋，或出自民间曲调。赵武灵王赵雍，是战国时期赵国六世君王，墓地位于今山西灵丘县。武灵王彪炳千古的功绩就是推行“胡服骑射”，在其继位后十九年（前 307）用兵到达代郡一带时首先提出此举，称自己将不畏“愚者所笑”，“贤者”定可理解，决心师法游牧部族之长，简化军服，减缩兵车，训练更加机动灵活的马战技艺提升武力，从而使赵国声威大振，开疆拓土，称雄一时。但其晚年贸然退位，立幼子赵惠文王为君，又欲将代郡分割给原太子赵章，首施两端反致兄弟成仇，后赵章一党密谋政变失败，赵章逃往位于今河北广宗的武灵王居处沙丘之宫，被捍卫惠文王的叔父赵成等人追而杀之。赵成担心武灵王出宫报复，又不敢直接弑君惹罪，就故意放纵宫人大量外逃，随即封死宫门，使武灵王“欲出不得，又不得食”，断粮后饥饿之极，只得四处搜寻雏鸟等物果腹，最终活活饿死。但其何以远葬灵丘，后世有不同的解释。云骧此词，着意渲染了墓地的悲凉诡异，同时表达了对于这种历史上多次重复的宫廷残忍现象的难言叹息和无奈的叩问。

石路寒花，	碎石的路寒冷的花，
赵王古墓， 树老云斜①。	赵王的古墓老树无力乱云横挂。
怪鸟②吟风，	怪模怪样的鸟儿风中呻吟，
短狐③啸月，	游魂般的狐吼穿破了月华，
电走金蛇④。	当空暴走的闪电就像金蛇飞炸。
塞垣⑤一望无涯，	长城内外一望无涯，
野店响，	野店里听得见，
樵歌暮笳。	砍柴人的轻歌与傍晚的吹笳。
试问当年，	试问当年，
英雄霸业， 折戟沉沙⑥？	英雄的霸业又因何折戟沉沙？

【注释】

① 斜：此处协韵应读作 xiá。

② 怪鸟：奇异古怪的鸟，出自先秦志怪古籍《山海经》，也有不祥之意。

③ 短狐：有说法称是指“蜮”，即相传可以含沙射影害人的怪物，但此处或为借指狐狸。

④ 电走金蛇：蛇，此处协韵应读作 shá；电走龙蛇，引自苏轼的祈雨诗《起伏龙行》中的“眼光作电走金蛇”，形容神龙行云作雨时的雄姿。

⑤ 塞垣：边关的城塞，也指长城，或泛指北方边境地区；赵武灵王“胡服骑射”后击败北方林胡、楼烦等少数民族部族，随即自代郡到阴山之下修筑了数百里长城，秦始皇修筑长城时曾经沿用部分地段为基，故此处也兼有缅怀武灵王业绩的意味。

⑥ 折戟沉沙：引自唐代诗人杜牧《赤壁》中的“折戟沉沙铁未销”，形容失败惨重，以喻赵武灵王的悲剧结局；赵武灵王因立储失衡铸成大祸，一子被杀，自己被困孤宫，另一子赵惠文王却佯装不知，静待其死，及至可食者用尽，三个月后毙命，这时当朝君臣才讣告诸侯，为之隆重“发丧”，留下了一位盖世英雄令人叹惋的末路凄怆。

27. 赵吉士：《踏莎行·月夜登交城城楼》

赵吉士（1628—1706），清代学者、诗人，字天羽，安徽休宁人，寄籍杭州。吉士出身官宦世家，清世祖顺治八年（1651）乡试举人，却屡试未中进士，清圣祖康熙七年（1668）始选任为山西交城知县。在任五年期间，将“家计半为”奉献，率先捐银三四千两带动当地筹资，用以开渠、掘湖、改田、植树，兴办学校，纂修《交城县志》，使之“百废俱举”。特别是平定交山变乱，成为其最为自得的政绩。

交山即交城西部群山，明代末年就有山民武装啸聚。顺治五年（1648）大同总兵姜瓖举兵反清，山西数十州县响应，交山武装借机出击，攻占交城、文水诸县，直逼太原。未久，反清各部遭到镇压，交山武装退回，但多股力量仍各霸一方，盘踞多年。吉士决心根除“贼患”，定出“先抚后剿之策”，投诚者减罪，抓获者“善遇”，“匿贼者”一甲“连坐”，优选“乡兵”巡守，官绅富户必须“家出一丁，与民均役”，又亲赴深山劝人“力耕勿为盗”，通过离间分化逐步削弱。康熙十年（1671）夏历十月“总剿”，先由内应将变乱群伙陆续诱至危岩绝地“三座崖”，随即传令将“按户”稽查人口，在家即“良民”不在即“以贼论”，迫使追从者不断逃走。接着堵路围捕骨干，再“分搜”各个“巢穴”，准“降贼”押妻子为质，主动捉拿“他贼以自赎”。经16天，杀伤甚少却变乱“悉平”。而后将山民千余户编籍管理，召“始终不附贼者”37家“立为约正”相当一村之长，终使一方安定。《踏莎行·月夜登交城城楼》从内容推断，应就是这一行动之后所作。《踏莎行》词牌可能起源于唐末的踏青咏唱，也有一说最早为北宋名臣寇准春日宴客时的“自撰”。

吉士任满后离去，可惜仕途不顺，晋升缓慢，还被罢黜多年，晚年补了个国子监学正的小官“而卒”。但其自建“寄园”私宅于北京，潜心治学，也有大量诗词传世。所著《寄园寄所寄》以“十二寄”编排，记述了明末以前古代的丰富逸闻轶事，采撷广博，雅俗皆陈，已成为笔记文学中著名的典籍。

远水如烟，	远水就像轻烟，
孤城似掌，	孤城有如手掌，
四围胜势攒①青嶂。	周边的奇峰围成了青翠的屏障。
戍楼②鼓角动初更③，	哨楼的号角引来更鼓初鸣，
劳臣④此夜闲凝望。	今夜里劳劳小臣终可以凝神闲望。
铁骑寒嘶，	铁骑寒风中嘶吼，
笳声秋壮，	笳声秋气里豪壮，
关云陇树⑤都无恙。	边地的云树却毫无损伤。
茫茫今古不胜愁，	想茫茫古今愁事不绝，
一轮月挂中天朗。	仅一轮高悬的皓月是常常清朗。

【注释】

① 攒：读作 zǎn，积聚、围拢。

② 戍楼：古代派人放哨守望、用以报警或传递其他消息的楼台。

③ 初更：更，此处指旧时对夜晚的时段称呼，古代分夜晚为五个时段，从一更到五更即如今的晚上 7 点到次日凌晨 5 点，每段两小时，届时击鼓报告，谓之更鼓，点数等同更数以便识别；初更，即一更，也称头更，对应现在的时间即晚上 7 点到 9 点。

④ 劳臣：指有功之臣，此处有着似乎是自谦实则自得的表达。

⑤ 关云陇树：边关的云，边塞的树，也指边远地区的云树。

28. 朱彝尊：《夏初临 · 天龙寺 是高欢避暑宫旧址》

朱彝尊（1629—1709），清代学者、诗人，字锡鬯，浙江秀水即今嘉兴人，曾祖父朱国祚曾是明代状元，官至武英殿大学士。彝尊本人才气横溢，“生有异秉”，读书“经目不遗”，诗文俱皆出色，填词更是一绝。因家道中落早年仅以教读为业，但却“文名益噪”，声誉远播。

清圣祖康熙三年（1664），彝尊被山西按察副使监理大同军务的曹溶邀为幕僚。次年赴太原，转任山西行政主官布政使王显祚的幕僚，客居二年，留有不少诗文。尤其是对于名胜晋祠所存唐太宗的亲书碑刻《晋祠之铭并序》，彝尊“五至祠下”反复“摩挲”研究，又摘取杜甫诗句“文章千古事，社稷一戎衣”而“书于亭柱”。社稷指江山，戎衣即战袍借指征战，以此称颂唐太宗的文才武功，已成为与这通碑刻最为相得益彰的绝妙赞语。彝尊还撰有《游晋祠记》等，《夏初临 · 天龙寺 是高欢避暑宫旧址》也是此时之作。

《夏初临》词牌始见于南宋。高欢是南北朝时北魏、东魏的军阀权臣，坐镇太原遥控都城洛阳朝政的大丞相，在太原天龙山筑有离宫，故世后其子篡位称帝建立北齐，北齐皇建元年（560）改建离宫为天龙寺，又在附近开凿石窟以及当今所称的“蒙山大佛”等。彝尊此词，由说史而入景，借写景而抒情，充分表达了对于世事沧桑、兴衰无常的无限感慨，旷荡深沉且又余味无穷，称得上是一篇独具特色、出类拔萃的怀古佳作。

康熙十八年（1679），天子“亲试”全国举荐的名士，开“博学鸿词”特科选贤，彝尊以平民身份入取，从此时来运转，由翰林院检讨到奉旨主考江南乡试，又“入值南书房”充当宫廷文学侍从，赐居“禁垣”，准皇城骑马，数度出席“御宴”，退休归乡后康熙“南巡”时四次“迎驾”，获御书匾额“研经博物”。其毕生著述颇丰，特别是刻苦钩沉古籍 1649 种而撰制的首部都城地方志书《日下旧闻》，乾隆登基后殊为欣赏，赐名《钦定日下旧闻考》，成为研究北京历史文化的丰富文献。故世后为其撰墓志铭者，就是山西阳城籍显宦、文渊阁大学士陈廷敬。

贺六浑[1]来，	贺六浑高欢曾于此坐镇，
主三军队[2]，	颇有些统管三军的才能，
壶关[3]王气曾分[4]。	壶关王气的预言最终成真。
人说当年，	世人说其当年，
离宫筑向云根，	避暑的夏宫建到白云脚下，
烧烟一片氤氲[5]，	燃烧的烟光托起曼妙的朦胧，
想香姜[6]古瓦犹存。	香姜宝阁的古瓦似应仍有遗存。
琵琶何处？	可如今琵琶舞乐何在？
听残敕勒，	听残了一曲《敕勒歌》，
销尽英魂[7]。	黯然间销尽英雄魂。
霜鹰[8]自去，	霜鹰独自远去，
青雀空飞[9]，	青雀飞过也早成虚空，
画楼十二，	绚丽十二画楼，
冰井[10]无痕。	清幽的冰井亭台已俱无踪影。
春风袅娜，	而袅袅娜娜的春风里，
依然芳草罗裙。	芬芳小草依旧抚弄着飘香的纱裙。
驱马斜阳，	我催着马儿面向斜阳，
到鸣钟佛火[11]黄昏。	走近那庙钟初敲佛灯乍亮的黄昏。
伴残僧[12]千山万山，	但只见老僧无几却伴着千山万山，
凉月松门。	微凉的月色轻笼在短松掩映的寺门。

【注释】

① 贺六浑：即高欢之字，一说系其鲜卑名字音译；高欢自称是河北豪门渤海高氏后裔，但祖父因犯事被迁居怀朔镇充当边陲“兵户”，在今内蒙古固阳县，其子孙成为鲜卑化的汉人；高欢少时贫贱，却“深沉有大度”，颇具“人杰”仪表，被平城即今山西大同籍鲜卑贵族少女娄氏看中，坚决下嫁；至此高欢才有马匹，得以获任掌管100多人的“队主”，又被选为“函使”，从边地到都城洛阳往返传送文书六年，更加见多识

广，“乃有澄清天下之志”，后投奔契胡族军阀尔朱荣，随其“徙据并州”，继升“亲信都督”即侍卫头领；尔朱荣死后，高欢用计谋分得其侄尔朱兆部分兵权，建统军大营于太原“阳曲川”而逐渐坐大，最终灭掉尔朱兆，在太原设立所谓“霸府”的大丞相府，遥控都城的傀儡天子10多年，其子高洋篡位称帝建立北齐后，追尊其为神武皇帝。

② 主三军队：执掌三军；高欢投奔尔朱荣后，“每参军谋”屡屡建功，深得赏识；某次尔朱荣问左右“一日无我，谁可主军”，左右皆称其侄尔朱兆，尔朱荣却说“堪代我主众者，唯贺六浑耳”，认为尔朱兆仅可“统三千骑”而已，且“终当为其穿鼻”，意即并非高欢对手，最终要被牵着走；后来尔朱兆果然被高欢击败，退出太原，逃回契胡族世居地北秀容，在今山西朔州一带，高欢又乘其正月过节麻痹之时，派出精骑突袭，尔朱兆被彻底打垮，遁入山林自缢而死。

③ 壶关：位于今山西长治市区东南，因其山形似壶，非常险要，从汉代起即在此置关并设县治，故有此名。

④ 王气曾分：分割、分散、分走王气；北魏太武帝拓跋焘时，有人奏言“上党”即今山西长治一带“有天子气”，“在壶关大王山”，太武帝遂专程到此“巡狩”，“斩其北凤凰山”，“以毁其形”断绝王者出现；但80多年后，仍然是曾在大王山屯兵两月而后东进发迹的高欢分割了王气，先导致北魏分裂为东魏、西魏，最终颠覆了魏王朝。

⑤ 氤氲：读作 yīn yūn，形容烟云等气体的弥漫浓郁之状。

⑥ 香姜：即香姜阁，高欢避暑宫中的知名楼阁。

⑦ 听残敕勒，销尽英魂：指高欢毕生最后一战也是最失败的一战“玉壁之战”后的情景；敕勒，即《敕勒歌》“敕勒川，阴山下，天似穹庐，笼盖四野；天苍苍，野茫茫，风吹草低见牛羊”；北魏分裂为东魏、西魏后，西魏占据了今陕西、甘肃等地区，同时控制着今山西运城一带的河东战略要地，与高欢把持的东魏对峙，后又在今山西稷山县城西南构筑“四面并临深谷”的玉壁城要塞扼制东魏，并屡次击退其进攻；东魏孝静帝四年（546）高欢亲率重兵，“连营数十里”再逼玉壁城下，玉壁守将韦孝宽坚决抵抗，高欢令堆土丘、凿地道、断水源、用火烧、造攻

城车，竭尽“攻击之术”孝宽均皆“破之”；高欢派人劝降，还将孝宽之弟“锁至城下”以杀威胁，孝宽依然“慷慨激扬”绝不屈服；结果“苦战”五六十天，高欢部下“死者七万”仍了无进展，又见“有星坠于”军营“众驴并鸣”，以为苍天示警，人人“慑惧”，高欢自己也“智力俱困”一病不起，只得告败而去；这时，西魏乘机传言高欢已“中弩”重伤，高欢为了辟谣只好勉强露面，设宴“坐见”官员，席间敕勒族将领斛律金以乡音悲歌一曲《敕勒歌》，高欢听罢“哀感流涕”，黯然“和之”，次年52岁即“崩于晋阳”，东魏、西魏的实力对比开始逆转，《敕勒歌》则从此流传，成为千古名篇。

⑧ 霜鹰：比喻才俊，借指高欢；据称高欢早年，其友曾得白鹰，相约狩猎时白鹰在一茅屋前被狗咬死，高欢怒而将狗射杀，屋中二子对其不依不饶，可二子之母虽“目盲”出来后却喝退二子，并以酒肉款待高欢等人，自言善“暗相”，用手“扪诸人”，认为高欢“最贵”，但“显智不善终”，待告别后众人又回来再访时已不见茅屋，乃知“非人”。

⑨ 青雀空飞：喻指高欢家族最后结局；北魏末年，天子孝武帝密谋剪除高欢事泄，高欢率军从太原南下威逼洛阳，孝武帝遂于永熙三年（534）出逃长安，投靠拥兵据守关中的权臣宇文泰，高欢另立新君孝静帝，北魏分裂为东魏、西魏；未久，高欢又将都城迁往与太原更近的邺城，在今河北临漳一带，派其子入朝掌控天子，故当时有“可怜青雀子，飞来邺城里；羽翮垂欲成，化作鹦鹉子”的童谣；高欢故世后其子高洋篡位建立北齐，但28年后即被西魏转建的北周所灭；北周建德六年（577），高欢之孙后主高纬、曾孙幼子高恒等数十人均被“赐死”杀害，从此绝宗。

⑩ 冰井：即冰井台，高欢避暑宫中的漂亮亭台，有版本为“金粉”。

⑪ 佛火：用油灯香烛点燃的供佛之火。

⑫ 残僧：指年老的僧人。

29. 曹贞吉：《一寸金 · 咏长平遗镞》

曹贞吉（1634—1698），清代诗人，字升六、升阶，山东安丘人。早年丧父，与其弟曹申吉由外祖父、文华殿大学士刘正宗双双抚养成人。清圣祖康熙三年（1664）贞吉举进士，数年后获授缮写宫廷诏诰的中书科七品中书。此时，举进士早其九年的申吉则官运腾达，已升二品礼部侍郎。但到了康熙十二年（1673），时任贵州巡抚的申吉却被举兵云南叛清的吴三桂拘留，七八年后申吉因图谋回归朝廷被杀，对贞吉的仕途以及心态均影响甚大。所以，直至康熙二十四年（1685）才由中书略有升职，外任州官，后迁司级官员礼部郎中，转湖广学政掌管教育，未久以病辞归。

然而，贞吉的诗名却不胫而走，填词更是冠盖一时。乾隆时期编纂《四库全书》，诸家的诗集收入许多，而唯一收入的词集却只有贞吉的《珂雪词》两卷，且予以“大抵芊绵清丽，寄托遥深，古调之中纬以新意”的评价，《一寸金 · 咏长平遗镞》就是颇具这种特色的篇章。康熙四年（1665）贞吉曾赴山西，拜访仕宦在此的曹溶与其幕僚朱彝尊，三人在游览应县李克用墓、代县雁门关、太原天龙寺时均一道赋词唱和，这篇词作应该也是此前或此后所成。

《一寸金》词牌始见于北宋，似乎具有劝慰珍惜如金光阴的寓意。长平遗镞，指的是战国时期秦国、赵国长平之战的遗落箭头。长平之战爆发于秦昭襄王四十五年（前262），延续两年左右，战场位于今山西高平县，就是司马迁所言秦国大将白起“坑杀”即活埋赵国降兵40万人之处，但后世多有学者认为这一说法有所夸张。20世纪末，在此处考古发现了大量骸骨，屡见刀砍、箭射或断头的痕迹，更证明应系将尸体填弃沟谷，活埋之说难以置信。千百年来，当地农夫常从土中捡获箭头、戈矛乃至刀币之类，有的尚存文字款识。唐代李贺、明代刘基、王世贞等不少人均曾为之赋诗，但词作却几近于无，贞吉这篇就越显宝贵。且其境界萧森，意蕴悲慨，格调沉郁苍凉，不愧是一篇历史容量饱满、文化价值突出的厚重咏叹。

数点寒铓[1]，	恍若有几许寒光闪烁，
入眼离离[2]土花[3]碧。	细看处分明印着泛绿的锈蚀。
是咸阳[4]王者，	敢情是咸阳的王者，
神兵[5]亲铸?	将这样的神器亲自锻铸?
沉沙千载，	沉埋了沙土千年，
耕夫重得。	却又被耕田的农夫重获。
黯黮[6]黄金色，	黄金般的旧色凄冷暗昧，
试磨洗，	但试着洗洗磨磨，
犹堪穿石。	仍能够穿透坚硬的片石。
笑平原计误冯亭[7]，	只可笑平原君竟被冯亭误导，
围合邯郸几轻掷[8]。	几乎使陷入重围的都城丢逝。
暗想当年，	默想当年此地，
武安[9]初将，	武安君白起挂帅初始，
疾声撼赵壁[10]。	凌烈的气势就掀翻了赵军营垒。
早沙虫猿鹤[11]，	但无论沙虫还是猿鹤，
一军都化，	胜负与高下都已遥遥化去，
粘云衰草，	唯有稠稠的云团枯枯的草，
战场如昔。	笼盖的战场皆如往昔。
鬼哭西风里，	最惨淡仿佛鬼哭的西风刮过，
最惨淡天阴月黑。	天是这样的阴沉月也这样昏黑。
乍摩挲线齿银阑[12]，	我伸手抚摸那箭头的饰纹，
怕带青磷[13]迹。	真担心贴附上阴间的残迹。

【注释】

① 寒铓：指长平之战遗落箭镞的寒光。

② 离离：可有多解，形容茂盛、分明、隐约、迷蒙乃至忧伤、孤寂等状。

③ 土花：指沉埋泥土的箭镞被锈蚀的痕迹。

④ 咸阳：秦国的都城，在今陕西西安市附近。

⑤ 神兵：指神器，即锐利的兵器。

⑥ 黯黮：黮，读作 dǎn；黯黮，幽暗、凄切之状。

⑦ 平原计误冯亭：指导致长平之战爆发的事端；平原，即平原君赵胜，战国时期赵国孝成王的叔父；冯亭，是当时韩国的上党郡守；秦昭襄王四十五年（前 262）秦国攻占韩国的野王即今河南沁阳，切断了韩国主要领土即今河南西部与其上党郡即今山西长治一带的联系，韩王知兵力不敌，孤郡难保，令冯亭将所属 17 城割送秦国以求退兵；冯亭不愿，即派人面见赵孝成王，表示要献城赵国共抗秦国，孝成王大喜，但其另一位叔父平阳君赵豹告诫，面对强秦冯亭献城无异“欲嫁其祸于赵”，后患严重“不如勿受”，平原君却力促接受，称“发百万之军”攻击难得“一城”，今坐收“市邑十七”，“大利不可失也”，孝成王信之，令其前往“受地”，果然招来祸患，秦国很快派大将王龁攻占上党，长平之战由此引发；此时，稍南 60 多公里的赵国长平完全孤立，老将廉颇“坚壁”固守“不出”，意在拖垮远来的秦军再行反攻，却被孝成王误为怯战，秦国又以“千金”派人“反间”，称秦“独畏”赵国名将赵奢之子赵括，廉颇最终必“降矣”，孝成王中计，遂令赵括取代廉颇；赵括极善纸上谈兵却无实战经验，终致惨败；因此，司马迁《史记》中称，平原君“未睹大体”，“利令智昏”，“贪冯亭邪说，使赵陷长平兵四十余万众，邯郸几亡”，其人才是引发战争、几乎使赵国亡国的罪魁，但对这种论断历代学者均有不同的看法。

⑧ 围合邯郸几轻掷：指平原君的轻率误判而导致了赵国的严重危机；邯郸，是赵国的都城；长平之战后次年，邯郸即遭到秦国大军围攻，以致民众“炊骨易子而食”，国势岌岌可危；不过，此时平原君曾奉孝成王之命赴楚国“合纵”求助，又数度向魏国君王与其王弟信陵君亲笔投书请兵；到楚国后，自荐随从的门客毛遂凭借出色的口才与胆量，“按剑而前”痛说“利害”，成功迫使楚王“歃血”定盟；在魏国，信陵君通过魏王宠姬从内宫盗出兵符，矫君令夺得军权出师；依靠楚、魏两国的援兵相救，平原君又广散家财“得敢死之士三千人”冲击秦军，终于保住了邯郸；所以，平原君的历史评价总体来说还是可以的。

⑨ 武安：即武安君，秦国大将白起的封号，代指其人。

⑩ 疾声撼赵壁：指白起指挥下长平之战赵国大败；长平之战开始是王龁统率秦军，赵括接任赵军统帅时曾称不畏其人，未久秦昭襄王秘密换将，暗调极善用兵的白起为统帅，严令“军中有敢泄”者斩；赵括并不知情，未久即发动进攻，白起故意示弱“佯败而走”，却分出两路“奇兵”迂回绕后，又分兵将赵军切为两段，并断其粮道；秦昭襄王得报后，亲赴长平之南的河内郡坐镇，阻绝赵国援军与粮草供应，以致被困赵军“不得食四十六日”，甚至相互偷杀充饥，后赵括亲自“搏战”突围，中箭身亡，赵军40万人投降，除240名幼小者外均被“坑杀”，赵国从此元气大伤。

⑪ 沙虫猿鹤：分别喻指战死的士卒与将帅头领，引自晋朝葛洪《抱朴子》“周穆王南征，一军尽化，君子为猿为鹤，小人为虫为沙”，但沙虫也喻指死于战乱的民众。

⑫ 线齿银阑：形容出土箭头上的花纹，引自北宋诗人梅尧臣《蔡君谟示古大弩牙》中语“黄铜弩牙金错花，银阑线齿如排沙”。

⑬ 青磷：即燐火，尸骨腐烂分解的磷化氢从地下逸出，燃点很低，接触空气即可自燃，夜晚黑暗中就显出青色火光浮游闪烁，故有鬼火之称，又似出自阴间，也称阴火。

30. 万树：《皂罗特髻·晋女作长髻新妆特异 马上口占》

万树（约1625—1688），清代学者、诗人、戏曲作家，字花农，江苏宜兴人。少时恰遭遇明末变乱，家境中落，曾经漂泊北方山西、陕西一带，清世祖顺治初年，又入北京国子监游学数载，最终未获功名也未能得官，悻然而归。但万树多才多艺，工诗词、晓音律、通曲牌、善戏谑，特别是归乡20多年间，精心考订辨正勘误，规范整理出历代词牌600多调1100余体，编成《词律》20卷，被称作“为词宗护法”的“功臣”，该书至今仍属于研究词牌的典范著作。此外，还撰有10多部戏曲剧本、数百篇诗词。清圣祖康熙十八年（1679），两广总督吴兴佐闻万树名声，邀其前来聘为幕僚。此后，万树一直为兴佐代笔草拟一切奏折呈议等，间或仍旧填词度曲编剧，由兴佐的私家戏班演出观赏，充当着秘书与帮闲文人的双重角色。康熙二十七年（1688）万树因病告辞，故世于舟行还乡的途中。

《皂罗特髻·晋女作长髻新妆特异 马上口占》显然是万树早年来山西时所作。《皂罗特髻》词牌始见于北宋，皂罗就是黑色的轻质丝纱织品，也指皂罗头巾，特髻指绾扎在头顶的高高发髻，词牌即可能源于咏此。明代有身份的已婚妇女，大都备有一种由宋代的特髻冠子衍化而来的“鬏髻”，就是将一个金银或铁丝编制的锥圆框架，装饰成漂亮的假高发髻，依照礼制出门或者郑重场合均须罩头佩戴，并以皂罗覆笼，以玉钗等物卡紧裹牢以防掉落。

明末时期的山西妇女，可能又在“鬏髻”上增添了悬垂性的时尚花样。因此，刚刚步入此地的万树，感到非常新鲜也十分有趣，于是随口吟出这篇词作，为曾经的三晋风情留下了一段至今读来依然发人遐思的文字写照。而其最大的特色是，以词牌之名“皂罗特髻”四字直接入句，贯串始终，通过略带调笑的笔法，与描写“晋女”的用语交替反复，相互烘托，从而将这种“特异”打扮的美丽，渲染得风姿绰约，妙不可言。如此别具一格的巧构，在我国古今万千词作中真可谓绝无仅有，至少也算得上凤毛麟角了。

皂罗特髻，	炫黑的罗纱罩头的高髻，
自路入河东[①]样儿都变。	自来到山西模样儿都变。
皂罗特髻，	炫黑的罗纱罩头的高髻，
缀两行珠串。	还格外多缀了两行珠串。
侵云领，	云纹盘绕在绣领，
皂罗特髻，	炫黑的罗纱罩头的高髻，
整垂垂一尺悬簪钿[②]。	悬挂着整一尺垂垂欲下的簪钿。
皂罗特髻，	炫黑的罗纱罩头的高髻，
更绿云红缠。	真像有绿云红雾轻缠。
新裹皂罗特髻，	新裹紧炫黑的罗纱罩头的高髻，
上香车[③]花颤。	移碎步上香车恍如鲜花抖颤。
拟从乞，	很想去讨一领，
皂罗特髻，	炫黑的罗纱罩头的高髻，
寄淮南江左[④]闺人见。	好寄于故乡南国的女儿家看看。
皂罗特髻，	炫黑的罗纱罩头的高髻，
出晋阳宫殿[⑤]。	瞧着瞅着就出了晋阳城的宫殿。

【注释】

① 河东：古代山西的泛称，因其位于黄河之东；但从词作内容推断，似有专指太原的意思。

② 簪钿：簪，读作 zān，旧时妇女用以拢住头发兼供装饰的工具；钿，读作 diàn，用金银翠玉等珠宝制成的花朵形首饰。

③ 香车：装饰华美的马拉轿车。

④ 淮南江左：淮南，古代泛指淮河以南、长江以北即今安徽、江苏部分地区；江左，古代指长江南岸今安徽、江苏地区以及浙江北部一带，因长江从江西九江到南京一段是由南流向东北，这些地带就变成长江之东，所以古人称为江东，且古人以东为左，所以也称为江左；不过，此处多半还是在借指自己的家乡。

⑤ 晋阳宫殿：应指太原城内的明代晋王府；朱元璋建立明朝后，将诸子分封各地为藩王，三子朱棡受封晋王，洪武十一年（1378）规制宏大的太原晋王府落成，从此朱棡后人在这里世代驻藩，直至明清易代后被废；万树到山西时，晋王府依然富丽堂皇，令其惊异者似乎更是贵胄妇女的打扮；但不久后的清世祖顺治三年（1646）晋王府即遭遇火灾，主体建筑被焚，渐至毁弃，最终全部消逝。

31. 王士祯：《南浦·寄兴》

王士祯（1634—1711），清代大臣、学者、诗人，字子真，号渔洋山人，山东新城即今桓台人。士祯“幼慧”而“能诗”，少时应童生试三试连夺第一，清世祖顺治十五年（1658）举进士，初授江苏扬州掌管刑罚的推官。四年后获上司“交章”举荐，调升京师礼部，诗名日渐飙升。尤其是，士祯针对当时诗风浮薄的积弊首倡“神韵”之说，力主作诗皆在“不著一字，尽得风流”，须营造一种如“羚羊挂角，无迹可寻”的“言有尽而意无穷”的“神似”境界，士林“翕然应之”广泛共鸣，对后世诗论的影响也颇为深远。

清圣祖康熙十七年（1678），士祯以“今世博学善诗文”最优者蒙天子“召对”，又令录其诗300篇“御览”，大获圣赞，改迁翰林侍读并“入直南书房”，成为天子近随“词臣”，从此“眷遇甚隆”，官至一品尚书，诗文声誉也扶摇直上，以一代宗师“主持风雅数十年”，故世后谥号“文简”。其毕生著述勤奋，诗词有4000多篇，文章数百种，除《渔洋诗集》《渔洋文略》外，札记《香祖笔记》《池北偶谈》等均是文化珍品。私塾教师蒲松龄，完成《聊斋志异》后知者寥寥，遂乘士祯返乡山东之时，两次呈送抄稿，冀望“奖进”荐引“而传”。士祯非常“爱重”，评点30多处又“戏题”卷后一绝，“姑妄言之姑听之，豆棚瓜架雨如丝；料应厌作人间语，爱听秋坟鬼唱时”，使此书身价顿增，迅速“流播海内”。及至后世，士祯的“戏题”反倒借助《聊斋志异》成为其知名度最高的诗作。

《南浦·寄兴》中的南浦，本指南畔的水滨，唐代宫廷音乐机构教坊有《南浦子》乐曲，北宋时用为词牌。此词有说法称是士祯为官扬州时所作，但其后来曾于康熙十一年（1672）、三十五年（1696）两次公差途经山西，对此地豪勇尚武的民风应有深刻印象，可能也参与过相关活动，故不能排除是后期所作或者所改，似也在描写“河东游侠”的风姿中融入了个人的阳刚体验，并进而叙写了英雄迟暮的情景与感慨。

河东[1]游侠，	曾记得河东游侠般的汉子，
记雕弓在臂箭横腰。	雕弓斜挎臂弯羽箭横插当腰。
杜曲霸陵[2]日暮，	待到那郊原夕阳西坠，
小猎竞相邀。	稍猎些野味纷纷相邀。
飙劲[3]拓弦千石[4]，	摽着劲儿拉开强弓的硬弦，
看青天万里洒风毛。	万里青天已洒落飘风的羽毛。
听严城[5]画角，	耳听得城门将关的号音，
射生[6]归晚，	矫健的射手迟迟归来，
雪暗绣盘雕[7]。	微茫的雪影模糊了绣锦的长袍。
老去酒徒零落，	年老时酒徒酒友渐少，
但归来南浦混渔樵[8]。	且重返水边林下砍柴垂钓。
苔卧绿沉枪[9]涩，	闲卧苍苔“绿沉枪”不再锐利，
秋水[10]冷并刀[11]。	秋水依然却冷滞了并州快刀。
猿臂才名空射虎[12]，	如猿的长臂也只可打打灯谜，
功名事都让儿曹[13]。	功名事都让于小儿辈操劳。
老子[14]须一卷，	只须要相守“老子”一卷，
鸯摩[15]禅榻雨潇潇。	坐禅在床榻独伴着雨丝儿轻摇。

【注释】

① 河东：因位于黄河之东，古代也以此泛称山西。

② 杜曲霸陵：杜曲，位于今陕西西安旧城东南的少陵原台地边缘，因唐代大姓杜氏居此而得名；霸陵，位于杜曲西北的白鹿原东北，因西汉文帝刘恒的陵墓在此而得名；杜曲、霸陵一带是古代西安著名的郊原胜地，霸陵河水边的亭台也是送人远行的告别之处，古诗文中多有描写；不过，此处杜曲、霸陵并非实指，应只是对郊外原野的比较文雅的借称。

③ 飙劲：此处用了北方土话，即摽劲儿，较着劲儿。

④ 拓弦千石：石，读作 dàn，我国过去计算粮食等重量的单位，一石等于 10 斗，具体斤数不同时代各有不同，多在 200 到 500 斤之间；此外，古

代测量弓的硬度，是在弓弦上悬物拉伸，以完全拉满时悬物的称重表示弓力，石数越高则越难拉，越要臂力，射程也越远；拓弦千石，意即可以拉开千石硬弓，通常人能拉开一石的弓就很不错了，故此处显然是对这些河东游侠的夸张形容。

⑤ 严城：本指坚固森严的城郭，此处或也有关闭城门的意思。

⑥ 射生：射猎禽兽，也指射生手，即精于骑射的武士。

⑦ 绣盘雕：细花盘雕绣锦袍，也称黄盘雕；古代十月朔日即初一有授衣习俗，宋太宗时赐翰林学士，由对衣红锦袍改为更精美的黄盘雕，故后世常以此代指华贵的袍服。

⑧ 南浦混渔樵：混，此处应作寄身、潜身、介身其间解；南浦，南畔的水滨；渔樵，打鱼、砍柴也指渔人与樵夫；南浦、渔樵，在我国古诗文语境中均有隐居的含义。

⑨ 绿沉枪：古代著名的长枪，有说法称是以绿沉竹制成枪杆，以精钢寒铁铸就枪尖。

⑩ 秋水：此处是形容刀色的明光寒亮。

⑪ 并刀：并州也即太原所产的刀；太原的冶铁技艺很早即领先华夏，魏晋六朝所产刀剪之类已渐驰名，到唐代成为锋利无比、举世皆知的顶级产品，古人赞美的诗文举不胜举。

⑫ 射虎：猜灯谜的雅名，古代灯谜的谜面谓之灯虎，故有此称，但也用以形容英雄豪气，此处或有二者兼指的对比意味。

⑬ 儿曹：儿辈、晚辈、孩子辈。

⑭ 老子：指春秋时期道家思想家、道家尊为祖师的李耳的《道德经》。

⑮ 鸯摩：即《佛说鸯掘摩经》，有西晋时期敦煌法师竺法护的译本，此处也泛指佛经。

32. 顾贞观：《菩萨蛮·早发星轺驿 是太行山绝顶处》

顾贞观（1637—1714），清代诗人，字远平，江苏无锡人，就是那位写下名联“风声雨声读书声、声声入耳，国事家事天下事、事事关心”的明末著名东林党人顾宪成的四世孙。贞观秉承家学，博读群书，尤精诗词。青年时曾经游历北方，一度“客居”山西，继赴京师。清圣祖康熙三年（1664），因才华出众获荐入仕宫廷秘书院，又改任内阁中书等，虽系七八品小官却是御前写手，还曾扈从天子南巡，后遭同僚倾轧去职。康熙十五年（1676）复被满族大学士明珠聘为家庭塾师，由此机缘乃与明珠之子、小其十七八岁的天才词家纳兰性德成为忘年至交。

纳兰性德出身豪门，一向“风雅好友，座客常满”，但与贞观一晤即颇为投缘，恨相见晚，此后屡屡聚谈“旬日不见”则不欢，贞观一来纳兰就请登楼，再令撤去楼梯，畅叙竟夕。纳兰还以《金缕曲》一首赠贞观，以“不信道遂成知己”“共君此夜须沉醉”“一日心期千劫在，后身缘恐结他生里”这样的真切倾诉，表白了愿从此生结至来生的热诚。此词一出，京师“竞相传写”几“无不知”，成为其最为知名的赠友绝唱。后来，贞观为纳兰精心编订并刊刻《饮水词》集，二人又合编《今词初集》。此前20年，贞观的诗词挚友吴兆骞，因科考案流放黑龙江，行前贞观承诺营救却一直未果，于是恳请纳兰相助。纳兰甚感为难，贞观竟至跪求，终使纳兰感动，乃尽力说服其父，通融有司放回了兆骞。一诺千金终究兑现，贞观的义举顿时轰动士林，传为佳话。惜纳兰不久就英年早逝，次年贞观辞归离去，从此避隐乡里，直至终老。

《菩萨蛮·早发星轺驿 是太行山绝顶处》是贞观早年游历北方之作。《菩萨蛮》原为唐代宫廷音乐机构教坊的乐曲，可能来自“女蛮国”即古代缅甸的“入贡”歌舞，后演变为词牌。星轺是尊贵使者的车驾雅称，也代指使者。星轺驿是古代山西东南部连接河南的著名驿站，位于太行山巅的要隘天井关前，周边还有个繁华的古城镇。词中所遥忆的，应该就是贞观的妻室。

山城半夜催金柝[1]，	夜半的山城催人的更声响过，
酒醒孤馆灯花落。	酒醒时孤零的馆驿灯花垂落。
窗白一声鸡，	一声鸡啼窗纸渐白，
枕函[2]闻马嘶。	枕头边已听到待发的马嘶传来。
门前乌桕[3]树，	门前是朦胧的乌桕树，
霜月迷行处。	霜晨的冷月迷乱了将行的去处。
遥忆独眠人，	遥忆远方的独眠人，
晓寒惊梦频。	拂晓的寒凉频频惊扰着甜美的梦。

【注释】

① 金柝：柝，读作 tuò，木制的打更梆子；金柝，指刁斗，一种三足一柄的军用铜器，白天烧饭，夜晚可定时击打以报时辰。

② 枕函：中间可贮藏一些物品的头枕。

③ 乌桕：桕，读作 jiù；乌桕，一种落叶乔木，春秋之季叶色嫣红，堪与丹枫媲美，是很具观赏性且经济价值极高的树木。

33. 吴雯：《青玉案·雪中雁字》

吴雯（1645—1704），清代诗人，字天章，号莲洋。原籍关外辽阳，其父曾任山西蒲州学正，入籍永乐即今芮城县永乐镇。吴雯“少朗悟”尤“长于诗”，但“拙于时艺”不善科举，两度落第山西省试，又携诗卷赴京投谒仍“久之无所遇”。清圣祖康熙五年（1666），名家王士祯偶见其诗，“一再读之”竟“爱玩不忍割去”。后吴雯来访，更欣然“跃起”相见，又数次“饮酒赋诗”十分“相得”。某日等待上朝，士祯将吴雯的诗诵与重臣叶方霭，方霭也颇“惊异”，刚下朝就“命驾”造访。两位巨匠的抬爱使吴雯声名“大噪”，“倾动四方”。但其性格“迂僻寡合”，从来“不自修饰”，“衣冠垢敝”邋里邋遢，常“经年”不“盥浴”洗沐，最终“沦弃终身”，一直难以腾达。

然而，官场不断高升、贵为尚书的士祯，始终对吴雯“称道勿衰”。故吴雯死前反复叮嘱其弟，“吾平生知己无逾”士祯，遗诗“必待先生删定”，千万要去“往求”。年逾古稀的士祯也真为吴雯删定了《莲洋诗钞》，亲自作序言与墓志铭盛赞，称“汉魏以来”可称“仙才”者“唯曹子建、李太白、苏子瞻三人而已”，在“本朝”则“独以仙才”可许“吴君”，并称此非“私言”而是“天下之公言也”。《四库全书》总纂官纪晓岚也以“天才雄骏”称誉吴雯，纂修官之一、大学者翁方纲还为之编制了年谱，再以“河水九曲，岳莲一朵”等颂词题写其遗像。因此，吴雯虽一生“穷老以死”，所获评价却可谓顶尖了。

吴雯存世诗作两千余首，词作却仅只五六篇，《青玉案·雪中雁字》即其中之一。《青玉案》词牌北宋时首创，取之于东汉张衡《四愁诗》语“美人赠我锦绣缎，何以报之？青玉案”。古代大雁众多，常常排成人字、一字等行列成群迁徙，顺着气流、风向不断变幻阵势，颇为壮观，生态退化的当今已很难感知其美。吴雯此词，想象奇特，比喻巧绝，出神入化，妙笔生花，描绘了一幅气势磅礴、活灵活现的大雁飞行图卷，在历代无数咏雁诗词中算得上是一篇丰姿别具的极品之作。

凌云赋就谁能和？	挥洒在云端的诗行谁人能和？
才写出，惊天破。	刚写出已将天幕惊破。
镌刻瑶华[1]随咳唾[2]，	镌刻这样美的玉花却像顺口吐唾，
纵横姿态，	姿态纵横变幻，
龙跳虎卧，	胜若龙跳虎卧，
岂止如椽大[3]？	纵能有如椽的大笔又怎可比得？
长笺拟献灵芝座[4]，	排一路长笺似欲献灵芝宝座，
又恐虚空遭点涴[5]，	又唯恐白洁的上苍稍遭污浊，
脂粉那堪供一抹？	柔润的脂粉哪经得轻易搓抹？
仙人飞帛[6]，	真仿佛仙人飞毫扫墨，
大书不错，	不错不错不错，
笔阵[7]横空过。	泼落笔底的雁阵横空涌过。

【注释】

① 瑶华：玉白色的花，也指美玉或喻指霜花、雪花。

② 咳唾：喻指出口就是非常漂亮的言词或诗文，古人有咳唾成珠之说，用以赞美才华。

③ 如椽大：椽，读作 chuán，我国传统建筑中成排架搭在檩条之间的屋顶圆木；大，此处协韵应读作 dè，为山西方言读音；如椽大，有成语如椽大笔的意思。

④ 灵芝座：即灵芝椅，用料贵重，镂刻精巧，是清式家具中经典的吉祥富贵座椅。

⑤ 点涴：涴，读作 wò，点涴，即玷污，也有亵渎之义。

⑥ 飞帛：即飞白，一种特殊的书法字体，相传为东汉学者蔡邕受到门下小吏挥动帛制扫帚刷字的启发而创，其笔画“势若飞举”，有似鸟头燕尾，笔画内“若发丝处”多有露白，故有此称。

⑦ 笔阵：指书法的运笔布局、结构擘画如排兵列阵，此处喻指雁飞的队列之美。

34. 沈振鹭：《念奴娇 · 谒狄梁公祠》

沈振鹭（1739—约 1807），清代诗人，字君白，浙江嘉兴人。少时曾为府县学的生员也即常说的秀才，此后再未科考成功，仅任塾师多年。但其很有诗名，尤善倚声填词，著有《红树山房词集》。据载，振鹭中年时曾经北游陕西、山西等地，具体行踪不详，却留下这篇可谓传世唯一的称颂唐代太原籍名相狄仁杰的词作《念奴娇 · 谒狄梁公祠》。

《念奴娇》词牌始见于北宋，据称唐代著名的歌女念奴，“每执板”一唱则“声出朝霞之上”，颇得玄宗赏识，词牌可能由其唱曲演变而来。梁公是狄仁杰的封号，其旧居在太原狄村。仁杰淳良正直，足智多谋，唐高宗时曾任大理寺丞掌刑狱，一年断积案“万七千人”，俱皆“平恕”无“冤诉”。其人此类事迹甚多，故当时就已有了“狄公之贤，北斗以南一人而已”的称颂。20 世纪 50 年代，荷兰汉学家高罗佩出版了纯属虚构的小说《大唐狄公案》，继转传国内并拍成影视剧，狄公更被塑造成为一位断案如神、本领超强的侦探大师。

唐高宗驾崩后武则天当权，又改国号“大周”称帝。大周天授二年（691）仁杰官拜宰相，后加授银青光禄大夫，备受则天“信重”，常以“国老”敬称。但其对则天的过失照样“面引廷争”直言谏之，“匡复”指正的“奏对”达“数万言”，并举荐张柬之等贤才数十人，后多“率为名臣”。特别是，则天欲立侄子武三思为继，朝臣“莫敢”抗辩，唯仁杰直扣人之“天性”，每每以“姑侄与母子孰亲”反复诤劝，终使则天“省悟”，将远逐外地多年的太子李显召回。圣历三年（700）则天拟“造大像”，令“天下僧尼每日人出一钱以助”，仁杰不顾病体上疏力阻，使“罢其役”，未久故世。则天下令“废朝三日”为之“举哀”，谥号“文惠”，唐睿宗时追封为梁国公。则天还曾以“敷政术，守清勤，升显位，励相臣”12 个金字亲题紫袍，赏赐仁杰。如今太原尚有狄梁公祠在，振鹭此词作为古人拜谒的仅存留题，虽然用典过频，不免艰涩难解，但仍属文史价值极高的珍贵篇章。

白云飞影，	白云的丽影悠然飞舞，
太行西，	祠堂端坐在太行西处，
一片河阳村坞[1]。	倚一片小河岸静静的村坞。
天挺[2]孤臣训武暴[3]，	睿敏的孤臣训诫强悍的女王，
权略偏倾阴主。	杰出的谋略勉奉与夺位的阴主。
龙种仍归[4]，	但皇统依旧回归，
牝晨[5]何索，	雌鸡报晓徒劳，
国老心还苦?	仙逝的国老心可还苦?
寒灰[6]唐室，	死灰复燃的大唐，
梦回谁说鹦鹉[7]?	梦醒后还有谁再敢借题直谏妄说鹦鹉?
遥想扶翼商山[8]，	曾鼎力提携年迈的贤能，
撤帘汉殿[9]，	终迫使武氏退位让步，
畴[10]与刚方侣?	这样的刚直方正哪有人如?
神器[11]终维三世后，	而江山社稷毕竟绵延，
桃李公门无数[12]。	也赖您栽培的后继无数。
制字中宫[13]，	紫袍题字的厚赏，
褫裘廉陛[14]。	夺裘戏弄得宠的臣仆，
余事风千古。	说不尽的佳话已然风传千古。
崇祠凭荐[15]，	高贵的祠宇祭礼正隆，
冷秋听击灵鼓。	肃立在微寒的秋日静听着献神的灵鼓。

【注释】

① 村坞：坞，指一片周边高中央凹的地带；村坞，村庄，且多指山村。

② 天挺：天资卓越、出类拔萃。

③ 武暴：贬指武则天；则天“素多智计”，颇具政治才干，从当朝到称帝数十年间，诸多领域均有较大建树，为后来的盛唐开启了先河；但其为了巩固统治地位，确立皇威，剪除敌对势力，诛杀或逼死不少李唐宗室成员，包括亲生子李贤与两个孙子、一个孙女，任用酷吏周兴、来俊臣

等，滥施酷刑，罗织罪名，大搞逼供信，使不少无辜官员死于非命；不过，在专制王朝这样的暴力从来层出不穷，因则天是位女性天子，古代大多史家的评价往往偏激甚至泼污，近代以来始渐趋公允。

④ 龙种仍归：指唐王朝正统血脉的最终回归。

⑤ 牝晨：牝，读作 pìn；牝晨，即牝鸡司晨，始见于周武王举兵讨伐商纣王时的《牧誓》“牝鸡司晨，惟家之索”，意思是母鸡打鸣报晓，家族就要败落，以指责纣王只听宠信女子之言误国祸民，后世则将其用为女性当权的一种鄙称，此处显然是讥讽武则天。

⑥ 寒灰：灰烬、死灰。

⑦ 谁说鹦鹉：指狄仁杰劝诫武则天的一段逸事；某次则天梦见“大鹦鹉两翅皆折”，问仁杰何解？仁杰即借题发挥答，“鹉”就是“陛下之姓”，“两翼”是陛下“二子也”，如能“起二子”就“两翼振矣”，从而使则天不再打压可以继承皇位的两个儿子，召回远逐多年的太子李显。

⑧ 扶翼商山：指狄仁杰扶持举荐年近八旬的张柬之为相；商山，代指秦末隐居在位于今陕西商山的四位名士，都年高八旬“须眉皓白”，史称“商山四皓”，汉高祖刘邦登基后非常看重，但几位均拒出山，后刘邦欲废太子刘盈改立赵王如意，皇后吕雉惊恐，乃听谋臣张良指点，令太子“卑辞厚礼”亲书信函，派车“固请”，恭迎“四皓”出山辅佐，果然成功，刘邦看到太子“羽翼已成”，故而放弃此念；据载，武则天晚年问仁杰哪位“佳士”可为宰相，仁杰举荐了年岁已高过自己的荆州地方官张柬之，则天乃将其擢为京师周遭的洛州司马，未久仁杰又进言“臣所荐者可为宰相，非司马也”，终于使柬之升任宰相，后来成就了复兴唐朝的大事。

⑨ 撤帘汉殿：撤帘，指垂帘听政、执掌朝纲的女性当权者还政君王；汉殿，借指正统朝廷；撤帘汉殿，指张柬之的复兴唐朝行动；狄仁杰故世后的大周长安五年（705）正月，武则天一病不起，时年 81 岁的张柬之，策动多名禁卫军将领并联络部分官员，引兵入宫诛杀了则天嬖幸的兄弟宠臣张易之、张昌宗等，迎立太子李显登基，改称神龙元年，是为唐中宗，则天被迫逊位，废除大周，史称“神龙政变”；但则天仍获得

"则天大圣皇帝"封号，中宗"帅百官""每十日一往"问候"起居"，是年11月则天逝世，遗命去"帝号"改称"则天大圣皇后"，与唐高宗合葬乾陵，树无字巨碑留待后世评说。

⑩ 畴：同俦，指同伴、同类，但此处有表示疑问之义，相近于谁。

⑪ 神器：代表王朝权势的贵重实物如玉玺、宝鼎之类，也借指政权、帝位、皇统。

⑫ 桃李公门无数：狄仁杰举荐的才俊，除张柬之外还有"姚元崇等数十人"，后大都成为辅政贤良，多位官拜宰相，姚元崇更成为载誉千古的名臣，故当时就有"天下桃李，悉在公门"的称颂之说，但仁杰坦言"荐贤为国，非为私也"。

⑬ 制字中宫：中宫，皇后居住的内宫，也借指皇后；制字中宫，指武则天赏赐仁杰之事；大周万岁通天元年（696），北方契丹叛乱，攻占冀州即今河北衡水一带，举朝震动，仁杰受命为魏州刺史拱卫京师洛阳，到任后处置有方，劳民适度，深得百姓"爱仰"并为之"立祠"奉祀；则天闻知，乃"自制金字十二"即"敷政术，守清勤，升显位，励相臣"书于紫袍赏赐仁杰，以"旌其忠"，后冠名为《制袍字赐狄仁杰》而入选《全唐诗》传世。

⑭ 褫裘廉陛：廉陛，殿堂一侧的台阶；褫裘廉陛，指狄仁杰戏弄武则天的内侍张昌宗之事；当时南海郡献来一件集翠裘"珍丽异常"，则天赐予昌宗，恰仁杰入宫奏事，则天令其与昌宗赌"双陆"棋牌，以观战消遣，仁杰表示要用自己的朝服赌昌宗的集翠裘，则天笑称此裘"逾千金"与朝服价值不等，仁杰回答我此服是大臣"奏对之衣"，彼乃"宠遇之服"，如何可比？于是开赌，昌宗心神不爽，几局连输，仁杰遂从其身上夺裘而去，一出宫门即扔给了"家奴"穿戴。

⑮ 凭荐：凭吊、献祭。

35. 张穆：《百字令·自题烟雨归耕图》

张穆（1805—1849），清代学者、诗人，原名瀛暹，字石州等，山西平定大阳泉村人，今属阳泉市区。祖父、父亲皆为进士出身的官员，其父受命主考福建省试时病逝途中，后张穆由继母抚养求学北京。清宣宗道光十九年（1839）获得优贡生资格应试顺天府，却因携酒入场冒犯“场规”，又“负气”顶撞监考而被逐出。从此即绝意科考，寓居北京更名为“穆”，立志“闭户著书”，尤精地理与史学。最知名的《蒙古游牧记》已被多种文字翻译，成为研究古代蒙古的经典文献，其他如《俄罗斯事补辑》以及有关北魏的《魏延昌地形志》价值也极高，另有《𣈆斋文集》等传世，还校勘过大量古籍，皆以“精审”称道，各方争相刊刻，最终成为著述“雄深”“迥绝流辈”的学术大家。

张穆的大阳泉村家宅，原为金代的栖云道院，当时诗人元好问曾几次途经暂住于此，作诗多篇。特别是怀念当地绅士冯泰亨的《过阳泉冯使君墓》，诗稿本已散失，50 多年后才被乡贤王构寻获，摹拓一份，并嘱泰亨之孙依此“真迹”制成石幢，竖立于祖父墓侧。后张穆受托编纂《元遗山先生集》，恰好将这首自己在家乡亲见的佚诗补入，串连起一段相隔 500 多年的文化佳话。此石幢至今犹在，为好问书法留下了奇缺的雕刻瑰宝。

这篇《百字令·自题烟雨归耕图》，有“仍用竹垞原韵”的题注。《百字令》即词牌《念奴娇》的异名，竹垞是清初学者朱彝尊的别号。彝尊早年怀才不遇，有人绘赠其《烟雨归耕图》，乃自题《百字令》解忧。清宣宗道光二十八年（1848），画家吴儁仿制一幅《烟雨归耕图》送予张穆好友、国史馆提调何绍基，张穆为之题写《百字令》，同时自己也“仿竹垞旧图”绘制了一幅，又“自题”这篇《百字令》以记，抒发了似乎看淡人生其实无可奈何而期望退隐的深心苦闷。如今，有张穆“自题”的《烟雨归耕图》珍藏于山西省博物院，并附包括曾国藩在内的 38 人款识，但此图又标有“江阴吴儁写”的字样，故画者究竟为谁尚待确证。可惜的是，到了次年 45 岁的张穆就怀着未竟的事业遗憾溘然长逝。

客游倦也，	客居京华已深感倦意，
问几人真个怜才敬士①。	有几人真懂得惜才敬士。
辛苦平生余底②物？	辛苦平生留下了什么？
数卷残书而已。	三五卷破书残页而已。
陇③上春腴，	陇头上看春色满满，
图中秋老，	画笔下绘秋野苍苍，
活计④无逾此。	人世的快活莫过如此。
山堂⑤在眼，	家乡的老屋历历在目，
行縢⑥打叠归耳。	好打点行囊归去也归去。
一笑竹垞当年，	但笑朱彝尊当年，
长杨奏赋⑦，	献赋宫门发迹，
负吾师田水。	远逊我只师从田园山水。
开国风流难再觏⑧，	开国时节的风雅断难再现，
何事行歌燕市⑨？	又何必还要歌哭京师？
猎聚田芜，	会猎荒草丛杂的郊原，
靖阳亭⑩古，	守望故里亭台的古朴，
耕作吾家事。	春种秋收本就是吾家能事。
绿蓑青笠，	身穿着泛绿雨披头戴着飘青斗笠，
渊明⑪应说今是。	纵然是陶渊明也得点赞称是。

【注释】

① 问几人真个怜才敬士：此为山西省博物院所藏《烟雨归耕图》中张穆题词语，而在其传世诗集中为“问几人信我山林畸士”。

② 底：此处表疑问，意即何、什么。

③ 陇：通“垄”，田间高起的土埂，也指土丘、高地。

④ 活计：此处指生活、生计、人生。

⑤ 山堂：山中寺院或隐士居处，此处或借指曾经是金代栖云道院的大阳泉村家宅。

⑥ 行滕：滕，读作 téng，本指古人佩带的香囊，也借指袋子；行滕，即行囊，但也有指步走远行时所用的裹腿布一说。

⑦ 长杨奏赋：长杨，西汉时的天子行宫；长杨奏赋，以西汉末年辞赋名家扬雄的典故借指朱彝尊的晚年发迹；扬雄蜀郡人，多才嗜学，辞赋有先乡贤司马相如之风，但家境极贫，资产“不过十金”，40 岁后始获举荐，汉成帝召其入宫“待诏”，成为天子亲随，撰写了《甘泉赋》《河东赋》《羽猎赋》《长杨赋》等辞赋，在歌功颂德的同时也有所讽喻；朱彝尊同样颇具才华，半生不遇，充当塾师与官衙幕僚多年，清圣祖康熙十七年（1678）诏令征举海内名士，次年开特科擢选“博学鸿儒”，殿试题目为《璇玑玉衡赋》等，当时不少获荐者如顾炎武、傅山等均拒赴试，50 岁的彝尊则热情响应并且考中，一介“布衣”从此飞黄腾达，后“入值南书房”成为宫廷文学侍从，赐居“禁垣”，准皇城骑马，数度出席天子“御宴”获得“御赏”，退休归乡后康熙“南巡”四次“迎驾”，御赐匾额“研经博物”嘉勉；而在此词中，张穆对这一切显然并不认同。

⑧ 觌：读作 dí，见、相见、显现。

⑨ 行歌燕市：燕市，战国时期燕国都城的街市，借指北京；行歌燕市，以刺客荆轲典故借指自己；荆轲浪游到燕国后，与义士高渐离以及多位屠狗之辈结交，成天聚饮“燕市”，酒酣即相和而歌，旁若无人，复又哭泣，后被燕国太子丹看重，请其前去谋刺决计灭掉六国的秦王嬴政，最终失败被杀。

⑩ 靖阳亭：张穆的私家亭台，曾据此自号“靖阳亭长”“靖阳亭农人”。

⑪ 渊明：即陶渊明，东晋末年著名的隐士与田园诗人。

36. 路宜中：《金缕曲 · 题秋风辞后》

路宜中（1822—1880），清代官员，字笠人，山西清徐县人。宜中聪慧好学，素有抱负，县试、府试均名列第一，入选晋阳书院就读，清文宗咸丰十一年（1861）山西省试中举。当时，英法联军进占北京，屡屡失策的清政府被迫签约议和。宜中与几位同窗慨然上书朝廷，力主强硬应对“宜剿不宜抚”，并自告奋勇投笔从戎，却以“妄谈国家大事”而遭致斥责，此后返家以执教授徒维持生计。数年后，宜中获荐为山西荣河县教谕，故址在今万荣县荣河镇，成为主持县学并管理一县教育的八品小官。

宜中任职荣河 10 余年，学术人品颇受敬重，赢得当地一代文宗之誉，后染病辞世于任上，临终之前仍在纵论国家大事。故门生以“易箦犹谈天下事，盖棺无愧读书人”敬挽，也赞其至死不改士子本色，入葬之日慕名哭送者数以百计。有《万花轩诗词》传世，《金缕曲 · 题秋风辞后》即其中之一。

《金缕曲》词牌始见于北宋，最早的填词者即为苏轼，《秋风辞》则为汉武帝所作的名篇。武帝在位时，曾于元鼎四年（前 113）“东幸汾阴”，在荣河县汾水之南、黄河东畔建起后土祠，祭祀与“皇天”对举的“后土”之神，此后又多次前来主祭。某次途中，武帝于龙舟内“与群臣饮宴”，望见晚秋景色扑入眼帘，顿觉“乐极哀来”，遂赋成此辞“秋风起兮白云飞，草木黄落兮雁南归；兰有秀兮菊有芳，怀佳人兮不能忘；泛楼船兮济汾河，横中流兮扬素波，箫鼓鸣兮发棹歌；欢乐极兮哀情多，少壮几时兮奈老何”。其中“佳人”何指？有美女、仙人、贤士、朝臣等多种说法。而宜中称，此辞“深情若揭”，又搬出了武帝思念逝世爱妃李夫人的《落叶哀蝉曲》“罗袂兮无声，玉墀兮尘生；虚房冷而寂寞，落叶依于重扃；望彼美之女兮，安得感余心之未宁”相佐证，自认为“愈信”其辞系“悼亡之作也”，于是“作短歌以跋其尾”。宜中此词，史事饱满，阐发到位，实际上是针砭了汉武帝的双重人格以及乞神求仙的荒诞举止，堪称是一篇引经据典解析《秋风辞》内涵的难得佳作。

容易[1]秋风起，	转眼已感觉秋风又起，
想当年草黄云白，	想当年草木黄落白云高飞，
雁横汾水。	南归的大雁正横越汾水。
泽有香兰篱有菊，	泽边有香兰篱前有金菊，
采采蒹葭[2]漫比，	还有青翠的芦荻遍地，
对名花，	可就是难忘那一朵名花，
怅怀彼美。	汉武大帝怆然思念的美。
罗袂无声[3]曾奏曲，	曾经和歌妙舞的罗袖黯然无声，
来珊珊遥望灯帷里[4]，	灯帐里远望的身影珊珊来迟，
方士辈， 欺人耳[5]。	都不过方士之流骗人而已。
始悟神仙那有此，	终于明白了神仙哪有这般本事，
算古来毕竟谁真，	再算算自古谁个真是，
万年天子[6]？	万寿无疆的不死天子？
承露金茎[7]霄汉上，	承接甘露的金盘建到了凌霄，
岂乏琼浆玉髓[8]，	何愁缺什么琼浆玉髓，
何雄心顿觉衰[9]矣？	到头来却为啥骤然间雄心疲萎？
尧母门名钩弋杀[10]，	赐名宫门却又要诛杀钩弋，
笑刘郎割爱殊无理[11]，	笑刘郎狠心的割爱实在无理，
怀人者， 顾[12]如是。	怀人是这样深情转而就冷酷如此。

【注释】

① 容易：此处指事物变化之快速。

② 采采蒹葭：采采，形容茂盛之状；蒹葭，读作 jiān jiā，芦苇，多指青嫩未秀穗的芦苇；采采蒹葭，引自诗经《诗经·秦风·蒹葭》“蒹葭采采，白露未已；所谓伊人，在水之涘”，此处喻指汉武帝后宫佳丽之多。

③ 罗袂无声：引自汉武帝《落叶哀蝉曲》，罗袂指丝罗的衣袖，李夫人是当时著名乐师李延年的妹妹，能歌善舞，故武帝以此表达在其逝世后自己目睹清冷旧居的感伤。

④ 来珊珊遥望灯帷里：据《汉书》载，李夫人逝世后汉武帝思念不已，齐国方士李少翁自称可使“致其神”，于是“夜张灯烛，设帷帐，陈酒肉”，让武帝居“他帐”远望，果有“好女如李夫人之貌”，还能起坐行走，但不让近前“就视”；武帝越发“悲感”，慨叹“是邪？非邪？立而望之，偏何姗姗其来迟”，还令乐工“弦歌之”，又另作长赋致悼，成语姗姗来迟即出自于此；而在《资治通鉴》等书中，也有是武帝思念王夫人之说。

⑤ 方士辈，欺人耳：指汉武帝为方士所骗，有说法称李少翁耍弄的实际就是皮影戏，甚至将其视作皮影戏的发明者，但因其后来装神弄鬼屡出纰漏，最终被武帝诛杀。

⑥ 万年天子：引自《诗经·大雅·江汉》“虎拜稽首，天子万年”，以示祝福万寿无疆，此处实为讥诮汉武帝迷信方士、谋求长生的荒唐之举；武帝因此屡被方士蛊惑，封其高官赐其厚赏，甚至下嫁了一位公主，望方士能够升天出海，寻得仙人与不死之药，却一再上当受骗，以致怒杀两个方士，但依然继续痴迷，耗费了大量人力财力。

⑦ 承露金茎：指汉武帝所建的承露盘与铜柱；武帝为求长生，听信方士之言建起高大的柏梁台，上立“高二十丈”的铜柱，撑起“大七围”的仙人手掌状承露盘，接取天上的“甘露”，与玉碾的粉屑拌和服用；但有后人研究，“甘露”不过是一些蚜虫之类的排泄物与少许露水而已。

⑧ 琼浆玉髓：此处借指汉武帝服用的所谓神药。

⑨ 雄心顿觉衰：指汉武帝晚年状况；武帝求仙乞寿40多年，依然无奈渐老渐衰，68岁时终于有所悔悟，才听从大臣劝谏尽驱“诸方士候神人者”，自叹“向时愚惑，为方士所欺；天下岂有仙人？尽妖妄耳”，越二年驾崩；李夫人被追封为孝武皇后，配祀宗庙。

⑩ 尧母门名钩弋杀：指汉武帝钩弋夫人事；钩弋夫人姓赵，为武帝巡狩河间所得，后赐居钩弋宫，大获宠幸，据云妊娠14个月才生一子，时年已63岁的武帝大悦，取名弗陵，声言当初帝尧“十四月而生，今钩弋亦然”，故将其门改称“尧母门”；弗陵五六岁时，已“壮大多知”非常健康聪明，武帝常赞“类我”，又因太子已遭陷害自尽，其他数子皆

不如意，故临终前立了八岁的弗陵为太子，后登基为汉昭帝；但武帝病重时钩弋夫人服侍有误，曾致龙颜大怒，夫人赶紧叩头请罪，武帝仍逼令打入云阳宫，未久夫人即先于武帝而死去。

⑪ 割爱殊无理：关于钩弋夫人之死，《史记》《汉书》记载较模糊，最重者也就是夫人被打入云阳宫前回首再次向武帝求情，武帝却说了一句狠话“趣行，汝不得活”即快走，你不能活了；后来就有了武帝担心太子“年稚母少”，后党势力坐大危及朝廷，而在死前预先杀掉钩弋之说，并渐被史家认可，此处也沿袭此说指责武帝，但其可信度却未必确凿。

⑫ 顾：此处作反而解，为文言副词。